S. Dagger · C. Greiner · K. Leinert · N. Meliß · A. Menzel (Hrsg.)

Politikberatung in Deutschland

S. Dagger · C. Greiner · K. Leinert
N. Meliß · A. Menzel (Hrsg.)

Politikberatung in Deutschland

Praxis und Perspektiven

VS VERLAG FÜR SOZIALWISSENSCHAFTEN

VS Verlag für Sozialwissenschaften
Entstanden mit Beginn des Jahres 2004 aus den beiden Häusern
Leske+Budrich und Westdeutscher Verlag.
Die breite Basis für sozialwissenschaftliches Publizieren

Bibliografische Information Der Deutschen Bibliothek
Die Deutsche Bibliothek verzeichnet diese Publikation in der Deutschen Nationalbibliografie;
detaillierte bibliografische Daten sind im Internet über <http://dnb.ddb.de> abrufbar.

1. Auflage November 2004

Umschlaggestaltung: KünkelLopka Medienentwicklung, Heidelberg
Gedruckt auf säurefreiem und chlorfrei gebleichtem Papier
ISBN 978-3-531-14464-1   ISBN 978-3-531-90144-2 (eBook)
DOI 10.1007/978-3-531-90144-2

Geleitwort

Nils Diederich

Nach meinen langjährigen Erfahrungen in der politisch-administrativen Praxis bin ich davon überzeugt, dass die Brücke zwischen akademischem Studium und Praxis bereits im Studium geschlagen werden soll. Der Transfer von Konzepten in die Praxis wurde so zum Ziel meiner berufsfeldbezogenen Seminare: Es genügt nicht, zu wissen, wie es geht, es muss auch praktisch gekonnt werden.

Ausgehend von einem solchen Seminar wurde nun ein Buch zu dem aktuellen und heiß diskutierten Thema „Politische Beratung" realisiert. Was sonst in flüchtigen Gastreferaten dem begrenzten Kreis von Seminarteilnehmern geboten wird, steht nunmehr zum akademischen und praktischen Gebrauch mit diesem Buch zur Verfügung.

Die Herausgeber – Steffen Dagger, Christoph Greiner, Kirsten Leinert, Nadine Meliß und Anne Menzel - haben dieses Buchprojekt effizient, kreativ und professionell realisiert. Ihr Produkt belegt, dass sie reif sind für ihren Beruf als Politologen und Kommunikationswissenschaftler, in dem es darauf ankommt, fundiertes Sachwissen, analytischen Verstand und praktisches Können erfolgreich zu vereinen.

Es ist den Verfassern der Beiträge ebenso zu danken wie dem Verlag, der die Aktualität der Beiträge erkannt hat. Ich bin überzeugt davon, dass das Buch in Lehre und Praxis Eingang findet und praktischen Nutzen stiftet.

Nils Diederich ist emeritierter Professor für Politikwissenschaft am Otto-Suhr-Institut der Freien Universität Berlin.

Inhaltsverzeichnis

Vorwort

Peter Radunski

„Zieh' viel darüber zu Rate, was du tun sollst, aber teile wenigen mit, was du ausführen willst", so Nicolo Machiavelli. Er war vielleicht der erste Politikberater, der mit Ideen und Ratschlägen glänzte, aber zu seiner Zeit auf taube Ohren der Politiker stieß.

Dieses Buch zeigt es: Heute sind die politischen Berater professionell gewappnet. Aber kommen sie bei den Politikern an, ist Politikberatung entscheidungsrelevant? Politikberatung gelingt in der Praxis nur, wenn Berater, Mitarbeiter der Politiker und die Politiker selbst miteinander kommunizieren und kooperieren. Alle Erfahrung zeigt, dass nur ein Konzept der integrierten Politikberatung funktioniert, d.h. der Berater sitzt mit am Tisch, wenn Entscheidungen vorbereitet oder getroffen werden. Dieses Modell einer teilnehmenden Beratung stellt wesentliche Anforderungen an den Politiker: handwerklich-praktische und persönliche Qualifikationen sowie Einstellungen. Wer Macht so versteht, dass er nicht mehr zuhören oder hinzu lernen muss, wird kaum der ideale Partner für Beratungen sein. Auch wer nach der Maxime verfährt, Entscheidung ist ein ebenso knappes Gut wie Geld und Zeit, wird weniger Beratungsbedarf empfinden. Politiker dagegen, die den Ernst ihrer Verantwortung in den knappen Realitäten unserer Gesellschaft erkennen und erfahren, werden lernen, in Stil und Inhalt mit Politikberatung umzugehen. Beratungsresistenz ist out, zum erfolgreichen Politiker unserer Zeit gehört Beratungsfähigkeit. Auch an die Berater stellt die moderne Praxis Anforderungen, die weit über das fachliche Wissen hinausgehen. Wer an politischen Entscheidungen teilnehmen will, muss selbst Ziele und Motive der beratenden Politiker teilen. Distanzierte fachliche Beratung mag große öffentliche Diskussionen prägen, in die Entscheidungsinterna dringt nur der Berater vor, der politisch denken kann und sich politisch mit dem Politiker identifiziert, den er berät. Politikwissenschaftler, die nicht parteinah in der Beratung arbeiten wollen, wirken wie Theaterwissenschaftler, die nicht ins Theater gehen.

Nicht zu vergessen sind die Mitarbeiter der Politiker, oft auch Beamte, in der Praxis der Politikberatung, weil sie Gatekeeper sein und eine produktive Beratung des Politikers verhindern können. Sie müssen die Beratervorschläge den Politikern vermitteln oder – noch besser – Politiker und Berater gut vorbereitet zusammen bringen. Weg mit dem Versuch, alles selbst zu wissen und zu erarbeiten. Moderne Beratung funktioniert nur, wenn Neues und mehr Wissen für die Apparate von außen kommen kann. Es wird also sehr oft das kommunikative und kooperative Verhalten aller Beteiligten ankommen, wenn aus der Praxis moderner Politikberatung nachhaltige Ergebnisse resultieren sollen.

Dieses Buch zeigt, dass die Beteiligten aus Politik und Beratung schon gute Ergebnisse und interessante Ansätze der Politikberatung vorweisen können. Politikberatung ist ein herrlich weites Feld für alle Studenten, die aus den angewandten Sozialwissenschaften im weitesten Sinne kommen.

Die Initiatoren dieses Buches, Steffen Dagger, Christoph Greiner, Kirsten Leinert, Nadine Meliß und Anne Menzel haben mit den Autoren und den Themen das spannungsreiche und chancenreiche Feld der Politikberatung aufgezeigt. Wer wirklich wissen will, was Politikberatung ist, findet eine Fülle von Beispielen und Anregungen. Im Interesse unserer Politik muss man hoffen, dass für viele junge Sozialwissenschaftler aus der Neugier auch der Mut zum Einstieg in die Politikberatung geweckt wird. Die fünf Initiatoren dieses Buches haben dies – wie aus ihren Lebensläufen hervor geht – bereits erlebt und optimistisch in diesem Buch umgesetzt.

Peter Radunski ist Senior Consultant bei Publicis Public Relations, Berlin

Einleitung

S. Dagger / C. Greiner / K. Leinert / N. Meliß / A. Menzel

Was ist eigentlich Politikberatung? Hängen die verschiedenen Formen von Politikberatung, ihre Entwicklung, ihre Aufgaben, Ziele und Beratungsstile miteinander zusammen? Wo wären dann Gemeinsamkeiten und wo Unterschiede auszumachen?

Diese und andere Fragen beschäftigten fünf Studentinnen und Studenten der Freien Universität Berlin. In Anlehnung an ein praxisnahes Seminar am Otto-Suhr-Institut unter Leitung von Prof. Dr. Diederich und Rudolf Hetzel zum Thema Politikberatung beschlossen sie, dieses spannende Thema über das Seminar weiter zu verfolgen und entwickelten das Buchvorhaben „Politikberatung in Deutschland – Praxis und Perspektiven".

In diesem Sammelband werden unterschiedliche Formate von Politikberatung, deren Voraussetzungen, Aufgaben, Ziele und Entwicklungslinien, aus der Sicht von hochkarätigen Praktikern, Adressaten der Politikberatung sowie Wissenschaftlern dargestellt und analysiert. Es wurden hierfür drei verschiedene Arten der Politikberatung identifiziert:

1) die wissenschaftliche Politikberatung, 2) Lobbying und 3) die professionelle (Agentur-) Politikberatung.[1] Die Frage, ob auch kritischer Journalismus als eine Form der Politikberatung angesehen werden kann, wird an dieser Stelle verneint. Dennoch ist diese Überlegung nicht soweit hergeholt, wie sie zunächst erscheint, wenn man bedenkt, dass Politiker – besonders die Abgeordneten – sich in einem erheblichen Maße auch mithilfe der Medien informieren. Schon rein verfassungsrechtlich nehmen die Medien jedoch im politischen System der Bundesrepublik Deutschland eine ganz andere Stellung ein, als die einer Beratungsinstanz für die Politik. Sie dienen vielmehr der ungehinderten Unterrichtung und ungehinderten Meinungsäußerung des Souveräns, des Volkes.[2]

Auch für Lobbying ist die Bezeichnung Politikberatung nicht unumstritten. Leif/Speth bezeichnen sie als verharmlosend für das, was Lobbying tatsächlich beinhaltet,[3] denn: „Es gibt auch einen *return of interest*, der um so größer ist, je

---

[1] Kuhne, Clemens, 2003: Wer berät die politischen Parteien? Unveröffentlichte Diplomarbeit, eingereicht am FB Politik- und Sozialwissenschaften, Otto-Suhr-Institut für Politikwissenschaft, Freie Universität Berlin, S. 11 ff.

[2] Hesse, Joachim Jens/Ellwein, Thomas, 1997: Das Regierungssystem der Bundesrepublik Deutschland. Opladen/Wiesbaden, S. 141

[3] Leif ,Thomas/Rudolf Speth, 2003: Fünfte Gewalt-einflussreich und unkontrolliert? In: Forschungsjournal Neue Soziale Bewegung, Jg. 16, Heft 3, 2003, S. 35, ebenso Fücks, Ralf, 2003: Lobbyismus und Demokratie. In: Forschungsjournal Neue Soziale Bewegung, Jg. 16, Heft 3, 2003, S. 46

geschickter der Lobbyist auf der Klaviatur der politischen Einflussnahme zu spielen versteht" (Leif/Speth 2003: 35). Dagegen argumentiert Reinhold Kopp, Generalbevollmächtigter und Leiter der Regierungsbeziehungen der Volkswagen AG, dass Lobbying heute keine zutreffende Tätigkeitsbeschreibung mehr ist, Politikberatung hingegen es besser trifft: „Es ist die legitime Teilnahme eines Unternehmens am gesellschaftlichen Diskurs im Sinne eines *Corporate Citizen*".[4] Ob dies tatsächlich in dieser Form zutrifft ist fraglich. Kopps Einschätzung ist deshalb hier auch nicht die Grundlage der Entscheidung, Lobbying als eine Form der Politikberatung anzusehen. Vielmehr ist es wichtig, dass Politiker oft ein „ebenso starkes Interesse"[5] am Kontakt mit Lobbyisten haben, wie diese selbst. Entscheidend dafür, dass Lobbying hier als eine Form der Politikberatung eingeschätzt wird, ist demnach, dass Politiker die Beratung von Lobbyisten offenbar nachfragen. Dies trifft im Falle des kritischen Journalismus zunächst einmal nicht zu; wenn Politiker sich durch ihn beraten fühlen, ist dies eher ein Nebenprodukt – wenn auch wahrscheinlich eines von sehr großer Bedeutung.

Nach dieser Klärung des Auswahlkriteriums für die hier relevanten Tätigkeiten, werden im Weiteren einleitend zu den Beiträgen, die uns von so vielen Autoren großzügigerweise zur Verfügung gestellt wurden, einige Überlegungen zu Gemeinsamkeiten und Unterschieden der verschiedenen Arten von Politikberatung angestellt werden. Zuvor sollen aber noch einige Elemente der aktuellen Diskussion über wissenschaftliche Politikberatung, Lobbying und professionelle Politikberatung aufgegriffen und dargestellt werden.

Die aktuelle Diskussion über Politikberatung

In der öffentlichen Debatte über Politikberatung dominierten in der letzten Zeit tatsächliche oder vermeintliche Skandale. Das Ansehen von Politikberatung - welcher Art auch immer - ist schwer angeschlagen. Als Beispiele alleine aus diesem Jahr seien hier genannt: Die offenbar verheimlichten Beraterverträge des niedersächsischen Ex-Ministerpräsidenten Sigmar Gabriel,[6] die Vorwürfe an das Bundesverteidigungsministerium, seit 1998 eine halbe Milliarde Euro für externe

---

[4] Kopp, Reinhold, 2003: Politikberatung in Unternehmen. In: Forschungsjournal Neue Soziale Bewegung, Jg. 16, Heft 3, 2003, S. 53
[5] von Winter, Thomas, 2003: Vom Korporatismus zum Lobbyismus. In: Forschungsjournal Neue Soziale Bewegung, Jg. 16, Heft 3, S. 41
[6] Bei diesen Beraterverträgen ging es sowohl um Unfragen, als auch um Studien zu bestimmten politisch-inhaltlichen Themen, als auch um PR-Beratung, vgl. dazu z.B. „Teurer Rat für den Staat" im Tagesspiegel vom 22.02.2004.

Beratung ausgegeben zu haben[7] und schließlich die millionenschweren PR-Beratungsverträge der Bundesagentur für Arbeit (BA), die zudem ohne Ausschreibung vergeben worden waren[8] und über die der damalige Chef der BA, Florian Gerster, letztendlich zu Fall kam.

Etwas abseits vom tagespolitischen Geschehen verläuft die wissenschaftliche Diskussion über Politikberatung in wesentlich ruhigeren Sphären. Dies gilt besonders für die theoretische Erfassung der *wissenschaftlichen Politikberatung:* Bereits 1979 erklärte Prätorius in der Einleitung zu einem Buch über wissenschaftliche Politikberatung, dass die von Jürgen Habermas in den 1960er Jahren getroffene Unterteilung in ein technokratisches, dezisionistisches und pragmatisches Beratungsmodell, in der verschiedene Möglichkeiten des Umganges mit dem aus den unterschiedlichen Funktionslogiken und Entstehungsbedingungen von Wissenschaft und politischem Handeln entstehenden Spannungsverhältnis aufgezeigt werden, von „zahlreichen Adepten bis zum Überdruss wiedergekäut" sei.[9] Dennoch lautete der Titel des ersten Beitrages im besagten Buch über wissenschaftliche Politikberatung „Wissenschaft und Politik. Ein gespanntes Verhältnis".[10] Auch heute noch ist die Frage dieses Spannungsverhältnisses so aktuell, dass sie immer wieder aufgegriffen wird.[11] Dabei geht es – wie oben schon angedeutet – um die unterschiedlichen Funktionslogiken und Entstehungsbedingungen von Wissenschaft und Politik; in der Wissenschaft geht es vor allem um Erkenntnis, bestenfalls um Wahrheit, während die Politik machbare Lösungen für gesellschaftliche Probleme und Interessenkonflikte produzieren will. Entsprechend spielt für die Wissenschaft die Umsetzung ihrer Erkenntnis, bzw. deren Machbarkeit zunächst keine Rolle, während Politik in einem von Interes-

---

[7] Die Vorwürfe wurden vom Bundesverteidigungsministerium bestritten, angeblich handelte es sich bei den Dienstleistungen, für die diese Summe aufgewendet worden war, nicht nur um Beratungen, sondern auch um Werkverträge für Computerinstallationen und ähnliches, vgl. dazu z.B. „Bundeswehr bestreitet Beratervorwürfe" in der FAZ vom 21.02.2004.

[8] Unter anderem hatte Bernd Schiphorst von der Agentur WMP die Stelle des Managers für die Kommunikationsabteilung der BA übernehmen sollen, ohne dass diese Stelle zuvor ausgeschrieben worden war, vgl. dazu z.B. „Der neue Gerster" in der Süddeutschen Zeitung vom 13.01.2004.

[9] Prätorius, Rainer, 1979: Einleitung. In: Ders. (Hrsg.), 1979: Ein mühsamer Dialog: Beiträge zum Verhältnis von Politik und Wissenschaft. Köln, Frankfurt a.M., S. 10

[10] Greiffenhagen, Martin, 1979: Wissenschaft und Politik. Ein gespanntes Verhältnis. In: Prätorius, Rainer (Hrsg.), 1979: Ein mühsamer Dialog: Beiträge zum Verhältnis von Politik und Wissenschaft. Köln, Frankfurt a.M., S. 17

[11] Kümmel, Gerhard, 2002: Wenn Welten aufeinander prallen: Die Wissenschaft, die Politik und das Geschäft der Wissenschaftlichen Politikberatung – Eine Einleitung. In: Ders. (Hrsg.), 2002: Wissenschaft, Politik und Politikberatung. Erkundungen zu einem schwierigen Verhältnis. Strausberg, S. 10, ebenso Jens, Uwe, 2002: Erkenntnisse aus der aktuellen Politik für die Sozialwissenschaften. In: Ders./Romahn, Hajo, 2002: Der Einfluss der Wissenschaft auf die Politik. Marburg, S. 12 und Kuhne 2003: 15

sen dominierten Rahmen stattfindet, in dem Erkenntnis ohne Machbarkeit nicht verwertbar ist (Kümmel 2002:14).

Ganz im Gegensatz zu dieser langen theoretischen Diskussion ist die tatsächliche Wirkung wissenschaftlicher Politikberatung, z.b. in Form von Studien, bisher wenig erforscht (Kümmel 2003: 11).[12] Kritik an der Art und Weise, wie wissenschaftliche Politikberatung ausgeführt wird, gibt es dagegen sehr wohl; so bescheinigen z.b. Trube/Wohlfahrt den Gutachten der Harz-Kommission, „dass sie nicht einmal den Standards der Propädeutika der Sozial- und Wirtschaftswissenschaften genügen können".[13]

Ein weiterer Diskussionsansatz ist die vermeintliche Gefahr der „Aufhebung der Parlamentarischen Demokratie" (Kümmel 2003: 9) durch die Quasi-Verlagerung politischer Entscheidungen in Expertenkommissionen, die aus demokratisch nicht legitimierten Wissenschaftlern bestehen. Allerdings erscheint diese Gefahr nicht ganz so groß, wenn man bedenkt, dass hinter den wissenschaftlichen Kontroversen in diesen Kommissionen oder auch anderen Formen der Beratung zumeist schon Interessen stehen (Jens 2002: 15)[14] und die Ergebnisse somit von demokratisch legitimierten Politikern wahrscheinlich nicht einfach als Wahrheit hingenommen, sondern in die Sprache der Politik übersetzt und erneut diskutiert werden. In vielen Fällen werden die Ratschläge ohnehin völlig ignoriert (Nuscheler 2002: 104).

Außerdem werden die Unterschiede zu anderen Demokratien, insbesondere zu den USA, im Hinblick auf die wissenschaftliche Politikberatung thematisiert. Hierbei wird besonders die Rolle der Think Tanks in den USA im Vergleich zur Bundesrepublik betont.[15] In der Bundesrepublik sind es weniger diese Institutio-

---

[12] Kümmel bemüht sich dennoch um eine Typologie von Studien, die zur wissenschaftlichen Politikberatung produziert wurden. Das seiner Typologie zugrunde liegende Unterscheidungskriterium ist die Art und der Grad der Wirkung der Studie. Laut Kümmel gibt es: „(1) solche, die ungelesen in der Schublade verschwinden; (2) solche, die als Bestätigung und Rechtfertigung der praktizierten Politik aufgefasst werden […]; (3) Studien, die zwar gelesen werden, wegen ihrer unerwünschten Forschungsergebnisse jedoch geheim gehalten werden oder ignoriert werden und; (4) Studien, die publiziert werden und einen gewissen Einfluss haben; (5) […] [Analysen], deren nicht Veröffentlichung gerade ‚Voraussetzung Ihrer Verwendung und nicht deren Hindernis' ist" (Kümmel 2003: 11). **?**

[13] Trube, Achim/Wohlfahrt, Norbert, 2002: Zur Güte von Gutachten – Eine Einschätzung der wissenschaftlichen Seriosität von Reformkonzepten der aktivierenden Sozialhilfe- und Arbeitsmarktpolitik. In: Gerntke, Axel u.a. (Hrsg), 2002: Hart(z) am Rande der Seriosität? Die Hartz-Kommission als neues Modell der Politikberatung und-gestaltung. Münster S. 109

[14] Bei der Auswahl der akademischen Politikberater spielt deren parteipolitische Affinität eine große Rolle,. Nuscheler, Franz, 2002: Illusionen der Politikberatung – am Beispiel der Entwicklungspolitik. In: Jens, Uwe/Romahn, Hajo, 2002: Der Einfluss der Wissenschaft auf die Politik. Marburg, S. 100

[15] Kreft, Heinrich, 2002: Die wissenschaftliche Politikberatung im Bereich der Außen- und Sicherheitspolitik in den USA – Ein Vergleich zu Deutschland. In: Kümmel Gerhard (Hrsg.), 2002: Wissenschaft, Politik und Politikberatung. Erkundungen zu einem schwierigen Verhältnis. Strausberg, S. 117

nen – für die es zwar keine präzise Definition gibt (ebd.), die aber von Kuhne in Anlehnung an Winand Gellner sehr einleuchtend als „Universitäten ohne Studenten" bezeichnet werden (Kuhne 2003: 17) – als vielmehr einzelne Sachverständige, die für die wissenschaftliche Politikberatung von Bedeutung sind (ebd., 84).

Mindestens ebenso lange wie über das Spannungsverhältnis zwischen Wissenschaft und Politik wird in der Bundesrepublik eine wissenschaftliche Debatte über den Einfluss von Interessenverbänden auf den politischen Gestaltungsprozess geführt. Das Konzept des *Lobbyismus* ist dabei relativ neu (von Winter 2003: 37).

Nach 1945 übernahm man in der Bundesrepublik zunächst Ansätze der angelsächsischen Verbandsforschung, welche die so genannte Pluralismustheorie, in deren Rahmen die Tätigkeit der Verbände bald erfasst wurde, stark beeinflusste (Hesse 1997: 162). Bezeichnungen wie „Lobby" oder „Pressure Group" erklären sich aus diesem Einfluss (ebd., 163). In den 1960er Jahren wurde diese Theorie allerdings durch neue Erkenntnisse erschüttert, die daraufhin wiesen, dass die „Ausgleichshoffnungen" (ebd.), welche die Verbände der Pluralismustheorie nach mit der Unterstützung einer politischen Partei verbanden, in der Regel nicht erfüllt wurden. In den 1970er Jahren fand deshalb ein Paradigmenwechsel vom Pluralismus hin zum Korporatismus statt. Das Erkenntnisinteresse verschob sich damit von der Frage, wie auf die Politik Einfluss genommen wird, hin zu der, wie miteinander kooperiert wird (von Winter 2003: 37). Kritisch zum Konzept des Korporatismus äußern sich z.B. Leif/Speth:

Die technische Begrifflichkeit trug dazu bei, dass der Begriff des Korporatismus im Arkanum der Wissenschaft verblieb. Zudem ging es der Korporatismusforschung im Kern nur um die Strukturen und die Funktionen organisierter Interessen, mit dem Ziel gesellschaftliche Integrationsleistungen, staatliche Steuerungsfähigkeit und Konsensbildung zu optimieren. (ebd., 26)[16]

Für die Erfassung von tatsächlicher Interessenvertretung und Einflussnahme bot das Korporatismus-Konzept folglich keinen Raum.

Seit den 1990er Jahren gewinnt das Konzept des Lobbyismus zunehmend an Bedeutung (von Winter 2003: 37). Anders als im Korporatismus wird hier davon ausgegangen, dass von Seiten der Akteure tatsächlich Interessenpolitik betrieben wird (Leif/Speth 2003: 27) und im Unterschied zum Pluralismus werden als Akteure nicht nur Verbände und als Strategien nicht nur „konventionelle"

---

[16] An einer erneuten Hinwendung zur Einflussforschung übten dagegen in letzter Zeit vor allem Vertreter des Neokorporatismus Kritik; sie gehen vom einer engen Zusammenarbeit zwischen der Politik und den Verbänden von Kapital und Arbeit aus, die weder in konkurrenzdemokratischen Modellen noch in Pluralismus-Konzepten erfassbar ist, vgl. dazu Hesse 1997: 164. Wie Leif/Speth einleuchtend feststellen, hat diese Vorstellung allerdings angesichts des Scheiterns diverser Bündnisse für Arbeit an Überzeugungskraft verloren, vgl. ebd., 26.

Formen der Einflussnahme aufgefasst. Die „zunehmende Artenvielfalt der Akteure und die Pluralität der Strategien" (von Winter 2003: 43) wird vielmehr berücksichtigt.

Im Rahmen des Konzepts „Lobbyismus" werden derzeit vor allem vier Trends bemerkt und diskutiert: Der Trend zur Globalisierung, zur Europäisierung und zur Individualisierung und Pluralisierung der Interessenvertretung sowie der Wandel des Lobbyismus, der in der Bundesrepublik in der neuen Hauptstadt Berlin gut zu beobachten ist (Leif/Speth 2003: 28). Zum Trend der Globalisierung und der Europäisierung, die im vorliegenden Buch weniger thematisiert werden, sei hier nur kurz angemerkt, dass es bei erstem vor allem um das Auftreten neuer, andersartiger Akteure geht, nämlich der NGOs (Fücks 2003: 47), während bei zweitem die Professionalisierung der Lobbying betreibenden Akteure (Leif/Speth 2003: 29) sowie die Auswirkungen des Demokratiedefizits der EU auf den europäischen Lobbyismus thematisiert werden. [17]

Der Trend zur Individualisierung der Interessenvertretung hat seinen Ursprung in dem zunehmenden Unvermögen der Verbände, die immer mehr spezialisierten Interessen ihrer Mitglieder angemessen zu vertreten.[18] Großkonzerne wie z.B. BASF leisten sich deshalb Hauptstadtrepräsentanzen in Berlin, in denen man sich der Kontaktpflege und der Information von Politik und Medien widmet „Das Stichwort heißt: Selbstrepräsentanz" (ebd., 430). Auch mittelständische Unternehmen greifen für „projektbezogene Interessenvertretung" (ebd.) vermehrt auf Agenturen und auf Einzelberater zurück. Die Pluralisierung, im Sinne einer Ausdifferenzierung verschiedener Interessenvertretungsstile, ergänzt diese Entwicklung:

Die professionellen Berater bieten heute nicht mehr nur klassisches Lobbying an, sonder Public Affairs: Eine Kommunikationstechnik, die der Steuerung von Entscheidungsprozessen [...] dient. Public Affairs ist strategisch geplante Kommunikation, die sich der Werkzeuge der klassischen Werbung und Public Relations bedient, um ein Unternehmen nachhaltig in gesellschaftliche und politische Prozesse einzubinden. (ebd., 428).

Der Wandel des Lobbyismus in der neuen Hauptstadt Berlin leitet somit über zum dritten Politikberatungsformat, das in „Politikberatung in Deutschland" thematisiert wird, der *professionellen Politikberatung*. Um die Akteure professioneller Politikberatung zu identifizieren, ist es aufgrund der Aktualität der Entwicklung professioneller Politikberatung in der Bundesrepublik zunächst hilfreich, festzustellen, wer sich selbst als Politikberater betrachtet: Im Mai 2002

---

[17] Lahusen, Christian, 2003: Die Politisierung der europäischen Politik. In: Forschungsjournal Neue Soziale Bewegung, Jg. 16, Heft 3, 2003, S. 84
[18] Wallrabenstein, Axel, 2003: Public Affairs. Boomtown Berlin. In: Althaus, Marco/Cecere, Vito (Hrsg.), 2003: Kampagne!2. Neue Strategien für Wahlkampf, PR und Lobbying. Münster, S. 429

gründeten 20 junge Politikberaterinnen und Politikberater die „Deutsche Gesellschaft für Politikberatung" (degepol)[19], die als eine Plattform für „die neue Generation von Politikberatern jenseits von Parteigrenzen"[20] dient und zur Etablierung dieses Berufstandes beitragen soll. Der degepol gehören

> „Professionals aus den Bereichen Public Affairs und Lobbying, Kampagnenberatung, strategisch-inhaltliche Politik- und Politikfeldberatung, politische Kommunikation, persönliches Coaching, Strategic Research/Think Tanks und Internetkommunikation [an] [...] Im Rahmen der Professionalisierungsprozesses von Politikberatung gab sich die degepol bereits einen eigenständigen Verhaltenskodex, um gegenüber der Öffentlichkeit und den Auftraggebern aus Politik, Wirtschaft und Zivilgesellschaft ein Zeichen der Transparenz zu setzen." (ebd.)

Im Zusammenhang mit aktuellen Kontroversen in der Politikwissenschaft stehen vor allem die Kampagnenberatung und die politische Kommunikation.

Einigkeit besteht darüber, dass politische Kommunikation eine „Kernaufgabe der Demokratie"[21] ist, sie soll Politik sichtbar und erfahrbar machen und Orientierung vermitteln (ebd.). Strittig ist allerdings, ob die besonders zu Wahlkampfzeiten zugespitzte, an massenmedialen Anforderungen - Simplifizierung, Visualisierung, Personalisierung und Ritualisierung[22] – ausgerichtete politische Kommunikation, zur „Verflachung der Politik" (Machnig 2002: 146) beiträgt; dagegen steht das Argument, dass sie durch die Erhöhung der Beteiligung der Bürger am politischen Prozess, die sie leistet, eventuell „der Qualität der Demokratie zugute [kommt]."[23]

Besonders die Bewertung dieses letztgenannten Argumentes hängt sicher immer davon ab, welche Vorstellung von Demokratie jeweils vorherrscht. Anhänger partizipatorischer Demokratietheorien dürften sich mit einer derartigen Aussage schwer tun; wer die „Intensivierung und Kultivierung der Willensäußerung, der Aussprache und der Willensbildung"[24] als Aufgabe der Demokratie

---

[19] Vgl. dazu www.degepol.de

[20] Meier, Dominik, 2003: Ansprüche an professionelle Politikberatung. In: Althaus, Marco/Cecere, Vito (Hrsg.), 2003: Kampagne!2. Neue Strategien für Wahlkampf, PR und Lobbying. Münster, S. 441

[21] Machnig, Matthias, 2002: Politische Kommunikation in der Mediengesellschaft. In: Ders. (Hrsg.), 2002: Wahlkampf im Medienzeitalter. Opladen, S. 146

[22] Tenscher, Jens, 1998: Politik für das Fernsehen – Politik im Fernsehen. Theorien, Trends und Perspektiven, in Sarcinelli, Ulrich (Hrsg.), 1998: Politikvermittlung und Demokratie in der Mediengesellschaft. Bonn, S. 207

[23] Schmitt-Beck, Rüdiger, 2002: Das Nadelöhr am Ende: Die Aufmerksamkeit der Wähler für die Wahlkampfkommunikation als Voraussetzung wirksamer Kampagnen. In: Machnig, Matthias (Hrsg.), 2002: Wahlkampf im Medienzeitalter. Opladen, S. 46

[24] Schmidt, Manfred G., 1995: Demokratietheorien. Opladen, S. 172. Der wohl bekannteste Vertreter einer solchen partizipatorischen Demokratietheorie ist Jürgen Habermas.

versteht, kann eine politischen Kommunikation, die vor allem einen emotionalen Zugang zur Politik schaffen will (vgl. dazu Machnig 2002: 146 und 152), das Verständnis von Sachthemen aber nicht unbedingt befördert (vgl. ebd.), nicht befürworten.[25] Diese Position deutet eher auf ein konservatives Demokratieverständnis hin (vgl. Schmidt 1995: 169).

Derartige - zum Teil implizite - normative Vorstellungen von und Anforderungen an Politikberatung liegen den meisten der soeben dargestellten wissenschaftlichen Kontroversen über Politikberatung zugrunde. In den nun folgenden Bemerkungen zu Gemeinsamkeiten und Unterschieden der verschiedenen Arten von Politikberatung soll auf diese, besonders im Zusammenhang mit den Unterschieden, kurz eingegangen werden.

Gemeinsamkeiten und Unterschiede verschiedener Arten von Politikberatung

Unterschiede zwischen den drei hier als solchen identifizierten Arten von Politikberatung liegen mit Sicherheit in ihren jeweiligen „Daseinsberechtigungen". Sich diese zu vergegenwärtigen, ist hilfreich, um die oben dargestellten Kontroversen und auch die in ihnen zum Teil - wenn auch implizit – enthaltenen normativen Forderungen an Politikberatung nachvollziehen zu können.

So ist es - zumindest in der Theorie – die Daseinsberechtigung wissenschaftlicher Politikberatung, dazu beizutragen, dass Politik rationaler gestaltet wird (Kümmel 2002: 13). „Wissenschaften sind der Gesamtgesellschaft, allen Verbrauchern und Produzenten, kurz dem Gemeinwohl verpflichtet, was auch immer darunter zu verstehen ist" (Jens 2002: 14). Dass sie oftmals als „Postrationalisierung" (Kümmel 2002: 9) politischer Entscheidungen gebraucht werden oder als deren „Legitimationsbeschaffung" (ebd.) dienen, lässt diesen Anspruch trotzdem bestehen.

Lobbyismus hingegen umfasst in aller erster Linie Interessenvertretung (Leif/Speth 2003: 27). Zwar kann auch Lobbying dazu beitragen, Politik rationaler zu gestalten, vor allem weil Lobbyisten in ihren Bereichen zumeist über erheblichen Sachverstand verfügen (Kuhne 2003: 15); Interessenvertretung ist aber nicht sein vorrangiges Ziel. Diesem Tatbestand wird auch in der Wissenschaft durch den Paradigmenwechsel vom Korporatismus zum Lobbyismus (von Winter 2003: 37) Rechnung getragen.

---

[25] Sarcinelli/Geisler bemerken hierzu, dass unter PR-Profis die Notwendigkeit Politik unterhaltsam zu gestalten völlig unumstritten ist und dies nur noch im kritische Feuilleton und unter Politikern ernsthaft diskutiert wird, vgl. dazu Sarcinelli/Geisler 2002: 154.

Die Daseinsberechtigung von professioneller Politikberatung wird am besten dadurch erfasst, dass man sie – in Kuhnes Worten – schlicht als „finanziell entlohnte Auftragsarbeit und ausschließlich orientiert an deren effizienten und effektiven Durchführung" (Kuhne 2003: 14) begreift. Was sie für die Politik leistet und leisten kann, liegt dementsprechend zu allererst beim Auftraggeber. Die Kritik an politischer Werbung, besonders im Rahmen von Wahlkampfkampagnen, ist deshalb auch zuerst an den Auftraggeber zu richten, und dies sind in der Regel die politischen Parteien. Und diese wissen:

Werbung entscheidet Wahlen. Die knappen zumindest. Wenn es so aussieht, als ob es nicht knapp würde, kann man auf Werbung verzichten. Aber dann könnte es wiederum knapp werden. Wer will das immer so genau wissen?[26]

Gemeinsamkeiten der drei Arten von Politikberatung lassen sich in ihren Entstehungsgründen finden. Alle drei Arten von Politikberatung sind im Zuge von Modernisierungsprozessen entstanden, welche die Demokratie unter „Modernisierungsdruck"[27] gesetzt haben. Was für die Nutzbarmachung von Expertenwissen für die Politik und für die Notwendigkeit der Organisation kollektiver Interessen völlig eindeutig ist, gilt in der Tat auch für die neuen Formen des Lobbying und für die professionelle Politikberatung. So sieht Wallrabenstein – wie oben schon angesprochen - den Trend zur Selbstrepräsentanz darin begründet, dass die großen Verbände nicht mehr in der Lage sind, die zunehmend spezialisierten Interessen ihrer Mitglieder zu vertreten (Wallrabenstein 2003: 429). Durch den Strukturwandel der Wirtschaft (Wachstum des Dienstleistungssektors, neue Technologien) entstehen neue Unternehmensprofile, die von den Verbänden nicht mehr abgedeckt werden können (Leif/Speth 2003: 31). Public Affairs Agenturen stellen dabei zusätzlich eine neue projektbezogene Form des Lobbying dar (Wallrabenstein 2003: 430).

Sarcinelli/Geisler beschreiben als Bedingung für die Entstehung und den Erfolg professioneller Politikberatung den „relativen Verlust der Handlungskompetenzen auf Seiten aller Träger des klassischen Nationalstaates" (Sarcinelli/Geisler 2002: 157) im Zuge der Globalisierung; da die an den Nationalstaat gerichteten Erwartungen der Bürger immer weniger erfüllt werden können, entsteht „latente Unzufriedenheit" (ebd.). Hinzu kommt, dass soziale Bindungen,

---

[26] Stauss, Frank, 2002: Wählt Markenpolitik! Werbung und ihre Rolle in der politischen Kampagne. In: Machnig, Matthias (Hrsg.), 2002: Wahlkampf im Medienzeitalter. Opladen, S. 215. Schmitt-Beck stellt in diesem Zusammenhang fest, dass es dann, wenn Wahlkämpfe am intensivsten sind, nämlich kurz vor der Wahl, nur noch um ein sehr kleines, noch unentschlossenes Wählersegment geht. Allerdings nimmt diese Gruppe in der Bundesrepublik von Wahl zu Wahl zu und gewinnt dadurch allmählich eine „strategische Schlüsselrolle", vgl. Schmitt-Beck 2002: 23.
[27] Sarcinelli, Ulrich/Geisler, Alexander, 2002: Die Demokratie auf dem Opferaltar kampagnenpolitischer Aufrüstung? In: Machnig, Matthias (Hrsg.), 2002: Wahlkampf im Medienzeitalter. Opladen, S. 257

seien es die Familie, die Kirchen, Verbände oder Parteien etc. zunehmend an Einfluss verlieren.

In letzter Konsequenz gewinnt deshalb die Fähigkeit der Darstellung politischer Entscheidungen, wie überhaupt Medienkompetenz, an Relevanz für den Erfolg demokratischer Politik: Kommunikation wird zum sozialen Kohäsionsmittel und zum politischen Ersatzkitt. (ebd. 158)

Nun steht professionelle Politikberatung, wie schon unter 2. dargestellt für mehr, als nur für politische Kommunikation und Kampagnenberatung; die eher auf politischen Inhalt bezogenen Arten professioneller Politikberatung haben laut Kuhne ihren Erfolg vor allem dem anhaltenden Spannungsverhältnis zwischen Wissenschaft und Politik zu verdanken. Sie bieten sich als „Vermittler und Übersetzer" (Kuhne 2003: 15) in diesem Spannungsverhältnis an und „verknüpfen wissenschaftliche Politikberatung mit strategisch-operativen Konzepten" (ebd.).

Fazit

Es wurden diverse wissenschaftliche Debatten über wissenschaftliche Politikberatung, Lobbyismus und professionelle Politikberatung kurz angerissen. Ein Blick auf die unterschiedlichen Legitimationen der verschiedenen Arten von Politikberatung hat gezeigt, dass in diesen Debatten zum Teil implizite normative Anforderungen an Politikberatung eine Rolle spielen; dies trifft mit Sicherheit auf die Debatten über das Spannungsverhältnis zwischen Politik und Wissenschaft und die Frage, wie und ob es zu lösen sei, zu, sowie auf die unterschiedlichen Konzepte darüber, wie (organisierte) Interessen sich in den politischen Gestaltungsprozess einbringen und auf die Kritik an professioneller Kampagnenberatung und politischer Werbung.

Gerade jedoch, wenn normative Anforderungen gestellt werden, ist es wichtig, die Praxis zu kennen, um verstehen zu können, warum sie erfüllt werden und warum nicht und an wen diese Anforderungen eigentlich zu richten sind. Ziel des Buches „Politikberatung in Deutschland - Praxis und Persektiven" ist, dieser Aufgabe ein wenig näher zu kommen

Die Herausgeber, Berlin im August 2004

Die Notwendigkeit zu entscheiden reicht weiter als die Möglichkeit zu erkennen

Angela Merkel

„Die Notwendigkeit zu entscheiden reicht weiter als die Möglichkeit zu erkennen"
(Immanuel Kant)

Treffender als Immanuel Kant kann man kaum formulieren, warum und wie Beratung für Politik und Politiker ein unverzichtbarer Faktor ist.

Ich habe es in all meinen politischen Aufgaben immer so empfunden: Beratung muss so angelegt sein, dass sie meine eigene Erkenntnis als Politikerin ermöglicht und unterstützt, nicht aber an ihre Stelle tritt. Politikberatung soll also dem Zweck dienen, Politiker zu einer verantwortlichen Entscheidung zu befähigen, sei es durch Mitarbeiter im eigenen Umfeld oder durch Sachverständige in Ministerien und Kommissionen. Das klingt zunächst selbstverständlich und einfach, bekommt aber schon dann eine ganz neue Dimension, wenn man zum Beispiel an komplexe Sachfragen der biotechnologischen Forschung oder der Deregulierung internationaler Finanzmärkte denkt.

In Zeiten der exponentiellen Steigerung menschlichen Wissens wächst die Gefahr von Legitimationsdefiziten, weil politische Entscheidungsgremien, geschweige denn der einzelne Politiker, mit der rasanten wissenschaftlich-technologischen Entwicklung kaum Schritt halten können und sich deshalb immer mehr auf „externe" Urteile verlassen müssen.

Zum Entwicklungstempo der modernen Wissenswelt gesellt sich eine immer stärkere Dynamik. Traditionelle gesellschaftliche Strukturen und Milieus verlieren an Bedeutung, neue Formen der Selbstorganisation, Meinungs- und Willensbildung entstehen. Auch dies hat erhebliche Auswirkungen auf den politischen Entscheidungsprozess. Politische Führungskräfte sind auch hier – von der soziologischen Analyse bis zur Entwicklung von Kommunikationsstrategien – zunehmend auf Beratung angewiesen.

Der politische Entscheidungsbedarf nimmt zu – in seiner Zahl und in seiner Komplexität. Die deutsche Politik hat in den letzten 50 Jahren oft ihr Heil darin gesucht, darauf mit neuen Regeln zu antworten. Die Folge: unsere Gesetzbücher sind heute um ein Mehrfaches so dick wie zur Zeit Konrad Adenauers. Es ist gleichzeitig ein Trugschluss, dass sich zunehmender Komplexität mit immer größeren Beraterstäben und immer mehr Expertisen Herr werden ließe. Ein Übermaß an Beratung wird vielmehr schnell zum Selbstzweck. Einen Schlüssel zur Lösung des Problems hat die Politik deshalb selbst in der Hand. Wenn die

Entscheidungsfragen immer komplexer werden, sollte dies nicht länger auch für die Antworten gelten. Politik muss wieder den Mut finden, Komplexität abzubauen, und zwar in Form von weniger Bürokratie, weniger staatlicher Eingriffe und mehr Freiräumen für den Einzelnen. Das Interesse der Politikberatung, diesen Prozess zu unterstützen, ist naturgemäß höchst unterschiedlich. Denn nicht wenige Beraterexistenzen fußen gerade auf der Komplexität politischer Inhalte und administrativer Strukturen.

Eines ist klar: Politikberatung hat es immer gegeben und wird es immer geben. Die Gretchenfrage lautet aber, welche Art von Beratung ist sinnvoll und wo liegen ihre Grenzen? Man könnte in Anlehnung an die Kant'schen Worte sagen: Die Sinnhaftigkeit, beraten zu werden reicht bis zum Erhalt der Fähigkeit, noch entscheiden zu können.

Eine Einschätzung über die heutige Rolle und die Entwicklungstendenzen in der Politikberatung sollte sich dabei weniger mit quantitativen Aspekten – die Beratungsbranche insgesamt verzeichnete in den vergangenen vier Jahren Zuwachsraten von durchschnittlich mehr als fünf Prozent – als vielmehr mit qualitativen Analysen befassen.

Die Meinungen dazu laufen weit auseinander. Während der ehemalige Sprecher der Bundesregierung, Klaus Bölling, von einer „Beratungsepidemie" spricht, die zur zunehmenden Selbstentmündigung der Politik führe, mahnte der damalige Bundespräsident Roman Herzog: „Warum ist in Amerika Politikberatung selbstverständlich, während sie bei uns immer noch als Luxus gilt?"

Ein allgemeines Urteil über den Stand der Politikberatung ist kaum zu fällen. Zu unterschiedlich sind die Erscheinungsformen, Akteure und Kommunikationswege politischer Beratung. Hinzu kommen fließende Grenzen der Politikberatung zu anderen Tätigkeitsfeldern wie Lobbyismus oder Beratung der öffentlichen Verwaltung.

Die Debatte über Politikberatung konzentriert sich hierzulande zumeist auf zwei wesentliche Themenfelder: Das Verhältnis zwischen wissenschaftlicher Expertise und politischer Entscheidungsfindung und der Beratung an der Schnittstelle zwischen der politischen Entscheidung und ihrer Kommunikation. Die Einbeziehung wissenschaftlichen Sachverstandes in den politischen Prozess ist in Deutschland noch immer mit großen Reibungsverlusten verbunden. Die Sicht vieler Wissenschaftler und der operative Ansatz politischer Entscheidungsträger prallen oft hart aufeinander – mit manchmal erheblichen Frustrationen auf beiden Seiten, aber, wenn man offen und aufgeschlossen ist, durchaus auch mit Gewinn für einander. Ohne diese konstruktive Reibung wäre zum Beispiel die nach vorne gerichtete Arbeit der sogenannten Herzog-Kommission der CDU Deutschlands zur Zukunft des Sozialstaates im Jahre 2003 so nicht denkbar gewesen.

Ein Blick auf die von Roman Herzog angesprochenen Selbstverständlichkeiten politischer Beratung in den Vereinigten Staaten zeigt Möglichkeiten auf, an der Beseitigung dieses Defizits in Deutschland zu arbeiten – im vollen Bewusstsein über die jeweiligen strukturellen und politisch-kulturellen Eigenheiten beider Länder. Der entscheidende Vorteil des amerikanischen Systems liegt in seiner hohen Durchlässigkeit für den beruflichen Wechsel zwischen Wissenschaft und Politik. Man wird dort kaum ein Mitglied eines wissenschaftlichen Think Tanks im Beratungsumfeld der Politik finden, das nicht bereits selbst einmal administrative und politische Alltagserfahrung gesammelt hat. Diese Erfahrung wird möglich, weil der öffentlich sichtbare Kontakt des Wissenschaftlers zu (Partei-)Politik weder als Verletzung wissenschaftlicher Neutralitätspflichten noch als Abstieg auf das Niveau der Praxis angesehen wird, sondern als wertvolles Engagement zugunsten des Gemeinwesens. Im Gegenzug bekommt der wissenschaftliche Rat durch die Kombination mit operativer Erfahrung eine wesentlich höhere Akzeptanz und Durchsetzungskraft im politischen Gespräch.

Deutschland hat in den letzten beiden Jahrzehnten erhebliche gesellschaftliche Veränderungen kombiniert mit einer rasanten Weiterentwicklung der Medienlandschaft durchlebt. Die Politik hat mit diesen Entwicklungen nur begrenzt Schritt gehalten. Naturgemäß wächst der Bedarf an externem Sachverstand, der angesichts komplexer Themen und einer zunehmend diversifizierten und individualisierten Kommunikationslandschaft helfen soll, die vermittelbare Botschaft und den richtigen Übermittlungsweg zu finden.

Dieser Prozess birgt allerdings die Gefahr, dass die politische Kommunikation Verselbständigungstendenzen entwickelt. Der Rubikon ist spätestens dann endgültig überschritten, wenn Kommunikationsaspekte beginnen, die in der Sache für richtig gehaltene politische Entscheidung zu beeinflussen und damit auch die politischen Entscheider zu entmündigen, wie es Klaus Bölling zu Recht beklagt. Das gilt für den Umgang mit politischer Meinungsforschung ebenso wie für die Entwicklung von Medienstrategien, für die Imagepflege oder -korrektur von Parteien und Personen ebenso wie für die Ansprache wichtiger Zielgruppen.

Politisch Verantwortliche und ihre Berater müssen sich stets darüber im Klaren sein, dass all dies Mittel zur Durchsetzung der zuvor im politischen Prozess gefundenen Entscheidung sind. Es sind wichtige Instrumente mit wachsender Bedeutung, aber es sind und bleiben Instrumente, die die politische Entscheidungsfindung weder dominieren noch ersetzen dürfen. Das zumindest ist meine Prämisse im täglichen Arbeitsprozess.

Das vorliegende Buch leistet einen wichtigen Beitrag zu diesem Klärungsprozess, und dies nicht nur im Sinne einer Bestandsaufnahme. Ich bin sicher, dass es für Politiker, Wissenschaftler, interne wie externe Experten und alle diejenigen, die ihre Zukunft in der Politik oder Politikberatung sehen, viele wertvolle Denkanstöße liefern wird.

Muss, kann und will die Politik beraten werden?

Wolfgang Gerhardt

EINGANGSFRAGE: Wo wird Politik „gemacht"?

Artikel 21 des Grundgesetzes weist den politischen Parteien die entscheidende Rolle bei der Fortentwicklung der parlamentarischen Demokratie zu, indem er die Mitwirkung der Parteien an der demokratischen Willensbildung des Volkes in der Verfassung normiert. Die politischen Parteien, und aus ihnen nach den Wahlen hervorgehend die Fraktionen in den Parlamenten in Bund, Ländern und Kommunen, sind die wichtigsten Organisationen im Bereich der politischen Willensbildung - auch wenn nach herrschender Lehre den Parteien durch Artikel 21 nur ein Recht der Mitwirkung und kein Monopol in diesem Bereich gegeben wird. Allerdings: diese Basis bröckelt. Derzeit stützen sich die Parteien institutionell auf nicht einmal (alle im Bundestags vertretenen Parteien zusammengerechnet) 1,6 Millionen Mitglieder, das sind noch nicht einmal 2 Prozent der Gesamtbevölkerung. Umso mehr ist es erforderlich, dass die Parteien mit dem Bürger in Kontakt treten, seine Meinung einholen, seine Kritik aufnehmen und seine Anregungen berücksichtigen oder sogar umsetzen.

Sie müssen ihren Entscheidungsprozess transparent machen und Sachverhalte durchdringen, um sie öffentlich kommunizieren zu können. Permanente Überprüfung, Organisation sachkundigen Rates sind notwendig, um kompetenten Umgang mit Themen zustande zu bringen. Im Prinzip ist alles ganz einfach. „Politikberatung", so definiert das Politiklexikon Schubert/Klein, „ist ein Sammelbegriff für unterschiedliche Formen der Unterstützung und Absicherung politischer Entscheidungen und der hierfür politisch Beauftragten." Die Formulierung klingt recht neutral. Vor allem auch die nachfolgende Charakterisierung gibt dem Instrument der Politikberatung einen Ausdruck von Normalität und Problemlosigkeit, indem sie unterscheidet zwischen zwei unterschiedlichen Arten von Politikberatung: derjenigen, die auf „wissenschaftlicher Expertise (z.B. von Forschungsinstituten) oder anderen Formen der Erfahrung und des Fachwissens beruht" und derjenigen, die „auf einem persönlichen Vertrauensverhältnis basiert".

Andere Definitionsversuche sind da etwas heikler. So schreibt zum Beispiel die „Brockhaus-Enzyklopädie in 24 Bänden", Politikberatung sei „die Einbringung von ‚Sachverstand' in den politischen Willensbildungsprozess, besonders durch in der Forschung tätige Wissenschaftler". Selbst wenn man die in dieser Definition zum Ausdruck kommende, zumindest inzidente Meinung der Autoren außer Acht lässt, ohne Politikberatung fehle es im politischen Willensbildungs-prozess an ‚Sachverstand', so wird hierin doch eine deutlich aktivere Beteili-gungsform externer Beratung gesehen als im Politiklexikon. Und konsequenter-weise spricht der „Brockhaus" kurz danach auch an, dass „in der Praxis ... die Kooperation zwischen Wissenschaft und Politik allerdings nicht ohne Probleme" ist.

KERNFRAGE 1: Muss die Politik beraten werden ?

Vier Fünftel aller menschlichen Tätigkeiten werden in der zukünftigen Welt der Arbeit im Kern aus dem intelligenten Umgang mit Information bestehen. For-schen und entwickeln, organisieren und vernetzen, gestalten, informieren – For-men von Arbeit, bei denen es im Wesentlichen darum geht, Daten in Wissen und Wertschöpfung zu wandeln. In dieser sich schnell ausbreitenden „Informations-Ökonomie" ist vieles vorbei, was bisher eine entscheidende Rolle spielte – Stück und Gewicht, Unternehmensgröße oder Standort. Informationsprodukte können schnell entwickelt werden. Ein einziges Mal genügt, um sie von allen verwertbar zu machen. Bytes und Ideen lassen sich in Sekundenschnelle weltweit verkaufen und doch gleichzeitig behalten, schreibt das Frankfurter Institut in einer seiner Studien.

Das allein schon stellt alles auf den Kopf, was wir im Industriezeitalter über Arbeit, Produktion und Produktivität gelernt haben, was aber noch immer prakti-ziert wird und woran wir im Übrigen den Großteil unserer gesellschaftlichen und sozialen Systeme angedockt haben. Die Rente, die Krankenversicherung, das Betriebsverfassungsgesetz, den Flächentarif, Bildung und Ausbildung und viele alte Gewohnheiten.

Eine extreme Beschleunigung, eine neue Unübersichtlichkeit greift um sich. Die Entscheider in unserer Gesellschaft finden sich oftmals mit Aufgaben kon-frontiert, zu deren selbständiger Lösung ihnen die notwendigen Fakten und Spe-zialinformationen fehlen, zu denen sie Detailwissen und Fachauskünfte benöti-gen. Die Mitglieder des Deutschen Bundestages sehen sich als Gesetzgeber vor der Aufgabe, über Politikfelder zu entscheiden und für Spezialprobleme nach bestem Wissen und Gewissen angemessene und sachdienliche Regelungen zu treffen, deren Inhalte ihnen oftmals neu oder auch aufgrund der hohen Spezialität des Themas schwer verständlich sind.

Das im Grundgesetz verankerte Prinzip des freien, unabhängigen und nur dem eigenen Gewissen unterworfenen Abgeordneten setzt voraus, dass der oder die einzelne Abgeordnete sich auch zu Spezialthemen, die nicht seinen Arbeits-schwerpunkt betreffen, eine eigene Meinung bildet, bevor er in den entscheiden-den Gremien sein Votum abgibt. Eins kann man sagen: so mancher Bürger, der sich über „die Politiker" beschwert, würde staunen, mit welcher Energie und mit welchem Einsatz in den Sitzungen von Arbeitsgruppen, Arbeitskreisen, Fraktionen, Ausschüssen und Kommissionen und letztendlich auch im Deutschen Bundestag, der ja nach eigener Definition ein Arbeitsparlament und nicht lediglich ein Debattenparlament ist, über auch die spezifischsten Einzelthemen diskutiert und um Entscheidungen gerungen wird.

Die Abgeordneten, insbesondere die Mitglieder der Fraktionsführungen, die Vorsitzenden und Obleute in den Ausschüssen müssen sich in jeder Sitzungswoche im Deutschen Bundestag mit einem überaus breiten Themenspektrum in der Art und Weise beschäftigen, dass sie die Themen inhaltlich durchdringen, sich eine Meinung bilden können und in verantwortlicher Weise repräsentativ für die Bürger entscheiden. In einer beliebig ausgewählten Sitzungswoche standen im Parlament zum Beispiel unter anderem auf der Tagesordnung: das Telekommunikationsgesetz, das Graffiti-Bekämpfungsgesetz, die Gesundheitsreform, der CEDAW-Bericht zur Beseitigung der Diskriminierung von Frauen, der Genetische Fingerabdruck, der Seeschiffbau, die Kulturlandschaftsprämie im Agrarbereich, das Kyoto-Protokoll, die Entwicklungszusammenarbeit bezüglich Bolivien, das Treibhausgas-Emissionshandelgesetz, das Erneuerbare-Energien-Gesetz, das Sozialgesetzbuch, das Reiserecht oder das SED-Unrechtsbereinigungsgesetz. Dazu kommen in den Ausschüssen Schwerpunktbereiche vom Zuwanderungsrecht bis zur Stammzellenforschung, und insbesondere mit unzähligen Einzelfakten gespickte Bereiche wie die Systeme der Sozialen Sicherung, die Arbeitsmarktpolitik, die Außenpolitik und viele viele andere.

Niemand, und sei er auch bereits noch so lange im politischen Bereich tätig, wird sich anmaßen, zu behaupten, er sei in all diesen Fragen firm im Wissen und in jedem Einzelfall angemessen entscheidungsfähig. Die Entscheidungsträger in der Politik benötigen in vielen Einzelfragen fachkundige, detailgenaue, problembezogene und unabhängige Beratung, um eine sachgerechte Entscheidung vorbereiten und treffen zu können.

Hier setzt der klassische Bereich der Politikberatung ein, nämlich der der Unterstützung der Meinungsbildung durch Zurverfügungstellung von fachbezogenen Informationen an die in der Politik Entscheidenden.

KERNFRAGE 2: Kann die Politik beraten werden ?

Der Erfolg von Politikberatung im klassischen Sinne hängt maßgeblich von der Frage ab, in welchem Gewand und mit welcher Intention die beratende Institution daherkommt. Dabei ist vor allem zu unterscheiden zwischen so genannter wissenschaftlicher Politikberatung und den Beratungsangeboten von Verbänden und Interessengruppen im Rahmen der Presse- und Öffentlichkeitsarbeit und der

Lobbyarbeit. Die Akzeptanz beratender Institutionen auf Seiten der Politik, vor allem aber auch auf Seiten der die Politik Betrachtenden, hängt nicht zuletzt auch von der Zielsetzung auf Seiten der Beratenden ab.

Zu trennen ist, wie es die oben zitierte Definition im Politiklexikon betont, zwischen einer wissenschaftlichen, meist sozial- oder politikwissenschaftlichen Politikberatung und einer sich eher auf Dienstleistungen im Bereich der Presse- und Öffentlichkeitsarbeit konzentrierenden Politikberatung. So betreffen die Beratungsangebote, die bei den Politikern oder bei den Institutionen der Politik anlanden, eine Spannbreite von Informationsvergabe fachlicher und inhaltlicher Art bis hin zu Empfehlungen bezüglich strategischer Planung. Und auch die konkrete Ausgestaltung der Beratungsverhältnisse reicht von der kostenneutralen Beratung durch Wissenschaftler im Rahmen von Enquête-Kommissionen, Anhörungen oder als Gastreferenten zu Sonderthemen in Fraktionssitzungen oder Arbeitsgruppen über die Erstellung von fachbezogenen wissenschaftlichen Gutachten bis zum Angebot von kostenintensiven Meinungsumfragen, Medienseminaren oder PR-Kampagnen.

In all diesen Feldern gibt es eine mehr oder minder große Nachfrage. Gerade die angesprochene, immer weiter zunehmende Komplexität der zu behandelnden Themen, die steigende Spezialisierung und auch die konzentrierte fachliche Arbeit von Interessenverbänden und Lobbyisten macht für die Politik die Hinzuziehung speziellen wissenschaftlichen Fachwissens ratsam. Eine gute, das heißt eine objektive, nüchterne und sachliche Beratung verleiht dem Denken und dem Handeln der politischen Entscheidungsträger eine zusätzliche Dimension, über die Einbringung eigener Ideen, eigener Erfahrungen oder eigener Denkmuster hinaus. Eine solche Politikberatung gibt dem Politiker die Fähigkeit und die Möglichkeit, aufgrund neuer Argumente Gesamtzusammenhänge besser zu erkennen, Bewertungsrelationen zu erstellen und Entscheidungen im Sinne der von ihm vertretenen Bürger objektiver zu treffen.

Daneben tritt verstärkt eine neue, kommerzielle Art der Politikberatung, der sich in Deutschland zunehmend neue Betätigungsfelder eröffnen. Die im letzten Jahr gegründete „Deutsche Gesellschaft für Politikberatung" sieht dabei ein Betätigungsspektrum „von Wahlkampf- und Kampagnenberatung, politischer Kommunikation, Public Affairs/ Lobbying, Politikfeldberatung/ strategisch-operativer Politikberatung bis zu Strategic Research und Online-Politikberatung". Betont wird dabei die Notwendigkeit auch ethischer Standards für die Kommunikation mit politischen Entscheidungsträgern.

Unzweifelhaft gibt es einen Markt für diese Art von Politikberatung, und die Nachfrage nach PR-Seminaren, nach Kampagnenentwürfen oder auch Meinungsumfragen von Seiten der Politik oder nach Hilfe bei der Kontaktpflege mit der Politik scheint weiter zu steigen. Die Politik scheint sich die optimale Vermittlung der Ergebnisse ihrer Arbeit an die Öffentlichkeit mit „Bordmitteln"

nicht zuzutrauen, und auch die Verbände und Interessengruppen scheinen nicht
auf die Kraft der zufälligen Begegnung mit politischen Entscheidungsträgern zu
vertrauen.

KERNFRAGE 3: Will die Politik beraten werden ?

Die Bereitschaft in Reihen der Politiker, Rat anzunehmen, ist wesentlich weiter
verbreitet, als der politikverdrossene Bürger dies glaubt. Nicht zuletzt aufgrund
der Tatsache, dass der politische Entscheidungsträger sich einer durch die Errun-
genschaften der Mediengesellschaft immer besser informierten Öffentlichkeit
gegenübersieht, die ihn mit Korrespondenz, mit Fragen in Veranstaltungen oder
Anfragen nahezu bombardiert, ist er für spezielle Informationen dankbar, die es
ihm ermöglichen, den Überblick zu behalten, Positionen zu definieren und Antworten zu geben.

Dies gilt insbesondere für die wissenschaftliche Politikberatung. Die vielfältigen Materialien, Positionspapiere, Stellungnahmen oder Mitschriften von
Kolloquien oder Diskussionsveranstaltungen von Think Tanks, Forschungseinrichtungen oder Stiftungen sind für ein vertieftes Einarbeiten in komplexe Mate-
rien für eine sachgerechte Gesetzgebung fast unverzichtbar und werden breit
akzeptiert. Die Gelegenheit zur Diskussion mit Koryphäen in einzelnen Fachbe-
reichen werden gern wahrgenommen. Wissen ist die einzige Ressource, die beim
Gebrauch nicht abnimmt.

Auch die Angebote der allgemeinen Politikberatung finden große Beach-
tung. Die vielen Meinungsumfragen, wie sie im Fernsehen, im Rundfunk oder in
Zeitungen und Zeitschriften dargestellt werden, geben wichtige Indikatoren zur
Überprüfung der inhaltlichen und strategischen Positionen. Die zunehmenden
Möglichkeiten umfassender Präsenz in den Medien ergeben für die Politiker
auch die Notwendigkeit, für diese Medienauftritte geschult zu werden. Die
wachsende Zahl und Unübersichtlichkeit der am Markt auftretenden Medien
bringt die Notwendigkeit, das eigene Angebot an die Medien möglichst attraktiv
zu gestalten. Gleiches gilt in einem ständig sich weiter erhitzenden Markt für
Wahl- oder Imagekampagnen. In all diesen Fällen wird Hilfe und Beratung
durch für die Politik externe Spezialisten gern in Anspruch genommen.

STREITFRAGE: Darf die Politik beraten werden ?

Wo sind die Grenzen der Politikberatung? „Erfolgreiche Politiker", so hat es
Professor Dr. Hofmann-Götig bei seiner Antrittsvorlesung zum Thema ‚Sozialwissenschaftliche Politikberatung' im Jahre 2002 formuliert, „brauchen eine

Intuition, ein Gefühl für die Themen, die Bürgerinnen und Bürger bewegen. Sie brauchen nicht notwendigerweise eine wissenschaftliche Ausbildung, aber Realitätssinn. Und selbst, wenn sie mit beidem ausgestattet sind, brauchen sie auch nüchternen Ratschlag von außen."

Eine umfassende, zielorientierte und effektive Politikberatung kann dazu führen, dass der Politiker mit umfassendem Sach- und Fachwissen zielorientiert entscheidet und effektiv handelt. Indem er vertieft argumentiert, die Argumente mehrerer Seiten kennt, die Mehrheitsmeinung oder zumindest die überwiegende Position der Bevölkerung einschätzen kann und die richtigen Worte findet, um seine Entscheidung darzustellen, verhilft er der von ihm als richtig erkannten Politik zur Durchsetzung oder zumindest zu größerer Aufmerksamkeit.

Unter den geschilderten Bedingungen und Voraussetzungen ist Politikberatung sowohl mit wissenschaftlichem Hintergrund, als auch mit kommerziellen Absichten sicherlich zulässig und förderlich. Probleme entstehen, wo Verbindungen zu Abhängigkeiten werden, wo Rat zur Direktive und der ehemals unabhängige Abgeordnete oder Mandatsträger zum Weisungsempfänger wird.

Politikberatung kann aber auch, um noch einmal Professor Dr. Hofmann-Göttig aus gleicher Quelle zu zitieren, zur Profilschwächung führen, wenn der Eindruck entsteht, Politiker hingen am Zügel ihrer Berater und würden nur wahltechnisch argumentieren und agieren.

Die breit reportierten Geschehnisse der letzten Monate um Beraterverträge, um Gefälligkeiten im Rahmen übermäßigen Lobbying, um Interessenverquickungen und undurchsichtige Entscheidungswege sollten eine Warnung an diejenigen sein, die das filigrane und fragile System der Politikberatung auf der einen oder anderen Seite für sich ausnutzen wollen.

„Nichts genaues weiß man nicht"
Politikberatung aus den Erfahrungen der Praxis

Ute Vogt

„Zwei Juristen, drei Meinungen" ist ein geflügelter Ausspruch, um zu beschreiben, wie Rechtswissenschaftler auf Menschen wirken, die eine Entscheidung zu treffen haben und wissen wollen, wie sich der Sachverhalt juristisch verhält. Im besten Fall erhält man Rat durch Argumente, fachlichen Beistand, Zuspruch oder alternative, zielbringendere Vorschläge - indes, eine klare und eindeutige Stellungnahme erhalten wir selten. Die Entscheidung wird vorbereitet, beleuchtet, aber sie letztlich zu treffen bleibt bei uns selbst.

Dies ist die wichtigste Erkenntnis wenn man mit Beratern zu tun hat – ob es die oben genannten Rechtsberater oder Berater anderer Sparten betrifft.

Berater – die unbekannte Spezies?

In jüngerer Zeit sind „Berater" im Allgemeinen und insbesondere in Zusammenhang mit Beratung im politischen Bereich heftig in die öffentliche Kritik geraten. In der Regel stand dabei die Summe im Vordergrund, die als Honorar bezahlt worden oder vereinbart war. Über die tatsächliche Leistung oder den Sinn und Zweck der Arbeit indes war wenig zu lesen. Vorurteile prägen die Debatte. Und dies kommt nicht von ungefähr.

Denn seit einigen Jahren, in denen mehr und mehr Berater die Chefetagen in Unternehmen und Organisationen begleiten, sind die Ergebnisse für die Beschäftigten oft wenig erfreulich. „Consultants talk funny and make money" ist für viele eine gängige Kurzformel um eine Branche zu beschreiben, in der nicht wenig Geld verdient wird und deren tatsächliche Leistung nur schwer zu beurteilen ist.

Die Ursache liegt sicher nicht zuletzt in der Arbeitsweise der Branche selbst, die die Öffentlichkeit zur Akquise braucht, aber in der Arbeit nur geschätzt wird, wenn Diskretion gewährleistet wird. Verschwiegenheit ist daher notwendiger Bestandteil, um das Vertrauen der Kunden zu rechtfertigen. Denn erfolgreich beraten kann nur, wer umfassend informiert ist. Das bedeutet Zugang zu allen wichtigen Fakten, vor allem aber die Kenntnis der Defizite, wegen der die Beratung in der Regel ja überhaupt erst angefordert wird. Daraus erklärt sich, dass die Arbeit im Einzelnen gerade nicht Gegenstand der öffentlichen Erörterung sein soll. Denn welches Unternehmen, welche Organisation oder auch welcher Politiker will schon die eigenen Defizite öffentlichkeitswirksam dargestellt haben?

Wer sind sie nun, die Beraterinnen und Berater? Ein Wirtschaftsprüfer wird vielleicht zustimmen, sich ökonomischer Berater nennen zu lassen. Ein Anwalt, ein Jurist wird sich selbstverständlich als juristischer Berater verstehen. Aber beide wollen sicher nicht mehr dazugerechnet werden, wenn sie mit einem Mode- und Stilberater zu einer Branche zusammengefasst werden sollen.

Beratung gibt es in unzähligen Facetten: Professoren beraten Studierende, Eltern ihre Kinder, die Agentur für Arbeit Jobsuchende, Wirtschaftsberater Unternehmen, Personalityberater Führungspersonal, um nur einige Beispiele zu nennen. Beratung – also eigentlich nichts Neues.

Dies macht es auch so schwierig die Qualität einzuschätzen. Denn beraten hat doch jeder von uns schon in vielfacher Weise. Freunde, Geschwister, Kollegen. Jeder Mensch berät sich regelmäßig mit irgendwem. Während wir bei Juristen, Ökonomen und Wissenschaftlern insgesamt die Profession für beratende Tätigkeit aufgrund der Ausbildung anerkennen, tun wir uns im unscharfen Feld der „Politikberatung" doch erheblich schwerer.

Denn Politiker sind wir ja schließlich selbst und nicht wenige, die einem derzeit als „Politikberater" begegnen sind Leute, die wir schon von früher aus politischen Zusammenhängen kennen.

Braucht Politik Beratung?

Ja. Deshalb ist Beratung in Deutschland im parlamentarischen System als feste Größe installiert. Ein Ansprechpartner ist dabei die Wissenschaft. Abgeordnete des Deutschen Bundestages beschäftigen in der Regel „wissenschaftliche Mitarbeiterinnen bzw. Mitarbeiter". Das Budget erlaubt dabei – je nach Aufteilung – ein bis zwei Arbeitsverträge in dieser Kategorie. In der Realität sind diese Beschäftigten allerdings so stark mit der Vorbereitung von Ausschusssitzungen, der Bearbeitung von Berichterstattungen der Abgeordneten, der Vorbereitung von Terminen und der Beantwortung von Bürgeranfragen befasst, dass für tiefer gehende Expertisen oder strategische Beratung wenig Zeit bleibt.

Für ausführlichere Bewertungen oder Gutachten steht den Abgeordneten daher der wissenschaftliche Dienst des Deutschen Bundestages als ein Beratungssystem zur Verfügung. Hier können Abgeordnete Aufträge erteilen, um Sachverhalte aufzuklären, wissenschaftliche Ausarbeitungen anfordern und Hintergrundinformationen erfragen. Beratung im umfassenden Sinne bietet allerdings auch dieses System nicht. Denn alles, was erarbeitet wird, geschieht aufgrund von Vorgaben und die Zuarbeit erfolgt in Form von angeforderten Fakten.

Bleibt ein weiteres festgelegtes Beratungsinstrument des parlamentarischen Systems: Die Anhörung. Bei jedem größeren Gesetzgebungsverfahren findet eine solche Anhörung statt. Grundlage ist ein Gesetzentwurf oder ein Antrag. Die Fraktionen benennen jeweils Experten, die zur eingebrachten Vorlage, zum jeweiligen Sachthema Stellung nehmen, Hinweise geben und Fragen beantworten. An sich ein sinnvolles Instrument, um die politische Zielsetzungen zu überprüfen, sich ein Bild möglicher Alternativen zu verschaffen und die eigene, endgültige Position argumentativ abzusichern. Manchmal helfen die Experten sogar dabei, dass sich Koalition und Opposition auf eine gemeinsame Diskussionsbasis verständigen, die auch Ausgangspunkt für einen guten Kompromiss sein kann. Häufig leiden diese Anhörungen allerdings unter zu starker politischer Vorfestlegung einiger Experten. Nicht selten sind nämlich ideologische Standpunkte oder die Darstellung von Lobbyinteressen mehr im Vordergrund als die objektive Beurteilung eines Sachverhalts. So werden Anhörungen nicht selten zum weiteren Instrument des parteipolitischen Schlagabtauschs und verlieren zunehmend die eigentliche Bedeutung der praktischen Beratung.

Wo also werden wir Politikerinnen und Politiker wirklich beraten?

Natürlich in unserem unmittelbaren Umfeld. Unser tägliches Geschäft, ja der Kern unserer Arbeit ist der ständige Austausch. Mit Bürgerinnen und Bürgern, Interessengruppen, Verbänden und Organisationen, Kollegen und Kolleginnen, Fachleuten aus Wissenschaft und Wirtschaft, Praktikern jeglicher Fachbereiche und mit Mitarbeiterinnen und Mitarbeitern des eigenen Büros oder auch von Behörden und Ministerien.

Nun ist es selbstverständlich überzogen, jedes Gespräch unter den Begriff Beratung zu fassen. Aber für mich bedeutet Beratung die Hilfestellung auf dem Weg zur Entscheidungsfindung. Und deshalb denke ich schon, dass gerade die Vielzahl und die Vielfalt von unterschiedlichsten Kontakten, für einen Politiker einen bedeutenden Teil an Beratung darstellt.

Unsere Entscheidungen prägen die Lebenswirklichkeit der Menschen in erheblichem Maße. Daher ist eine gründliche Kenntnis der Wirklichkeit – und zwar der vielfältigen unterschiedlichen Lebenswirklichkeiten in unserem Land – eine unerlässliche Voraussetzung für gute Entscheidungen. Diese notwendige Breite verschaffen mir aber nicht allein Gutachten und Studien, Fachveröffentlichungen oder Umfragen, sondern direkte Diskussionen. Dabei kann die Erzieherin aus dem Kindergarten im Wahlkreis genauso wertvolle Hinweise geben wie ein Physiker eines Forschungsinstituts oder der selbständige Handwerker. Bei gezielten Fragestellungen nimmt man die Kontakte auf, sucht sich Ratgeber zum anstehenden Thema – in anderen Fällen melden sich Interessierte und Betroffene, um Hinweise zu geben oder selbst etwas beizutragen. Selbst Lobbyisten, die mit ihrer Beratung einen eigenen Zweck verfolgen, sind zur Beratung wichtig. Man muss ihre Interessen kennen und ihr Fachwissen nutzen. Bei vielen Themen organisieren Politiker selbst Veranstaltungen, Diskussionen pro und contra oder Fachgespräche und Kongresse um wichtige Entscheidungen vorzubereiten.

Eine bekannte, allerdings zunehmend unbeliebter werdende Form der Erkenntnisgewinnung bieten dabei auch die Expertenkommissionen. Der Grundgedanke ist gut. Menschen mit unterschiedlichem Erfahrungshintergrund und gemeinsamen Bezug zu einem Thema arbeiten zusammen an einer Problemlösung. Solche Kommissionen können nicht nur ein breites Meinungsspektrum abbilden, sie können auch Personen unterschiedlicher politischer Überzeugungen zusammenführen und so Konsensbildung ermöglichen und erleichtern. Sie richten die Vorschläge an die Politikerinnen und Politiker, die dann daraus die politischen Konsequenzen ziehen sollen. Dieses Beratungsinstrument verliert allerdings seine hilfreiche Funktion, wenn diese Aufgabenteilung nicht mehr klar ist. Für die Entscheidung selbst haben solche Kommissionen kein demokratisch legitimiertes Mandat. Wird ihre Entscheidung als Vorgabe wahrgenommen, die die Politik nur noch formal umzusetzen hat, wird der demokratische Prozess der Meinungsbildung entwertet und mit ihm Politik und Parlament.

Expertenmeinungen sind für die politische Willensbildung unerlässlich, aber es sind Meinungen. Augenfällig ist dies bei Prognosen, wie zum Beispiel über das Wirtschaftswachstum: sechs Institute mit unterschiedlichen Vorhersagen, in unglaublich kurzen Abständen, die nur gemeinsam haben, dass sich alle nach ein paar Wochen korrigieren. Aber selbst bei Gutachten zu technischen Sachverhalten gelingt es immer seltener von verschiedenen Experten eine übereinstimmende Bewertung zu erhalten.

Deshalb muss ausgewertet, gewichtet und interpretiert werden. Das ist die Aufgabe der politisch Gewählten. Sie müssen – im Gegensatz zum Experten - den Blick weiter schweifen lassen. Nicht nur fachliche Argumente sehen, auch Auswirkungen auf indirekt Betroffene bedenken, emotionale Reaktionen der Bürgerinnen und Bürger einbeziehen, schlicht die Gesellschaft als Ganzes und das Gemeinwohl im Auge haben. Dafür sind Politikerinnen und Politiker gewählt und dafür müssen wir auch bei Wahlen Rechenschaft ablegen. Deshalb ist es unsere Pflicht, möglichst viele Erkenntnisse zu gewinnen und gemeinsam mit anderen zu beraten und zu diskutieren, ob die gewonnenen Erkenntnisse auf die eine oder andere Art und Weise umgesetzt werden sollen.

Und über die thematische Fachberatung hinaus? Immer noch sehr viel Beratungsbedarf, der ganz unterschiedlich abgedeckt wird. Persönliche Ziele und Wünsche bespreche ich mit Freunden (die entgegen aller Vorurteile auch in der Politik zu finden sind). Allgemeine politische Einschätzungen, Ideen und Innovationen diskutiere ich mit politischen Vertrauten. Einschätzungen zu Terminen,

Geschehnissen und die Aufbereitung und Vorbereitung von Informationen bespreche ich mit Mitarbeiterinnen und Mitarbeitern oder beauftrage sie damit.

Und warum soll man jetzt noch extra Politikberater zahlen?

Es geht in der politischen Praxis nicht nur um den einen Politikberater, den man
vielleicht von Fotos oder aus Filmen vor Augen hat: Der Mann, der sich nieder-
beugt um Willy Brandt etwas ins Ohr zu flüstern, die geniale Managerin, die
dem Politiker mit brillanter Strategie zum überwältigenden Wahlsieg verhilft
oder der listige, gebildete Mensch, der den amerikanischen Präsidenten steuert
und sich dabei als fieser Taktiker der Macht entpuppt, der den Politiker nur benutzt, um eigene Interessen zu verwirklichen.

Aber es gibt sie auch – die wichtigen und besonders einflussreichen Menschen im beruflichen Umfeld der Politikerin und des Politikers. Häufig sind es
Vertraute, mit denen einen viele Jahre der Zusammenarbeit verbinden. Langjährige Begleiter, mit denen man ein eingespieltes Team bildet. Menschen, die unsere Stärken und Schwächen besser kennen als andere, die Vorlieben und Un-
liebsames voneinander zu unterscheiden wissen und den politischen Betrieb so
gut einschätzen können, dass sie uns regelmäßig gut beraten.

Allerdings hat diese weit verbreitete Form des beratenden Zusammenwir-
kens eine gravierende Schwäche: im gut eingespielten Team haben sich nicht
selten auch Schwächen gut eingespielt und werden weniger wahrgenommen.
Verhaltensweisen sind bekannt und was Dritten befremdlich erscheinen mag ist
im eingespielten Team schon Gewohnheit. Und deshalb kann er doch nützlich
sein, der professionelle Berater! Als jemand, der einen mit anderen Augen sieht.
Der neue Fragen stellt und Gewohntes hinterfragt. Und der die eigene Arbeitsweise mit neuen Methoden ergänzt und anreichert.

Für Kommunikationsstrategien, Veranstaltungsplanungen und andere, eher
technisch strukturierte Fragen ist die Unterstützung von erfahrenen Medienprofis
oder Agenturen eine wichtige Hilfe. Am deutlichsten wird dies am Beispiel des
Wahlkampfs. Dort gilt es, Umfragen, Fotos und Wahlplakate zu erstellen, politische Werbung zu entwerfen, zu gestalten und zu testen, schließlich, überzeugen-
de Veranstaltungen zu organisieren und dafür zu mobilisieren, für öffentliche
und mediale Aufmerksamkeit zu sorgen, die politischen Wettbewerber zu beobachten und sich auf deren Kampagnen oder Themen vorzubereiten.

Diese Aufgaben sind ohne professionelle Begleitung heute nicht mehr leist-
bar. Allerdings ist es eine Illusion zu glauben, es reiche ein brillanter Kopf, der
nur die richtige Strategie und Vorgehensweise findet, den Kandidaten oder die
Kandidatin auf die passende Performance bringt – und das sei der Schlüssel zum
Erfolg.

Der Grund, warum viele Politikerinnen und Politiker den Politikberatern misstrauen, liegt unter anderem in solchen Heilsverkündungen. Denn um das Vertrauen der Menschen zu gewinnen, braucht es eben auch die richtige Persönlichkeit in der Politik. Und keiner, der Politik machen will, darf reduziert werden auf ein Objekt, das im richtigen Umfeld und ordentlich bearbeitet dann den gewünschten Erfolg bringt. Man möchte schon, dass es auch auf einen selbst, die eigenen Ideen, die politischen Vorstellungen ankommt. Denn ich bin sind nicht Politikerin geworden, um Wahlen zu gewinnen – ich bin Politikerin geworden, weil ich eine Vorstellung davon habe, wie ich mir das Zusammenleben von Menschen auf unserer Erde und in einer Gesellschaft wünsche. Und ich will Wahlen gewinnen, weil politische Macht ein wirksames Mittel ist, um meine Vorstellungen umzusetzen. Dies muss professionelle Beratung akzeptieren, denn politische Botschaften können nicht willkürlich allein nach Erfolgsinteresse gewählt werden. Hierin liegt in der Praxis oft das größte Missverständnis zwischen politisch Handelnden und politischen Beratungsprofis.

Braucht man Beratung um Politik zu verstehen?

Und so stellt sich denn auch die Frage nach der Politikberatung für Nicht-Politiker. Denn der Markt bietet inzwischen ja jede Menge Profis, die sich rühmen den „Zugang" zur Politik zu verschaffen. Oft wird hier von unbedarften Unternehmern oder Firmenleitungen unnötig Geld verschwendet. Zum Beispiel wenn eine Firma mit Sitz in meinem Wahlkreis eine Agentur beschäftigt, die sich dann an mich wendet, um einen Kontakt herzustellen oder um einen Betriebsbesuch zu bitten. Das geht direkt weit günstiger und effizienter. Für die politische Seite ist es selbstverständlich, dass Firmen Kontakte zu uns suchen und wir sind aus Gründen der Information auf diese Kontakte umgekehrt ja auch angewiesen. Soll nun dieser Kontakt umständlich für teueres Geld über Dritte eingefädelt werden, bin ich als Politikerin eher misstrauisch.

Dass dieser Weg trotzdem immer wieder gewählt wird, liegt schlicht an der Unkenntnis vieler Akteure unserer Gesellschaft über die Funktionsweise von Politik. Insbesondere in der Wirtschaft ist diese Unkenntnis weit verbreitet. Da kann es dann schon hilfreich sein, wenn man sich beraten lässt, um das System ganz praktisch zu verstehen.

Wie funktioniert politische Kärrnerarbeit, wer trifft wann und wo welche Entscheidung, mit wem muss ich mich unterhalten, wen überzeugen? Wie komme ich an Informationen und transportiere meine eigenen? Wie organisiere ich Unterstützung, inoffiziell oder öffentlich? Wie kommuniziere ich mit wem? Die Beantwortung dieser Fragen bietet mit Sicherheit einen interessanten Markt, der privatwirtschaftlich zu bedienen ist. Allerdings ist dies auch preiswerter zu ha-

ben, wenn man sich selbst der Mühe unterzieht, sich mit Politik, Entscheidungsprozessen und Politikerinnen und Politikern auseinander zu setzen.

Welche Konsequenz folgt für das Feld der Politikberatung?

Politikberater können beruhigt sein – sie werden benötigt. Politik ist darauf angewiesen, im medialen Zeitalter der Wissens- und Informationsgesellschaft auch
professionelle Unterstützung zu erhalten. Ebenso wie viele Gegenüber der Politik politisch erfahrene Persönlichkeiten nutzen, um ihre Anliegen wirksam zu
Geltung zu bringen.

Aber nicht alle Politikberater sollten beruhigt sein. Denn die vielschichtigen
Ziele und Erwartungen produzieren einen unübersichtlichen Markt mit unzähligen Nischen für Scharlatanerie. Deshalb braucht es nicht den Politikberater, der
als Allzweckwaffe durch die Mediengesellschaft lotst, sondern wir brauchen
gezielte Angebote für konkrete Problemstellungen. Die Politik muss sich darauf
besinnen, dass ihr ein weiter Teil von Beratung auch ohne teuer bezahlte Exper-
tinnen und Experten zur Verfügung steht –nämlich wenn wir mit offenen Augen
durch die Welt gehen und uns auch Zeit nehmen die Ohren zu öffnen und zuzu-
hören.

Der Dialog zwischen Politik, Wissenschaft und Wirtschaft und gesellschaftlichen Kräften ist in der Demokratie die wichtigste Beratung. Und nur
dieser Dialog hält die Demokratie lebendig, weil nur dadurch politisch diskutiert
wird in einem Land. Vielleicht gibt es ja in einigen Jahren auch wieder mehr
Journalisten, beziehungsweise Chefredakteure und Verleger, die an einem solchen Dialog Freude und Interesse finden. Dann wird Beratung auch wieder als
das angesehen, was sie ist: Gegenseitige Unterstützung durch Zusammenwirken
von Menschen, die sich aus Interesse an der Sache oder qua beruflicher Aufgabe
austauschen – oder eben damit auch Geld verdienen, weil sie etwas zu bieten
haben, für das andere bezahlen, weil es etwas wert ist.

Die Mächtigen schlau machen?

Politikberatung zwischen Wissenschaft und Vertrauen, Strategie und Consultainment

Marco Althaus

Politikberatung als Begriff zu definieren, das ist wie der sprichwörtliche Versuch, einen Pudding an die Wand zu nageln. Was immer bei diesem Experiment an der gewollten Position hängen bleiben mag – drum herum bleibt eine glitschige Menge an unerwünschten Stellen liegen.

Der Versuch beginnt mit vielen Fragen. Ist Politikberatung politische Beratung? Oder ist Politikberatung eine Beratung, die (vorgeblich) wertneutral, interessenfrei und unpolitisch ist, damit Politik nicht nur durch politische Beratung beraten wird?

Wer wird da eigentlich beraten? „Die Politik", wer oder was auch immer das ist? Oder Politiker? Oder geht es gar nicht um Leute, die beraten werden, sondern um Sachen, die beraten werden? Oder geht es um Leute, die Politiker oder „die Politik" dazu bringen möchten, eine bestimmte Politik zu verfolgen? Oder geht es um den Prozess, *wie* Politik gemacht wird?

Und was heißt überhaupt Beratung? Heißt es nur: Einen Rat geben? Ist damit nur der Rat gemeint, der aus der Analyse eine Empfehlung oder gar ein gestalterisches Konzept ableitet? Oder geht es auch um die Beratung, die beim Destillat der Analyse stehen bleibt? Ist der Berater damit ausgeschlossen von der eigentlichen Produktion der Politik? Steht der Berater dann in der Politik oder außerhalb? Ist der Berater selbst Politiker?

Und was will der Berater? Will er nur beraten oder auch mitentscheiden? Will er durch die Beratung der Einflussreichen selbst Einfluss gewinnen – oder sogar Macht? Bietet er nur eine Empfehlung, oder stets Alternativen? Will er überzeugen oder gar missionieren? Will er bestimmte Modelle, Theorien und Thesen in die Praxis einführen und testen? Ist ihm egal, was am Ende herauskommt, oder nicht? Richtet er sich nach den Erwartungen, der Ideologie oder den Interessen dessen, den er beraten soll – und sei es nur deshalb, um weitere Berater-Folgeaufträge zu gewinnen?

Ist Beratung eigentlich gar keine, weil sie nur der Scheinlegitimation durch Externe dient? Ist die Beeinflussung durch Berater daher ausgeschlossen, weil der Nachfrager von Politikberatung eigentlich gar nicht für die Ergebnisse der Beratung offen ist?

Wem oder wozu dient Politikberatung überhaupt? Geht es darum, die Mächtigen schlau zu machen? Dient Politikberatung dem Einzelinteresse? Dem

Machterhalt? Der guten Ordnung? Dem Staate? Dem Gemeinwohl? Der Gerechtigkeit? Der Wahrheit? Wessen Wahrheit?

Politikjournalisten nutzen den Begriff Politikberatung unbekümmert jederzeit als Etikett für alles und jeden. Das war schon immer so, aber seit gut einem Jahrzehnt hat sich die Zahl derjenigen, die als Politikberater bezeichnet werden, vervielfacht; was auch daran liegt, dass Politikberatung als journalistisches Thema *en vogue* ist und jeder Artikel, jede Sendung, jede Talkshow mit einem Politikberater im Gästesessel zumindest die Illusion nährt, hier plaudere ein Insider aus dem Schattenreich der Macht.

Dagegen ist Wissenschaftlern, zumal Politologen, der Begriff von jeher unheimlich. Aus gutem Grund. An Fragen wie den oben aufgeführten kann man als Wissenschaftler verzweifeln: Die Operationalisierbarkeit des Begriffs für die Forschung ist, so scheint es, ein tendenziell wirklichkeitsfernes Unterfangen. Gern setzen Wissenschaftler daher Politikberatung mit wissenschaftlicher Politikberatung gleich, um den Begriff mühsam auf das sichere Terrain akademischer Grundprinzipien – wertfreie Verpflichtung auf die Wahrheit und so weiter – zu zerren. Dabei kneifen einige immer noch kräftig die Augen zusammen, um nicht sehen zu müssen, wie viele garantiert unwissenschaftlich arbeitende Menschen Ruf und Rolle eines Politikberaters zugeschrieben bekommen.

Man mag dies mit Schulterzucken abtun, wie viele Praktiker. Ihnen ist egal, ob sie wohldefinierte Politikberatung betreiben, solange ihr Telefonanruf im Kanzleramt zu einem schnellen Rückruf führt, ihr Termin gewährt, ihr Gutachten gelesen, ihr Plan befolgt und ihre Honorarrechnung bezahlt wird.

In diesem Buch aber soll der Politikberatung analytisch nachgespürt werden. Viele Definitionen der Politikberatung werden angeboten. Wer sich nicht für einen Pudding entscheiden mag, versucht es hilfsweise mit einer Darstellung von Dimensionen, zwischen denen sich Politikberatung bewegt. Im besten Fall bildet sich so etwas wie eine kleine Typologie der Politikberater und Politikberatung. Was sie verbindet, ist der wachsende Beratungsbedarf für politische Themen und politische Steuerung. Selbst notorische Philosophiemuffel unter Politikern kennen den schönen Satz von Immanuel Kant: „Die Notwendigkeit zu entscheiden, reicht weiter, als die Möglichkeit zu erkennen." Daraus ist ein Beratungsbusiness geworden – eine Branche, die sich derzeit neu erfindet.

Zum Grundkurs Politikwissenschaft gehört das „politologische Dreieck", das das deutsche Wort Politik in drei Bereiche seziert: Polity, Policy, Politics. Polity, das ist jene politische Sphäre, in der es um Verfassung und Grundordnung einer Gesellschaft geht. Hier wird Politikberatung selten angesiedelt. Sie spielt aber durchaus eine Rolle – zum Beispiel in der Person von Sachverständigen in der Föderalismuskommission, die die Reform des Bundesstaates zu bewältigen sucht.

Policy, das sind die Inhalte, die Politikfelder, in denen die Gestaltung und Problemlösung im Vordergrund steht. Hier sieht sich die wissenschaftliche Politikberatung gern angesiedelt. Politikberater sind dann ökonomische, technische oder naturwissenschaftliche Sachverständige – die Wirtschaftsweisen, die Technikfolgenabschätzer, die Gutachter der Wirtschaftsförderung, die Reformberater der Arbeitsmarktpolitik, Wohnungsbaupolitik, Stadtplanung, Umwelt- oder Verkehrspolitik, im Zuge der Verwaltungsmodernisierer auch jene Unternehmensberater für den öffentlichen Sektor, die das Policy-Making durch betriebswirtschaftliches Know-how unterstützen und ihm einen neuen operativen Rahmen geben.

Politics schließlich ist alles, was das Verfahren angeht – das Vermitteln, Verhandeln und Organisieren von Mehrheiten und Interessen, der demokratische Streit und Wettkampf von Parteien und Lobbies, politische Kommunikation, die Welt der Kampagnen, Propaganda, Regierungstechnik, von Machtgebrauch und –missbrauch, Intrigen, Kabalen, Kamarillen, Küchenkabinetten und Kuhhändeln, die ganze bunte Welt des politischen Basars also mit ihren Paketlösungen und Gegengeschäften. In dieser Medien- und Verhandlungsdemokratie fühlen sich wissenschaftliche Politikberater in der Regel unwohl und fehl am Platz: Hier geht es um Politikmanagementberatung. Politikmanagement aber verbindet nach einer Definition von Karl Rudolf Korte die Steuerungsfähigkeit des politischen Systems mit der Steuerungsfähigkeit der politischen Akteure; und stets sind Macht- und Sachfragen eng miteinander verwoben. Es geht um Werte, um Emotionen, um Egos und den Anspruch von Männern und Frauen, Geschichte machen zu wollen. Die entsprechende Beratung ist nicht zuletzt durch ihren Werkzeugkasten voll psychologischer und ideologischer Instrumente so offensichtlich weit weg vom Anspruch der Wissenschaft, dass nur wenige Wissenschaftler hier tätig sind: Zu weit weg ist die geforderte Vermittlungs- und Durchsetzungsrationalität von der Sachrationalität. Es gibt eben keinen wissenschaftlichen Weg zur Entscheidungsfindung und -durchsetzung in der Politik, keinen akademischen Zugang zu medialer *Spin Control* und Seilschaften-geführter Personalpolitik.

Und: Politik heißt heute, Entscheidungen wie am Fließband herbei zu führen. Das gilt sowohl für das ständige Durchwursteln (vornehmer ausgedrückt: inkrementalistisches Verwaltungshandeln) in Sachfragen wie für die politische Kommunikation, in der es um das täglich neue Design einer akzeptablen Ästhetik der Politik ebenso geht wie um die Vermittlung komplizierter Inhalte an Bürger, die nie richtig zuhören, keine Ahnung haben, schnell pampig werden und so trotzig sein können wie ein pubertierender Teenager. Das ist keine besonders attraktive Arena für Wissenschaftler.

Das Tempo, das hier bei hoher Unsicherheit und halbgaren Problemlösungsangeboten vorgelegt werden muss, um die Handlungskorridore zu nutzen, gehört nicht zur Grundausstattung der auf Gewissheit fixierten akademischen

Denkerstuben. Jürgen Bellers hat einmal sinngemäß formuliert, der wissenschaftliche Politikberater müsse sich daran gewöhnen, dass (Noch-) Nicht-Wissen nicht zum Nicht-Handeln führen dürfe. Man könne eben nicht am Bahnhof „Empirische Forschung" aussteigen in der fälschlichen Hoffnung, der Zug der Weltgeschichte würde warten, bis man wissenschaftliche Ergebnisse vorgebracht hat.

Das Ergebnis: In diesem Beratungsfeld haben die Macht- und Bauchmenschen ihr unangreifbares Beratungs-Territorium. Eine Ausnahme sind hier vielleicht noch Parteisoziologen, deren persönliche Nähe zu bestimmten Parteien klar ist und die zu Fraktionsklausuren und Strategiesitzungen Beiträge liefern – gewissermaßen als Gesinnungsfreunde, die auch Wissenschaftler sind. Relevant werden ihre Aussagen aber nur dann, wenn sie nicht meinen, Kenntnisse der Praxis seien für sie intellektuell unter ihrem Niveau.

Auch ein unbefangener Beobachter ahnt bei so einer Differenzierung schon, dass die Berater unterschiedlich geschätzt werden, je nachdem, ob sie für Inhalte oder für Verkaufe zuständig sind. Die helle und die dunkle Seite der Macht, könnte man ironisch anfügen: Inhalte – hier ist das Ideal des Beraters der honorige Sachverständige, Gutmensch und Saubermann. Verkaufe und Verfahren – dort ist das Klischee des Beraters der zwielichtig-skrupellose Puppenspieler, Glücksritter, Wadenbeißer, Ausputzer und „Mr. Fix-it" (auf Deutsch: „Mr. Alleskleber"), wie der Film *Wag the Dog* den von Robert DeNiro dargestellten Beratertyp so nett etikettierte.

Erstaunlicherweise ausgenommen von derlei Beraterbeschimpfung sind in der Regel juristische Berater und Rechtsgutachter – obwohl jeder weiß, dass die rechtliche Bewertung und Gestaltung von Verfahren ebenso politisch motiviert und gesteuert wird wie mediale und parlamentarische Manöver. Anwaltssozietäten und Juraprofessoren bleibt der Spießrutenlauf solcher Negativ-PR aber in der Regel erspart.

Die Praxis weiß, dass Inhalte und Verkaufe kaum zu trennen sind; aber Spezialisten für das eine gibt es wie für das andere. Grob gesagt: Wer als Berater im Policy-Bereich tätig ist, kümmert sich um die Inhalte. Für den Englischsprechenden wäre dies übrigens ein „policy advisor". Wer sich um Politics kümmert, wäre dagegen ein „political advisor" oder freiberuflich ein „political consultant". Einer, dessen Geschäft das Verkaufen ist. Egal, ob er sich um Organisation, Personal, Medien, Geld, analytische Recherche oder ganz allgemein Strategie kümmert.

Eine weitere Dimension der Politikberatung orientiert sich schlicht an der Antwort auf die Frage: Wer zahlt? Wer ist der Kunde oder Klient? Für manche Politikberatung zahlen die öffentlichen Hände. Für andere greifen private Hände in private Taschen. Wobei zu betonen ist, dass Politiker, die beraten werden wollen, auf beide Geldquellen zurück greifen können. Politiker, die in ihrer Eigenschaft als staatliche Repräsentanten oder Verwaltungschefs beraten werden, werden dies aus staatlichen Töpfen finanzieren. Als Parteipolitiker stehen sie dagegen an der Spitze einer gesellschaftlichen Organisation, also einer privaten. Eine Partei ist rechtlich ja nichts anderes als ein privater Verein von Bürgern; ein Verein mit Verfassungsrang gewissermaßen und in erheblichem Umfang staatlich subventioniert, aber nichts desto weniger ein privater Verein. Politikberatung für eine andere gesellschaftliche Organisation unterscheidet sich im Prinzip nur dadurch, dass ihre Spitzenkräfte nicht zugleich in staatlichen Amtszimmern sitzen.

Privat bezahlte Politikberatung hingegen ist oftmals politische Beratung der Wirtschaft, um sich im politischen Raum besser bewegen zu können und politischen Einfluss ausüben zu können. Sie kann aber auch in einer Spielart stattfinden, in der die Wirtschaft Politikberater finanziert, die dann – weit gefasst in ihrem Interesse - Politiker beraten. Dies ist zum Beispiel bei privaten Stiftungen und Think Tanks der Fall. Das herausragende und leider bisher in Deutschland einzigartige Beispiel ist die Bertelsmann Stiftung, die als operative Stiftung eine unglaubliche Vielzahl an Beratungs- und Trainingsprojekten für Politik und Politiker betreibt.

Eine weitere Differenzierung der Politikberatung betrifft die Erwerbstätigkeit als solche. Max Weber hat definiert: Es gebe zwei Arten, aus der Politik seinen Beruf zu machen. Entweder man lebe „für" die Politik – oder aber „von" der Politik. Der Gegensatz ist, wie der berühmte Soziologe betonte, keineswegs ein exklusiver. Politik kann Erwerbstätigkeit sein und doch Dienst an der Sache. Reden wir von hauptberuflichen Politikberatern, dann sind Politikberater de facto Berufspolitiker. Sie leben „für" die Politik wie „von" der Politik. Gäbe es beim Arbeitsamt die Berufskategorie Politikberater, würde schnell gefragt: nebenberuflich oder hauptberuflich tätig?

Wissenschaftliche Politikberatung findet dabei fast immer *nebenberuflich* statt. Politikberatung ist auf diese Weise eine Art Hobby, eine Liebhaberei. Das ist auch logisch: Ein Wissenschaftler ist nur dann einer, wenn seine erste Loyalität der Wissenschaft gilt – und eben nicht einem bestimmten Interesse, einer Person oder Organisation. Wissenschaftliche Politikberatung ist im Regelfall die Beratung, die ein Wissenschaftler nebenbei betreibt, Beratung, die auf den Erkenntnissen der Wissenschaft basiert und im besten Falle forschungsgestützt ist. Die Beratung wird nachgefragt, weil es Forschung, Lehre und Veröffentlichungen gibt, die auch für die Politik interessant sind.

Der klassische Fall ist der angesehene, auf Lebenszeit berufene und damit weitgehend unabhängige Universitäts-Professor, dessen akademische Standpunkte ihm Einladungen in politische Gremien, Regierungskommissionen, parlamentarische Enquete-Kommissionen und am Sonntagabend zu Sabine Christiansen bescheren. Namen wie Meinhard Miegel, Bernd Rürup, Karl Lauterbach oder Werner Weidenfeld fallen einem dabei ein, nicht zuletzt die Vertreter der Wirtschaftsforschungsinstitute der „Blauen Liste" wie Horst Siebert und andere „Wirtschaftsweise" aus dem Sachverständigenrat zur Begutachtung der gesamtwirtschaftlichen Entwicklung in Deutschland, aus der Monopolkommission, aus den Wissenschaftlichen Beiräten bei den Bundesministerien, beim Wissenschaftszentrum Berlin oder im Feld der Außenpolitik Christoph Bertram und seine Experten der Stiftung Wissenschaft und Politik.

In der Vermarktung ihrer Studien in den Medien sind diese Institutionen gar nicht so schlecht. Wenn die politischen Antennen der Professoren funktionieren, kann ihr Beitrag auch bei den Politikern durchaus positiv sein. Aber eher geraten sie in die Mühlen der allzu formellen Politikberatung, sie schreiben im besten Falle praxisnahe, innovative Studien, die höflich-passiv von der Politik entgegen genommen werden – und: Es passiert nichts. Ihre Ideen mögen erst einen Stellenwert bekommen, wenn sie zur richtigen Zeit von einem Marketinggenie präsentiert werden – sagen wir, einem wie Peter Hartz, dem VW-Personalvorstand und Vorsitzenden der nach ihm benannten Regierungskommission zur Arbeitsmarktreform. Es bedarf oft Phantasie anregender Etiketten wie „Job Floater", „Personal Service Agentur" oder „Ich-AG", bevor ein Konzept aus der Wissenschaft überhaupt in den politischen Prozess eingespeist wird. Ob es so heraus kommt, wie es gedacht war, und ob es Erfolg hat, steht dann wieder auf ganz anderen Blättern. Für den akademischen Schöpfer hingegen führen derlei Verkaufsstrategien seltener zur Freude.

Schließlich gibt es praktisch keine Wissenschaft, die der Politik exakte Prognosen auf längere Zeit anbieten kann. Früher einmal haben Politiker daran geglaubt, heute nicht mehr. Weder in der Wirtschafts- noch Technologiepolitik, weder in der Umwelt- noch Sozial- oder Verkehrspolitik ist ein grundsätzliches Vertrauen in die Voraussagen erhalten geblieben. Interessiert wenden sich Politiker eher den Zukunfts- und Trendforscher zu, die im Sinne einer Politikberatung meist mehr Consultainment als Consulting anbieten. Die meisten Professoren können da beim Unterhaltungswert nicht mithalten.

Nina Grunenberg hat einmal in der *Zeit* (28/2001) festgestellt „Auf dem Felde der konzeptionellen Politikberatung laufen in Deutschland viele gefrustete Professoren herum. Ihre Niederlagen sind ein Teil der Antwort auf Roman Herzogs Frage, warum Politikberatung bei uns nicht selbstverständlich ist. Sie kann nämlich nur funktionieren, wenn sie nicht nur akademisch ausgeübt wird." Und das heißt: Austausch. Wissenschaftler müssen durch die Drehtür zur außerwissenschaftlichen Praxis gehen, die Praxis auch einmal mindestens neben-besser hauptberuflich üben. Umgekehrt darf man aber auch fragen: Wie viel Zeit haben diejenigen Wissenschaftler, die permanent als Politikberater in Medien und Beratungsgremien auftauchen, überhaupt noch zum Forschen, Lehren und Bücherschreiben?

Frust hin, Frust her: Vom Status der von der Politik hofierten Professoren kann am anderen Ende der „wissenschaftliche Mitarbeiter" eines Abgeordneten natürlich nur träumen. Er ist zwar hauptberuflich Politikberater. Er könnte meinen, im Vergleich sei der Professor in Sachen Politikberatung der Amateur, er selbst der Profi. Doch der Bezug zur Wissenschaft, gar als angewandter Wissenschaft, geht diesem Politikberater meist schon am ersten Arbeitstag verloren. Wissenschaftlich ausgebildet muss er sein, sonst wird er BAT-gemäß nicht im „höheren Dienst" eingestuft, sonst ist er eher Mädchen für alles. Das entspricht auch dem klassischen Werdegang vom Kofferträger und ehrenamtlichen Plakatkleber zum Referenten, der von der Partei und politischen Jobs lebt. Die Zeit, die ihm bleibt, um sich mit wissenschaftlichen Erkenntnissen auseinander zu setzen oder Beratung im Alltag analytisch und konzeptionell auf eine wissenschaftliche Grundlage zu stellen, ist selten vorhanden.

Gleiches gilt für den Politikberater, der hauptberuflich im Dienst beispielsweise eines Ministeriums oder einer Parteizentrale steht und dessen wissenschaftliche Qualifikation Voraussetzung für sein berufliches Standing im Apparat ist. Vielleicht pflegt er als Referent oder Referatsleiter in einem eng abgegrenzten Fachgebiet tatsächlich noch Kontakte zur Wissenschaft, vielleicht ist er in einer Grundsatz- und Planungsabteilung sogar intensiver damit beschäftigt, Gutachten, Beraterkreise und Dialogveranstaltungen mit der Wissenschaft vorzubereiten. Aber zur wissenschaftlichen Politikberatung, wie sie die Wissenschaft versteht, haben auch Vertreter dieser Kategorie im Regelfall wenig persönlichen Bezug.

Wissenschaft im Amt zu betreiben, ist weder erwünscht noch praktisch möglich. Im besten Fall geht es um die interne Informationen und Anwendung wissenschaftlicher Erkenntnisse, und die Frau Regierungsrätin oder der Herr Ministerialdirigent verstehen sich als eine Art „Inhouse-Consultant" und Brückenbauer zur akademischen Welt.

Aber dennoch: Diese sind die wichtigsten Politikberater in Deutschland, nicht zuletzt, weil es die häufigste Art und Weise ist, Politikberatung hauptberuflich zu betreiben. Wo wären politische Entscheider ohne diese kompetenten und spezialisierten Mitarbeiter, die ihre Entscheidungen auf- und vorbereiten, die morgens bei der Lagebesprechung oder kurz vor der Ausschusssitzung die letzte Stimme darstellen, die ein Politiker im Ohr hat? Solche wissenschaftlich qualifizierten Berater lernen Tag für Tag aufs Neue, was es heißt, Mitverantwortung zu tragen. Ein hauptberuflicher Wissenschaftler mag sich über die Falsifikation einer Theorie ärgern; eine politische Fehlentscheidung hingegen lässt bei den Mitarbeitern von Politikern nicht nur Karrieren enden und Köpfe rollen, sondern auch Menschen leiden, für die ein Politiker Verantwortung übernommen hat. Etwas weiter weg davon sind natürlich Mitarbeiter der Wissenschaftlichen Dienste des Bundestags oder der Gesetzgebungs- und Beratungsdienste der

Landtage; allerdings beraten sie nicht viel, sondern tragen eher Material zusammen und erstellen gelegentlich auch ein Gutachten. Der größte Teil der Politikberatung als Politiker-Beratung findet, sowohl an Policy wie Politics orientiert, in Deutschland also gar nicht extern statt, sondern intern. Ein Heer von Referenten in großen oder kleinen, mehr oder minder bürokratischen Apparaten hat den größten Marktanteil realer und relevanter Politikberatung. Dies ist in anderen Ländern, insbesondere den angelsächsischen, etwas anders geprägt. Für Deutschland ist die interne Lösung typisch.

Große konzeptionelle Sprünge darf man von internen Politikberatern nicht erwarten, dafür sind die meisten von ihnen zu sehr im Hamsterrad der Tagesarbeit gefangen. Ihr großer Vorteil gegenüber den Externen ist aber: Hier spielt nicht nur Vertrauen in durch Institutionen garantierte Fachkompetenz eine Rolle, sondern ein persönliches Vertrauensverhältnis zu den Chefs. Das gilt ganz besonders für persönliche Stäbe – die Mitarbeiter im Vorsitzenden- oder Ministerbüro, in der Pressestelle, in der Planungs- und Grundsatzabteilung werden in der Regel anders rekrutiert als die Mehrzahl der Referenten. Diese persönliche Nähe ist wichtig. Eigentlich, müsste man anfügen, braucht jede Beratung das persönliche Vertrauen desjenigen, der beraten werden soll. Ist es nicht vorhanden, hilft auch ein Professorentitel nicht viel weiter.

Umgekehrt ist es so, dass diejenigen, die als Vertraute der Führung über Jahre ihre Position behaupten, nicht selten gern den rustikalen Bauch- und Machtmenschen geben, der seine politische Kompetenz gegen jede Art von Eierköpfigkeit abgrenzt – nicht zuletzt, um der Spitze zu demonstrieren, dass externe Beratung (und ganz besonders externe *akademische* Beratung) weit weniger wert sind als die persönlich-vertraute Beratung im gewohnten Kreise.

Politiker haben im Tagesgeschäft das Bedürfnis nach absoluter Vertraulichkeit. Darum bevorzugen sie kleine Runden von langjährigen Weggefährten, darunter nicht selten auch Journalisten, die als Sparringspartner dienen. Informationen sammeln, Impulse finden, Stimmungen taxieren, Testballons steigen lassen, Pläne schmieden – dafür sind solche Küchenkabinette von Vertrauten gut. Aber wenn sich Politiker darauf verlassen, stärkt das nicht selten ihre Abneigung, sich externen, neuen Beratern aufzuschließen. Nicht zuletzt auch deshalb, weil es nicht unbedingt als Stärke gilt, sich mit kompetenten Beratern zu umgeben.

Politiker in Deutschland müssen nach wie vor in dieser komplexen Welt alles selber können – souverän mit klugen Köpfen zu beraten, zu den Beratern auch öffentlich zu stehen, das gehört leider nicht zu den gewünschten Eigenschaften typischer Politiker. Sie suchen durchaus Rat, aber eben „irgendwo" und fast zufällig: Sie greifen zurück auf alte Bekannte aus dem Studium, holen neue Bekanntschaften zum Meinungsaustausch, suchen sich einzelne Fachleute in Ministerien und Behörden, bauen informelle Netzwerke auf, installieren Frühwarner und Machtmakler, holen all diese „Erwählten" (in Gegensatz zu den Gewählten) zu dem einen oder anderen Gespräch zusammen, oft ohne die Hierarchien zu beachten. Einen effektiven Brain trust bilden sie damit allerdings nicht, der in die Beratungsprozesse Systematik bringen und externe Berater sinnvoll koordinieren könnte. Dabei wäre dies in Zeiten hektischer Entscheidungssuche und Reformen die naheliegende Lösung.

Auch wenn in solchen Positionen Politikberatung stattfindet, so wird sie doch landläufig selten so genannt, und kaum ein Mitarbeiter bekommt den ehrenvollen Titel eines Politikberaters zugewiesen. Zum einen sind diese Berater eben nicht nur Rat-Geber, sondern auch Ausführende der Politik; sie sollen nicht nur reflektieren, analysieren und Prozesse begleiten, sondern operative Aufgaben ausführen. Die Betitelung als Berater würde zum anderen gar nicht in die bürokratische Struktur solcher Verwaltungsapparate passen; allerdings tendiert die Politik dahin, stärker beratende Beamte und Angestellte zunehmend in Verwaltungseinheiten zusammenzufassen, die entweder als Stäbe oder Projektmanagement-Strukturen auftauchen, die ihrerseits mit diversen Beiräten arbeiten sollen, oder sogar als staatseigene Agenturen, Institute, Gesellschaften mit dem Auftrag der Politikberatung geführt werden. Seit die Planungseuphorie der Sechziger und Siebziger Jahre verflogen ist, haben „Ideenagenturen" zwar weniger Konjunktur, und ein Beratungswesen wie in den USA mit den Think Tanks ist auch nicht entstanden. Aber eine gewisse Landschaft von staats- und verwaltungsnahen Politikberatungseinrichtungen ist entstanden.

Das ändert aber nichts daran, dass der allgemeine Sprachgebrauch den Begriff Politikberatung nach wie vor weitgehend für solche Berater reserviert, die freiberuflich und extern tätig sind und sich nur auf Vertrags- und Honorarbasis für kurze Zeit in eine politische Organisation oder Institution einbinden lassen.

Von diesen Freiberuflern muss eigentlich ein Höchstmaß an Professionalität erwartet werden – gerade weil sich unter ihnen de facto eine größere Zahl an Glücksrittern, Blendern und Quacksalbern herumtreibt, die in den Verwaltungen oder in Forschungseinrichtungen keine große Chance hätten. Gerade bei denjenigen, die Verkäufertum und Kontaktmaklerei als Kern der Politikberatung definieren und die davon unternehmerisch gut leben können, trifft man auf wenig Verständnis für die Themen der Professionalisierung, zu der auch Nähe zur Wissenschaft gehört. Die freiberuflichen Politikberater sind dennoch idealerweise die wichtigste Brücke zwischen Praxis und Wissenschaft. Sie sind nicht nur diejenigen, die das größte Interesse daran haben, eine echte Markterschließung für ihre wissensbasierte Dienstleistung voran zu treiben und dabei die schwarzen Schafe vom Markt zu treiben. Sie sind diejenigen, die eine saubere methodische Ausbildung schätzen, die über Erfahrungswissen und Intuition hinaus eine Systematisierung ihres beruflichen Wissens wollen, die Innovation und Rationalisierung der Berufspraxis anstreben. Schließlich leben sie als Unternehmer davon, dass man ihrer Fachkompetenz trauen kann. Sie schotten sich durch bestimmte Qualitätsmerkmale von anderen Berufen ab, erhöhen das fachliche und soziale Niveau ihrer Tätigkeit und suchen die Nähe zur akademischen Ausbildung und zur Wissenschaft, um ihre besondere Problemlösungskompetenz zu untermauern. Als Fachleute beanspruchen sie immerhin das Recht, das Problem zu definieren, mit dem die Klienten zu ihnen kommen.

Natürlich ist das Vertrauensverhältnis nicht das gleiche wie zwischen einem fiebernden Patienten und seinem herbeigeeilten Hausarzt, der paternalistisch ohne große Diskussionen Kuren verordnet und Rezepte ausschreibt. Aber der Politikberater will schließlich nicht nur Dienstleister sein, sondern eine Fachautorität, auf die sich der Klient verlässt. Dazu ist es notwendig, sein Expertenwissen möglichst hochrangig und kompliziert darzustellen. Meist ist es das ja, aber in der Tat heißt Professionalisierung der Politikberatung auch, den Kunden quasi zum Laien zu machen und sich selbst zum Profi zu erklären. Zumindest muss der Kunde das Gefühl haben, er könne sich zwar eine bedarfsgerechte Lösung mit viel Mühe selbst zimmern, aber schneller, besser und wirkungsvoller sei das Anheuern von Profis. Das ist aber auch die Crux der Politikberatung: Politik ist schließlich tendenziell ein Wissensgebiet, in dem Hinz und Kunz meinen, im Grunde seien sie Experten. Ein Berufssoziologe würde konstatieren: Ein solches Berufsfeld hat nur geringe Professionalisierungschancen.

Das Einzige, was den freiberuflichen Politikberatern daher bleibt, ist: durch Leistung und Erfolg zu überzeugen, seriöse Öffentlichkeitsarbeit zu betreiben, sich in Berufsverbänden zu organisieren, Kollegialität zu wahren und gemeinsam Einfluss zu nehmen auf die Standards für technische Expertise und Verhaltensnormen in ihrem Beruf. Am Ende steht eine institutionelle Sicherung, und dazu gehört sowohl die Interessenvertretung der Politikberater wie auch die wissenschaftliche Infrastruktur (Studiengänge, Ausbildungsstandards, Lehre und Forschung rund um die Profession), damit so etwas wie eine geschlossene Disziplin und ein berufsständisches Bewusstsein entstehen kann. Es muss ja nicht gleich sein, dass die Berufsbezeichnung „Politikberater" vom Staat geschützt wird und eigene Politikberaterkammern Approbation und Lizenzen verteilen müssen. Aber Professionalisierung heißt schon mehr, als Politikberatung zur Haupterwerbstätigkeit zu machen. Wissen, Eignung, Ruf und Erfahrung müssen gekoppelt sein mit berufsständischer Exklusivität und elitärem Selbstverständnis als leistungsbewusste, schöpferische Persönlichkeiten. Das mag etwas pathetischer klingen, als es gemeint ist; aber freiberufliche, professionelle Politikberater orientieren sich jedenfalls nicht am Standardtyp des Funktionärs in Großkonzernen und Verwaltung.

Auf einer weiteren Dimension müssen wir Generalisten und Spezialisten unterscheiden. Spezialisten sind Sachverständige und Experten, die sich um Detailwissen kümmern – eine Folge der industrialisierten Arbeitsteilung in einer komplexen, verflochtenen Welt unüberschaubarer Wissensberge. Tatsächlich ist die Beraterbranche in Deutschland schon so groß, dass man von industrieller Fertigung von Beratungsprodukten sprechen könnte. Interdisziplinär zusammengesetzte Spezialistenteams sind sicher auch der richtige Weg, um komplexe Problemlösung anzugehen. Politikberatung im engeren Sinne ist zwar noch eine kleine Nische, doch zumindest für die Beratungsaufträge der Verwaltung und der Kommunikationsabteilungen der öffentlichen Hand gilt, dass der Maßstab der feinen, persönlichen Beratung von Entscheidern längst abhanden gekommen ist. Der klassische Politikberater aber ist ein Generalist – wie der Vertraute und Hofnarr alter Zeiten auch heute noch allzeit zu Diensten, um dem Fürsten die täglichen politischen Entscheidungen zu erleichtern und mit der Lizenz, sich zu fast jedem Thema äußern zu dürfen und in jede Art von Beratungsgremium einsteigen zu dürfen.

Besonders gut begriffen haben das medientaugliche Köpfe der großen Unternehmensberatungsgesellschaften – man denke an die allseits präsenten Allround-Berater wie Roland Berger oder McKinsey-Chef Jürgen Kluge. Ihre Beratung mag bisweilen als penetrante Dauerwerbesendung für Klugheitsregeln der jeweils aktuellen Managementmoden oder eine Globalphilosophie der Veränderungsberatung missverstanden werden. Aber: Einmal davon abgesehen, dass sie die personifizierte Deutschland AG darstellen und persönliche Kontakte zur gesamten deutschen Politik- und Wirtschaftselite pflegen, was eine Art elitendemoskopischer Wetterfühligkeit voraussetzt, steht hinter ihnen tatsächlich die Erfahrung, die man gewinnt, wenn man jedes Jahr eine unglaublich große Zahl öffentlicher Aufträge mit Hunderten Consulting-Teams bewältigt.

Bei den Bergers und McKinseys wird auch deutlich, wie schwierig die Abgrenzung zwischen formeller und informeller Beratung ist. Formelle Beratung folgt zwar meist einem geregelten Verfahren, also öffentlich oder zumindest öffentlich nachprüfbar – etwa mit Protokollen von Kommissionssitzungen, Abschlussberichten, Gutachten. Informelle Beratung hingegen geschieht hinter verschlossenen Türen, bei Kamingesprächen oder am Telefon, meist intransparent und eher still geregelt. Aus kleinen Beratungsgesprächen persönlicher Natur entstehen aber häufig größere Beratungsverträge, aus informellen schnell formelle Beratungsprozesse. Es ist zwar für öffentliche Auftraggeber zunehmend schwieriger geworden, Aufträge freihändig oder in beschränkter Ausschreibung zu vergeben und sich um eine offene, EU-weite Ausschreibung herum zu mogeln. Aber verzichten möchte niemand darauf, informell erprobte Berater auch formell zu bestätigen und zu entlohnen.

Dagegen haben nun ganz andere Prüf- und Beratungseinrichtungen etwas: Bundes- und Landesrechnungshöfe zum Beispiel, aber manchmal auch Regierungsbeauftragte (für Datenschutz, Behinderte, Ausländer, Patienten...). Ihre Autorität beruht auf einem wissenschaftlich, politisch und rechtlich legitimierten

Beratungsanspruch. Ihr Einfluss geht zumindest im Fall der Rechnungshöfe weit
über das Rat geben hinaus, weil sie auch autonom vom zu Beratenden einen
Rechtfertigungs- und Veränderungsdruck erzeugen können: Hier richtet sich die
formell-institutionelle Politikberatung an die Öffentlichkeit, und sie nimmt sogar
gegenüber der Tätigkeit anderer Berater dezidiert Stellung oder überprüft diese.
Das ist auch gut so. Denn auch, wenn staatliche Institutionen mehr denn je auf
externen Sachverstand und externe Begleitung von Veränderungsprozessen angewiesen sind, ist die Vergabe der Aufträge derzeit alles andere als befriedigend
geregelt, und die Vielzahl der Aufträge führt nicht nur bei der jeweiligen Opposition zu kritischen Fragen nach dem tatsächlichen Nutzen der teuren Papierpro-
duktion einer auswuchernden Gutachterindustrie. Es ist ja nicht schlimm, dass
auf dem Marktplatz der Ideen viele Papiere zu finden sind. Fragwürdig ist es
aber, wenn die Politik im Supermarkt der Gutachter wahllos den Einkaufswagen
voll lädt, ohne ernsthafte Absicht, damit etwas anfangen zu wollen.

Hier wird auch klar, woran die Professionalität von Politikberatern sich
messen lassen muss: An dem Rat, welche Art von Beratung überhaupt sinnvoll
ist. Professionell kann es nicht sein, dem Kunden jedwedes Beratungsprodukt
anzudrehen. Umgekehrt kommen Politikberater nicht sehr weit, wenn ihre Kun-
den/Klienten nicht einschätzen können, ob die Beratung ihren Preis wert ist oder
nicht – und ob sie überhaupt zuhören sollten, wenn der Politikberater etwas zu
sagen hat.

Ob Berater einen Platz in der Politik finden und ihr Rat zu guten Ergebnissen führt, hängt vor allem davon ab, ob derjenige, der Berater braucht und nutzt,
wirklich mit ihnen umzugehen weiß. Schon Niccolo Machiavelli meinte im
Principe, ein Fürst, der nicht von sich aus weise sei, könne nicht gut beraten
werden. Da ist was Wahres dran. Nur kluge Köpfe nutzen kluge Köpfe richtig.

Global oder lokal?

Trends der internationalen Public-Affairs-Beratung

Wigan Salazar

Der Berufsstand der Public-Affairs- und Politikberater in Deutschland hat sich in den vergangenen Jahren zum stetigen Gegenstand journalistischer Neugier und publizistischen Ehrgeizes entwickelt. Nicht erst seit der Diskussion um die so genannte „Affäre Hunzinger"[1] wird die Entwicklung – oder vielleicht das Anfangsstadium – dieser vermeintlich jungen Branche mit viel Geraune begleitet. In ihrem jüngst erschienenen *Handbuch des deutschen Lobbyisten* beobachten Gunnar Bender und Lutz Reulecke, dass die Reputation der Branche im Zuge dieser Debatte stark gelitten habe: „sogar weite Teile der Fachöffentlichkeit verbinden mit dem Berufsbild des Lobbyisten einen undurchsichtigen Strippenzieher, der mit Geldkoffern ausgestattet im Hintergrund auf fragwürdige Weise für zweifelhafte Interessen tätig wird."[2] Teils als Reaktion auf die mediale Krise, und teils bereits auf Vorarbeit fußend, versucht die Branche nun, das Image des „Wildwest-Consulting"[3] (Marco Althaus) abzustreifen und den schwierigen Pfad zur Professionalisierung zu durchlaufen.

Trotz der hohen Aufmerksamkeit, die der deutschen Public-Affairs-Branche durch Medien und Wissenschaft, aber auch durch eigene Foren wie der Fachzeitschrift *Politik & Kommunikation* oder zahlreiche Organisationen wie beispielsweise der Deutschen Gesellschaft für Politikberatung (degepol) zuteil wird, ist seltsamerweise immer nur vom nationalen, bestenfalls in einer Randerwähnung von Brüsseler Lobbying-Markt die Rede. Mittlerweile zum Topos gereift ist dabei die Bewertung, dass der Umzug von Parlament und Regierung von Bonn nach Berlin eine Veränderung der Praxis der Public-Affairs-Arbeit mit sich gebracht habe. Die bislang für die Unternehmenslobby zuständigen Verbände, so ein weit verbreitetes Vorurteil, seien seither geschwächt, dafür Partikularinteressen von Unternehmen, teils durch eigene Firmenrepräsentanzen, teils durch spezialisierte Agenturen vertreten, in den Vordergrund getreten.[4]

---

[1] An eine Bewertung der so genannten Hunzinger-Affäre trauten sich die Herausgeber des sehr heterogenen Bandes: **Rupert Ahrens und Eberhard Knödler-Bunte**, *Public Relations in der öffentlichen Debatte. Die Affäre Hunzinger: Ein PR-Missverständnis* (Berlin: media mind, 2003).

[2] **Gunnar Bender und Lutz Reulecke**, *Handbuch des deutschen Lobbyisten* (Frankfurt/ Main: FAZ-Institut, 2003), S. 11.

[3] **Marco Althaus**, „Abenddämmerung für Wildwest-Consulting: Die Semiprofessionalität der politischen Beraterbranche", in Ahrens und Knödler-Bunte, S. 189.

[4] **Georg Meck und Carsten Germis**, "Wo Wirtschaft und Politik miteinander flirten", *Frankfurter Allgemeine Sonntagszeitung*, 9. Nov. 2003, S. 38.

Ein wichtiger Aspekt der Veränderung in der Praxis der Lobbyarbeit für Unternehmen ist in der öffentlichen Debatte jedoch weitgehend untergegangen: Die Internationalisierung der Public-Affairs-Arbeit deutscher und natürlich auch internationaler Unternehmen. Im Schatten der vielleicht doch ein wenig provinziellen Debatte um den vermeintlichen Neuanfang der Lobbybranche in Berlin haben sich die Hauptakteure der deutschen Wirtschaft auch auf der Ebene der politischen Einflussnahme stark europäisiert und internationalisiert.

Zwischen Washington, Brüssel und Berlin

Es klingt banal: Die verstärkte weltwirtschaftliche Verflechtung sowie die Notwendigkeit einer internationalen Unternehmensausrichtung haben, in Verbindung mit der gewachsenen Rolle der Europäischen Union in der Festlegung wirtschaftlicher Normen, die größeren deutschen Unternehmen dazu bewogen, ihre Arbeit im politischen Raum stärker zu internationalisieren und zu koordinieren. Nach einer 2003 veröffentlichten Umfrage unter Public-Affairs-Entscheidern koordinieren 79 Prozent der Unternehmen in Deutschland, die im Public-Affairs-Bereich tätig sind, ihre Arbeit auch international. Neben Berlin sind Brüssel und Washington als die politischen Kraftzentren der beiden global wichtigsten Wirtschaftsräume für die in Deutschland tätigen Unternehmen die entscheidenden Standorte, wenn es um Kommunikation mit der Politik geht. Fast zwei Drittel dieser Unternehmen unterhalten ein Verbindungsbüro in Brüssel, und immerhin 42 Prozent haben eine direkte Vertretung in Washington, D.C.. Für die überwältigende Mehrheit dieser Unternehmen steht die Internationalisierung ihrer Lobbytätigkeit erst am Anfang: 89 Prozent der befragten Unternehmen erwarten, dass international koordinierte Public Affairs an Bedeutung zunehmen wird. Unabhängig von den Standorten der Lobbybüros ist zugleich zu beobachten, dass unterschiedliche politische Arenen von einem Standort aus bespielt werden. Es gibt große nordamerikanische Konzerne, die ihre deutschen PA-Anliegen von Brüssel aus koordinieren; ebenso gibt es Fälle, in denen deutsche Unternehmen von Berlin aus ihr Europa-Lobbying betreiben. [5]
    Als Sitz der Europäischen Kommission ist natürlich Brüssel von zentraler Bedeutung. Schätzungen zufolge sind 80 Prozent der in den Mitgliedstaaten der Europäischen Union erlassenen Gesetze direkte Konsequenzen aus Entscheidungen, die in Brüssel gefällt wurden. Dass Unternehmen ihr Lobbying direkt am Standort Brüssel betreiben, ist allerdings ein relativ junges Phänomen. Als Pioniere des direkten Brüsseler Lobbying gelten amerikanische Unternehmen. Dies

---

[5] **Wigan Salazar**, „German corporate public affairs gains international dimension", *Public Affairs Newsletter*, Bd. 11(1), Feb. 2004, S. 15.

lässt sich einerseits aus der langjährigen Erfahrung im direkten Lobbying mit eigenen Konzernbüros in Washington, D.C. erklären. Anders als beispielsweise Unternehmen aus dem korporatistisch geprägten Deutschland, wo Wirtschafts-interessen traditionell über Verbände artikuliert wurden, hat die direkte Interven-tion einzelner Unternehmen in den USA eine längere Tradition. Wichtiger noch ist indes ein zentraler Wettbewerbsnachteil amerikanischer Unternehmen. Im Gegensatz zu ihren europäischen Konkurrenten, konnten diese wenig Einfluss bei den nationalen Regierungen der EU-Mitgliedsstaaten ausüben. Aus diesem Grund suchten sie bereits frühzeitig den direkten Draht zu den Brüsseler Behör-den.[6]

Die vormals einsam am Brüsseler Markt operierenden amerikanischen Kon-zerne haben in den vergangenen Jahren Gesellschaft bekommen. Zunächst betraten Global Player aus Großbritannien und den Niederlanden wie beispiels-weise Shell, BP, ICI oder Philips das europäische Pflaster. Schon bald zogen weitere europäische – darunter auch deutsche – Großkonzerne nach. Heute sind britische und französische Unternehmen mit einem jeweiligen Anteil von ca. neun Prozent am stärksten am Brüsseler Markt vertreten. Laut einer Studie des Europäischen Parlaments kann die verstärkte direkte Interessenvertretung am Brüsseler Standort – Schätzungen zufolge arbeiten in Brüssel bis zu 20.000 Lob-byisten – auf die in den vergangenen Jahren implementieren Reformen der Ent-scheidungsprozesse innerhalb der Europäischen Union zurückgeführt werden. So haben die Erweiterung der Politikbereiche, die mit qualifizierter Mehrheit be-schlossen werden können, sowie die Einschränkung der Vetorechte der Regie-rungen der Mitgliedstaaten die Unternehmen zu einer direkten Beteiligung am EU-Entscheidungsprozess ermutigt. Um einmal ein hypothetisches Beispiel aufzuzeigen: Wo ein deutsches Unternehmen der Bundesregierung früher Argu-mente für die Verhinderung von EU-Entscheidungen durch die Ausübung eines Vetorechts liefern konnte, können diese Konzerne nun nicht länger auf die rein nationale Karte setzen.[7]

Strategien für international koordinierte Lobbyarbeit

Wie auch für die nationale Lobbyarbeit empfiehlt sich für Unternehmen auf internationaler Ebene ein längerfristiges Engagement in der Auseinandersetzung mit Politik und Verwaltung. Aus der Praxis kennt man nur zu oft Beispiele von Kriseninterventionen, die bei einer ständigen Beobachtung der politischen Lage

---

[6] European Parliament, Directorate- General for Research, *Lobbying in the European Union: Current Rules and Practices*, Working Paper, 2003, S. 32.
[7] Siehe ebd. und „Lobby-Boom in Brüssel", *politik & kommunikation*, Apr. 2004, S. 7.

vermeidbar gewesen wären. Neben dem wichtigen, aber in den öffentlichen Diskussionen über Public Affairs oft überschätzten Aspekt der Kontaktpflege (vor allem im Sinne eines Aufbaus langfristiger, belastbarer und für das Unternehmen nutzbarer Kontakte) muss die inhaltliche Arbeit hervorgehoben werden. Die Beobachtung von Gesetzgebungsverfahren sowie der öffentlichen Meinung sind selbstverständlich Grundlage unternehmerischer Entscheidungen. Auf der nächsten Ebene folgen das Issue Management, das heißt die strategische Themensetzung, die sowohl auf parlamentarischer als auch auf medialer Ebene erfolgen kann, sowie im Krisenfall die Kommentierung von Gesetzesvorhaben.

Im internationalen Bereich müssen diese Tätigkeiten – noch stärker als bei der rein nationalen Public-Affairs-Arbeit – vereinheitlicht und koordiniert werden. Hier liegt die Verantwortung ganz klar bei der Konzernzentrale. Diese muss global einheitliche Monitoring- und Berichtsstandards definieren, die nach Themen geordnet auch die Unternehmensziele (und –probleme!) reflektieren. Ein solches Benchmarking – längst Standard in vielen Kommunikationsabteilungen international tätiger Unternehmen – wird in Zukunft auch für die internationale Public-Affairs-Arbeit unerlässlich sein. Selbstverständlich muss ein solches Berichtssystem stark auf die Gegebenheiten der teilweise sehr selbstbewussten, eine gewisse Autonomie gewohnten einzelnen Tochtergesellschaften abgestimmt werden. Da diese ihre doch sehr eigene politische und gesellschaftliche Arena bestens kennen sollten, ist die Unternehmenszentrale auf ihr Know-how angewiesen.[8]

Ein dermaßen vereinheitlichtes Berichtssystem wirft die Frage nach dem geeigneten Personal auf. Das Berichtswesen wird in den meisten Fällen in englischer Sprache gehalten sein, doch die Verantwortlichen vor Ort müssen nicht nur gute Englischkenntnisse mitbringen. Sie müssen, was viel schwieriger ist, die Eigenheiten der einzelnen nationalen politischen Systeme in eine verständliche Sprache übertragen. Nicht jedes Detail des deutschen Föderalismus ist einer britischen oder französischen Konzernzentrale geläufig. Auch die Bedeutung einzelner politischer Akteure, deren Einfluss auf dem Berliner Parkett bekannt sein mag, erschließt sich einem Koordinator in Genf oder Amsterdam nicht auf den ersten Blick. Und auch typische Übersetzungsfehler, zum Beispiel die Übertragung der deutschen Amtsbezeichnung „Staatssekretär" als „Secretary of State" müssen vermieden werden. Da die sehr gute Beherrschung der englischen Sprache nicht unbedingt eine Stärke der politischen Klasse in Deutschland ist, wird hier eine wichtige Qualifikationslücke offenbar. Im Umkehrschluss gilt leider auch, dass es vielen international orientierten Studienabsolventen einfach an

---

[8] Siehe Rian Drogendijk, „The public affairs of internationalisation: Balancing pressures from multiple environments," *Journal of Public Affairs*, Bd. 4 (1), Feb. 2004, S. 44.

Verständnis für die ganz praktischen Abläufe des deutschen politischen Systems mangelt.

Was für den Public-Affairs-Spezialisten vor Ort gilt, lässt sich auch auf die Lobby-Strategen in den internationalen Unternehmenszentralen übertragen. Auch hier wird es in Zukunft wichtig sein, interkulturelle Kompetenz, Sprachkenntnisse und eine fundierte Kenntnis der politischen Gegebenheiten in den größten Volkswirtschaften zu kombinieren. Hier stehen die Unternehmen, wie aktuelle Studien zeigen, vor einer sehr akuten Herausforderung in Sachen Qualifizierung.[9]

Eine derart komplexe internationale Struktur wird sich natürlich nicht jedes Unternehmen leisten können und müssen. Dies wird auch in Zukunft eher für Unternehmen aus Sektoren mit hoher Regulierungsdichte und ab einer bestimmten Größe relevant sein. Ein wenig anders sind befristete Projekte, für die Unterstützung von Public-Affairs-Beratern nötig wird, gelagert. Hier kann man typischerweise zwei Anlässe für Public-Affairs-Kampagnen unterscheiden: 1. externe Faktoren wie Gesetzesänderungen oder; 2. unternehmensstrategische Gründe wie beispielsweise Firmenaufkäufe oder Restrukturierungen.

Nehmen wir den – wieder einmal hypothetischen – Fall eines amerikanischen Konsumgüterunternehmens, das ein europäisch aufgestelltes Unternehmen kaufen möchte. Für unseren fiktiven Fall ist es vernachlässigenswert, ob die Übernahme als freundlich oder feindlich eingestuft wird. Die Aufgabe ist jedenfalls klar umrissen: Über einen definierten Zeitraum werden die Brüsseler Behörden sowie die im Europaparlament zuständigen Behörden schriftlich und in persönlichen Gesprächen über die Ziele des Unternehmens informiert. Zeitgleich wird mit dem Aufbau eines Beziehungsnetzes bei den nationalen Regierungen und Parlamenten, in denen das Unternehmen bedeutende Standorte besitzt, begonnen. Nicht zuletzt werden im Idealfall die Bürgermeister und Wahlkreisabgeordneten (von allen Ebenen von der Kommune bis zum Europäischen Parlament) an allen Unternehmensstandorten angesprochen.[10]

Dieses Beziehungsnetzwerk muss im Laufe der gesamten Kampagne gepflegt werden. Nicht eingebundene Akteure können das anstehende Projekt gerade mit Angriffen über die Medien erheblich gefährden. Es ist daher wichtig, die zentralen Ansprechpartner stets zu informieren, wenn das Unternehmen einen neuen Schritt ankündigt. Hier reicht es nicht, anzunehmen, dass die relevanten Politiker sowieso alles aus der Zeitung erfahren. Proaktives Informationsmanagement ist hier unerlässlich. Bei aller Internationalität muss in diesen Fällen ein

---

[9] Siehe Craig S. Fleisher, „The development of competencies in international public affairs" *Journal of Public Affairs*, Bd. 3 (1), März 2003, S. 76-82.
[10] Siehe Nikolay A. Dentchev und Aimé Heene, „ Managing the reputation of restructuring corporations: Send the right signal to the right stakeholder," *Journal of Public Affairs*, Bd. 4 (1), Feb. 2004, S. 55-72.

gewisses Fingerspitzengefühl vorhanden sein, um nationalen Gegebenheiten
gerecht zu werden. So kann man auf keinen Fall dem französischen Premiermi-
nister oder einem italienischen Abgeordneten ein deutschsprachiges Positionspa-
pier übermitteln. Es mag selbstverständlich klingen – aber solche Fauxpas kommen vor.

Ob dauerhaftes Engagement oder Ad-hoc-Einsatz: Die größte Herausforderung für international koordinierte Public Affairs ist das Spannungsfeld zwischen
global einheitlichen Unternehmenszielen und einem standardisierten Berichtswesen auf der einen Seite und der Notwendigkeit, nationale oder gar regionale politische Kulturen zu begreifen, auf der anderen Seite flexibel zu bewältigen. Neben
einer klaren, von der Unternehmenszentrale zu übernehmenden Organisation
erfordert dies vor allem qualifiziertes Personal.

Eine europäische Öffentlichkeit?

Trotz der klaren Tendenz, stärker in Brüssel präsent zu sein, hat sich die überwiegende Mehrzahl der europäischen Unternehmen dafür entschieden, eine Lob-
by-Präsenz am jeweiligen Hauptsitz des Unternehmens beizubehalten. Oft wird
dies noch – gerade in regulierungsintensiven Geschäftsfeldern wie der Tele-
kommunikationsindustrie, wo beispielsweise in Großbritannien beheimatete
Unternehmen wie Vodafone oder O2 ihre deutsche Markttätigkeit mit einer politischen Präsenz begleiten – durch die Eröffnung von Büros in anderen Ländern,
in denen man einen wichtigen Markt sieht, ergänzt. Diese zweigleisige Strategie
– einerseits nationales, andererseits europäisches beziehungsweise internationa-
les Lobbying – verdeutlicht, dass die nationale Politik keineswegs als zu ver-
nachlässigende Größe betrachtet wird. Es gibt sogar Lobbyisten in Brüssel, die
behaupten, dass Subsidiarität in der Praxis der EU-Gesetzgebung zu weit gefasst
sei.[11] So spielt in Deutschland die Bundesregierung natürlich nach wie vor eine
wichtige Rolle bei der Ausgestaltung und Umsetzung von EU-Richtlinien. Auch
sollte die nationale Gesetzgebung – von der allgemeinen Besteuerung über Ein-
zellösungen und Kuriositäten wie dem deutschen Dosenpfand bis hin zu so komplexen Prozessen wie der TKG-Novelle – nicht außer Acht gelassen werden.
Gerade das angeführte Beispiel des Dosenpfands hat nicht nur deutsche, sondern
auch zahlreiche in Deutschland tätige internationale Unternehmen – von der
Getränkeindustrie über den Handel bis hin zur Verpackungsindustrie – getroffen.
So gesehen ist die fast klischeehaft klingende Formel, dass alle Politik lokal sei,
nach wie vor relevant. Nicht umsonst geben 55 Prozent der Public-Affairs-

---

[11] Siehe Claire Schonbach, "Subsidiarity is not always in the interest of business" *Public Affairs
newsletter*, Bd. 10 (3), Nov. 2003, S.12.

Verantwortlichen der in Deutschland tätigen Unternehmen an, dass Brüssel und Berlin für sie gleichwertige Standorte sind.[12]

Aber auch im Hinblick auf Brüsseler Entscheidungen ist die Kenntnis von - und der sichere Umgang mit - der nationalen Politik nach wie vor wichtig. Schließlich fußt moderne Public-Affairs-Arbeit nicht alleine auf reinem Lobbying im Sinne eines direkten Kontakts zu Parlament und Regierung, sondern auch auf öffentlichem Werben für die politische (und wirtschaftliche) Position des Unternehmens. Langfristig lassen sich politische Entscheidungen nur dann umsetzen, wenn das politische Klima günstig für das Unternehmen ist. Entscheidende Voraussetzung hierfür ist die öffentliche Meinung, nach wie vor das wesentliche Entscheidungskriterium für Politiker auf allen Ebenen von der Kommune bis zum Europäischen Parlament.

Da eine europäische Öffentlichkeit mit der Ausnahme einer Elite, die am ehesten noch über ein Medium wie die britische Ausgabe der *Financial Times* erreicht wird, nach wie vor nicht existent ist, werden solche Public-Affairs-Maßnahmen, die wie das strategische Issue Management eine starke öffentliche Komponente haben, den nationalen Public-Affairs-Büros internationaler Unternehmen erhalten. So findet die Debatte um ein vorrangig europäisches Thema wie die Liberalisierung der Strom- und Energiemärkte sehr stark auf nationaler Ebene statt.

Agenturen und Berater

Eine Erkenntnis der 2003 erfolgten Unternehmensbefragung in Sachen internationale Public Affairs ist, dass eine Mehrzahl der Konzerne auf diese Tätigkeit spezialisierte Agenturen einsetzen. Von den befragten Konzernen geben 12 Prozent an, dass sie externe Agenturen „oft" im Rahmen ihrer internationalen Kampagnen beauftragen. Immerhin 41 Prozent geben an, dass sie dies „manchmal" tun, während 29 Prozent „selten" Agenturen beauftragen und 12 Prozent „nie" diesen Weg einschlagen. Während konstatiert werden kann, dass eine Mehrheit der Unternehmen Agenturen beauftragt, fällt auf, dass nach wie vor ein großes Geschäftspotenzial für Berater in europäischen oder internationalen Kampagnen liegt. Um es einmal negativ zu formulieren: Entweder nutzen die Agenturen ihr Potenzial in diesem Feld bislang unzureichend, oder sie bieten keine Dienstleistungen an, die hier Mehrwert böten. Hier sind die Agenturen gefordert geeignete Produkte und Dienstleistungen zu bieten, die den Herausforderungen der internationalen Public Affairs gerecht werden. Zudem müssen diese ihre Personalpolitik in verstärktem Maße internationalisieren.

---

[12] Salazar, S. 15.

Agenturen, die Teil eines internationalen Netzwerks sind und daher relativ schnell transnationale Teams zusammenstellen können, erscheinen für die Erledigung solcher Aufgaben bestens positioniert. Dies kann aber nicht immer vorausgesetzt werden. Es bedarf einer gewissen Erfahrung der Zusammenarbeit, um international koordinierte Etats tatsächlich im Sinne des Kunden zu führen. Daher sollten Auftraggeber immer nach konkreten Kundenbeispielen fragen – nur ein Netzwerk, das nicht nur auf Papier besteht, kann Reibungsverluste in der täglichen Arbeit verhindern.

Kleinere regional spezialisierte Dienstleister mit klarem Profil – beispielsweise mit besonderen Kompetenzen in einem genau begrenzten regulatorischen Umfeld – haben ähnlich große Chancen. Von der Größe oder internationalen Vernetzung abgesehen, wird die Qualifikation der Mitarbeiter entscheidend sein. Für den deutschen Public-Affairs-Consultant der Zukunft wird es nicht ausreichen, gute Kontakte zur Bundespolitik sowie ein solides Wissen über die Funktionsweise der deutschen Politik zu haben. Exzellente Englischkenntnisse sowie ein fundiertes Wissen über die Funktionsweise der europäischen Entscheidungsprozesse werden in Zukunft unerlässlich sein.

E-Campaigning – Die neue Wunderwaffe der politischen Kommunikation?

Juri Maier

Die Aufmerksamkeit, die dem Medium Internet in den vergangenen Jahren zukam, war gerechtfertigt, auch wenn sich manche Dotcom-Seifenblase wieder in Luft aufgelöst hat: Kein anderes Medium, auch nicht der 1985 in Deutschland eingeführte Mobilfunk, hat sich derartig rasch verbreitet. Keine andere Kommunikationstechnik hatte so drastische wirtschaftliche Auswirkungen auf Branchen wie den Einzelhandel, das Verlagswesen, die Musikindustrie und den Tourismus sowie viele weitere mehr. Nicht ausgenommen ist die politische Kommunikation: Auch hier hat die hohe Verfügbarkeit von Information im Internet unser Bild von Öffentlichkeit merklich verändert.

Medien sind zur legitimierenden Struktur der Mediengesellschaft geworden: Öffentlich ist was in den Medien steht – für den Einzelnen ist oftmals *das* Realität, was sie oder er im Fernsehen sieht, im Radio hört, in der Zeitung oder im Internet liest. Dass die Informationen in dem neuen Medium permanent verfügbar und über Suchmaschinen auch problemlos auffindbar sind, dass Inhalte schnell und kostengünstig erstellt und die Informationen keiner wirksamen Kontrolle unterliegen, konnte für unsere Vorstellung von „Öffentlichkeit" nicht folgenlos bleiben.

Neue Medien, neues Spiel

Das in Deutschland in mehr als der Hälfte aller Haushalte verfügbare Medium Internet wird inzwischen auch von Journalisten intensiv genutzt. Die Nutzung von Suchmaschinen zur schnellen Vorab-Recherche im Internet ist auch Journalisten „von altem Schrot und Korn" vertraut geworden. Und wenn heute das Regierungshandeln im Kommunikationschaos nicht mehr richtig „vermittelt" werden kann, wenn Politiker und Journalisten gleichermaßen die in der Hauptstadt Berlin nicht mehr funktionierenden Kommunikationsnetzwerke beklagen, wenn sich Spin Doctors der alten Schule die Zähne ausbeißen, weil sie den durchgesickerten Informationen nicht mehr den richtigen Dreh geben können - dann war hier das Internet mit am Werk.

Für die politische Kommunikation ergeben sich daraus neue Prämissen und Herausforderungen. Neben Verständnis für die Funktionsweise der journalistischen Selektion ist zunehmend die Kenntnis der Mechanismen von Suchmaschinen gefragt; neben der Koordination von Presseanfragen ist auch auf eine korrekte und schlüssige Informationspolitik im Internet zu achten. Zur Zielgröße Nachrichtenwert kommen als neue Zielgröße die Nutzerzahlen hinzu. Hat man sie erreicht, kann man auf den Kontakt mit Journalisten theoretisch auch verzichten. Das Medium erreicht den Empfänger direkt und wird so zur Nachricht. Wer will, kann sogar sein eigenes Fernsehprogramm im Internet zum Download anbieten.

Neben E-Commerce und E-Government hat sich innerhalb kurzer Zeit nun auch E-Campaigning als weitere Disziplin der Onlinewelt etabliert - als Risiko wie als Chance für die politische Kommunikation. Online-Kampagnen sind ohne Zweifel einer der aktuellen Trends in Marketing und Wahlkämpfen. Eine zum richtigen Zeitpunkt und mit den richtigen Mitteln ins Rollen gebrachte Kampagne kann, wie im Fall von Brent Spar im Jahre 1995, sogar ein Weltunternehmen von der Versenkung einer Bohrinsel abhalten. Bestenfalls verändert sich durch eine Kampagne unsere Meinung und Einstellung ohne das es uns bewusst wird. Kampagnen sind im Zuge der rasanten Verbreitung und Vermehrung der Massenmedien ein Teil unseres Alltags geworden. Täglich rezipieren wir unzählige von ihnen nicht nur in den „klassischen" Medien Fernsehen, Radio und Zeitung, sondern auch im Internet.

Leider bleiben Onlinemaßnahmen im Rahmen klassischer Kampagnen oft nur ein Kommunikationsanhängsel; eine „me too"-Aktion. Sie spiegeln dann lediglich die Inhalte wider, die dem Kampagnenträger in gedruckten Broschüren bereits vorliegen, eventuell garniert mit etwas von dem, was man landläufig unter Interaktivität versteht, etwa ein Gästebuch, ein Flash-Intro-Film oder ein nicht aktiv gepflegtes Forum. Die Stärken des Onlinemediums gehen dabei unter, denn die Wechselwirkungen zwischen Information, Interaktion und Partizipation bleiben so weitgehend ungenutzt.

Der Hauptgrund dafür ist sicherlich, dass sich nur wenige denkbare Kampagnen ausschließlich an ein Internet-affines Publikum richten können, so dass klassische Kommunikationswege stets mitbedient werden müssen. Die Hauptverantwortung für die dahinterliegenden Strategien tragen in der Regel PR-, Event-, oder Marketingspezialisten, die sich nur selten ausreichend in das Medium Internet hineinversetzen können um nebenbei auch noch eine E-Campaigning-Strategie mitzuentwickeln. Doch was zeichnet eine gute Online-Kampagne überhaupt aus und welcher Unterschied besteht zu einem klassischen Web-Auftritt einer Organisation, Partei oder eines Unternehmens?

Schneller, direkter, preiswerter

Wer eine Online-Kampagne entwickeln will, sollte sich zunächst nochmals die strukturellen Unterschiede zur klassischen Kampagnenkommunikation verdeutlichen:

Struktur:
Das Internet hat die etablierten hierarchisch strukturierten Wege der Kommunikation durchbrochen. Die Kommunikationswege waren analog der Gesellschaftspyramide aufgebaut. Die Informationen in Print, Fernsehen und Radio verliefen linear von oben nach unten an die breite Basis (one-to-many). Festnetz- und Mobiltelefonie bieten wiederum keine Distributionsmöglichkeiten (one-to-one). Der Informationsnehmer verharrte in einer passiven Rolle. Mit dem Internet verhält es sich anders: Der Begriff „Netz" macht die flache Struktur mit gelegentlichen Knotenpunkten und einem wechselseitigem Informationsfluss deutlich. Als einziges Medium, sieht man von dem als Massenmedium ungeeigneten CB-Funk ab, bietet das Internet allen die Möglichkeit, sich an alle zu wenden (many-to-many). Der „Flaschenhals" der redaktionellen Selektion, der für mengenmäßig beschränkte Informationskanäle unerlässlich ist, kann auf diesem Weg unterlaufen werden. Die Annahme, es sei mit zunehmender Informationsflut nur eine Frage der Zeit bis sich ähnliche redaktionelle Flaschenhälse auch im Internet entwickeln, hat sich bislang nicht bestätigt.

Zeit:
Als weitere Rahmenbedingungen gehören Zeit und Nähe zu den Vorzügen des E-Campaigning. „Zeit" deshalb, weil sich Websites von Online-Kampagnen durch eine kurze Aktions- und Reaktionszeit auszeichnen. Es bietet sich die permanente Aktualisierung an - und damit die Durchbrechung des Prinzips der Periodizität: Textbeiträge, Bilder und Videos können sofort ins Netz gestellt oder kurzfristig aktualisiert werden; bereits zurückliegende Informationen lassen sich jederzeit wieder abrufen. Zeit spielt lediglich noch für die Lebensdauer von Informationen im Netz eine Rolle.

Menge:
Klassische Medien verfügen nur über eine begrenzte Sendezeit bzw. Anzeigenplätze. Die klassischen Medienakteure können Themen ignorieren, indem sie nicht darüber berichten oder sie setzen Themen auf die öffentliche Agenda, indem sie darüber berichten. Welche Ereignisse und Themenschwerpunkte von Fernsehen, Radio und Zeitungen berücksichtigt werden, hängt von verschiedenen Faktoren ab: Es spielen ritualisierte Selektionskriterien, zum anderen produktionstechnische Zwänge eine Rolle. Für Kampagnen – bzw. Wahlwerbespots

und Anzeigen stehen in TV, Radio und Print nur begrenzte Kapazitäten zur Verfügung. Kampagneninformationen werden deswegen in den klassischen Medien Print, Radio und Fernsehen nur sehr verkürzt widergegeben. Im Unterschied dazu können im Web Hintergrundinformationen nicht nur im Kontext unverändert widergegeben werden. Videospots, die nicht gesendet werden können, finden u.U. ihre Zuschauer im Internet. Vorträge, Interviews und Reden können zum Download angeboten werden. Dem Kampagnenträger sind grundsätzlich keine inhaltlichen Grenzen im Netz gesetzt. Es kennt keine Sendezeiten und keine sendetechnischen Beschränkungen – der Surfer kann rund um die Uhr jeden erdenklichen Online-Inhalt des Netzes abrufen. Da Online-Kampagnen keine technischen Grenzen kennen, sind diese Informationen auf jedem Ort der Erde abrufbar. Ein Aspekt, der vor allem grenzübergreifenden Kampagnen sehr entgegen kommt.

Kosten:
Online-Kampagnen sind deutlich kostengünstiger. Klassische Werbeträger kosten ein Mehrfaches ihrer Online-Äquivalente. Der Satz einer dreißigseitigen illustrierten Broschüre kostet in der Regel mehr als ein vergleichbar illustriertes Online-Angebot – letzteres kann zudem jederzeit mit geringem Aufwand aktualisiert werden. Für das Internet produzierte Videospots benötigen weniger als die Hälfte der materiellen Produktionskosten. Animierte Internet-Banner kosten immer noch weniger als die Druckvorlagenerstellung für einfache Poster, nur dass letztere eben nicht blinken. Hinzu kommt, dass im Internet fast nur noch erfolgsabhängig abgerechnet wird. Beim Ausstrahlen eines TV-Werbespots weiß der Auftraggeber nicht, was der Zuschauer tatsächlich sieht. Vielleicht ist es ja der Kühlschrank, in den er gerade schaut, um sich in der Werbepause eine neue Flasche zu holen? Bei Bannern oder Werbeeinblendungen (sog. Interstitials) wird genau gezählt, wie oft welche Botschaft gesehen wurde. Man stelle sich vor, das Plakat müsse erst bezahlt werden, wenn tatsächlich ein neuer Kunde in den Laden gekommen ist – in der klassischen Werbung unmöglich. Im Internet ist dieses Verfahren, etwa bei gekauften Suchergebnissen, durchaus üblich.

Interaktivität:
Weiterer Vorteil des World Wide Web ist seine sehr hohe Interaktivität. Zur interaktiven Standardausstattung einer Online-Kampagne gehören Online-Abstimmungen, digitale Unterschriftenlisten, Dialogangebote wie Foren, Chatangebote oder interaktive Interviews sowie auch Entertainment-Angebote wie Grußkarten und Spiele.
Eine sinnvolle Verbindung von Informationen und Nachrichten mit den interaktiven Angeboten ist dabei aber noch die Ausnahme. Charts, Umfragen und Foren können gezielt zur Ermittlung von Meinungen, Reaktionen oder zur Ziel-

gruppenanalyse eingesetzt werden. Auf diese Weise kann der Kampagnenträger mit vielfachen Möglichkeiten ein direktes Feedback der Nutzer auswerten, mit den Nutzern in Dialog treten und sie dadurch emotional an die Internetseite binden. Diesen Diskurs zu steuern und dauerhaft zur Positionierung zu nutzen, stellt die Herausforderung bei der Integration der Internetnutzer in die Online-Kampagne dar. Wichtig ist jedoch, auf direkte Rückmeldungen der Nutzer auf die Kampagnenseiten zeitnah zu reagieren. Leider bekommt man auf konkrete Anfragen, z.B. an Wahlkampfzentralen oder einzelne Politiker, eine Antwort erst nach langer Wartezeit oder auch gar nicht. Das erweckt den Eindruck, dass die Rückkanalfunktion im Sinne eines interaktiven Diskurses, welche Wünsche und Kritik der Wähler kommuniziert, nicht erwünscht ist.

Mit dem richtigen Inhaltseinsatz gewinnt eine Kampagne an Dynamik und Tiefe. Und nur durch die richtigen Inhalte werden die User gepackt und dauerhaft an die Website gebunden. In diesem Punkt, dass die richtige Ansprache der Zielgruppe maßgeblich für die mögliche Auseinandersetzung mit den Inhalten ist, unterscheidet sich E-Campaigning nicht von Kommunikationsinstrumenten wie dem Corporate Publishing. Eine professionelle Online-Kampagne erfordert daher genau wie ihr Offline-Pendant einen eigenen strategischen Ansatz, der spezielle Themen fokussiert, Aussagen genau positioniert, und Dialoge steuert.

E-Campaigning erfordert Systematik und Strategie

Unter E-Campaigning ist nichts anderes als die Durchführung einer Kampagne zu verstehen, die im Wesentlichen im Internet umgesetzt wird und dafür adäquate Online-Instrumente nutzt. Abhängig von dem Leistungsangebot und der entsprechenden Zielgruppe des Unternehmens bzw. des gesellschaftspolitischen Akteurs können Online-Kampagnen alleine oder im Mix mit Offline-Maßnahmen umgesetzt werden, um die Marketingziele wie Imagegewinn, Kundenbindung oder die Steigerung des Bekanntheitsgrades zu erreichen. Die Logik von Kampagnenerfolg im Netz ist dabei einfach und kurz: Je mehr Besucher eine Seite hat, desto mehr Öffentlichkeit, Unterstützer und Spenden können erwartet werden. Eine Internetseite, die von den Online-Nutzern nicht wahrgenommen wird, hat keine Chance auf Erfolg.

Bei Online-Kampagnen kann man zuerst an die Umsetzung von Kampagneninhalten auf einer Website denken. Die eigentliche Plattform der Kampagne ist allerdings eng an die Maßnahmen der Gesamtstrategie gekoppelt. Ohne eine Anbindung von Print- und Offline-Maßnahmen hat eine ausschließliche Online-Kampagne deutlich weniger Aussicht auf Erfolg. Auf strategisch durchdachten Seiten einer Online-Kampagne finden sich alle Elemente wieder, die zur Kommunikationspyramide gehören:

- Stufe I: Information (Selbstdarstellung, Hintergrundinformationen, Daten und Fakten - in Form von Text-, Bild-, Film- und Tonmaterial)

- Stufe II: Kommunikation (E-Mail, Kontaktinfos, Gästebuch, Feedback-Option)

- Stufe III: Partizipation (Chat, Abstimmungs-Tools, Spiele)

Eine gute Online-Kampagnenseite gibt dem Surfer verschiedene Gründe, die Seite wieder anzuklicken. Das Internet wird von einem Großteil der Nutzer zur Informationsgewinnung bzw. zur Recherche genutzt. Deshalb sollte jede Kampagnenwebsite zunächst den Zweck erfüllen, den Surfer zu bestimmten Themen ausführliche Informationen zu bieten und so diesem Informationshunger entgegen zu kommen. Grundsatz jeder Kampagne sollte es sein, Themen als Kampagnenträger zu besetzen, denn ohne die eindeutige Stellungnahme und Positionierung ist der Erfolg einer Kampagne zweifelhaft. Ein hoher Aktualitätsgrad der Informationen ist ebenso unabdingbar, wie die Offenheit gegenüber allen Akteuren in unserem diversifizierten Mediensystem. Aussagen im Rahmen einer Online-Kampagne sollten nicht dogmatisiert werden.

Der User erwartet auf einer Kampagnenseite allerdings nicht nur reine Informationen, sondern möchte mit den Trägern der Kampagne in Kontakt treten; möchte seine Fragen und Beiträge zur Kampagne sichtbar machen. Das Web bietet dafür ausgezeichnete Möglichkeiten: In thematischen Foren können Ergebnisse der Kampagne oder aktuelle Trends diskutiert und per E-Mail-Formular konkrete Anregungen/Anfragen abgesendet werden. Mit Hilfe des Monitoring dieser Beiträge kann der Puls der Kampagne gefühlt werden. Die Beiträge der Nutzer stellen einen wichtigen Indikator dar, ob die Aussagen der Kampagne verständlich sind und ob das Ziel der Kampagne deutlich ist.

Ganz oben sollte die Partizipation der Nutzer am Fortschritt der Kampagne stehen. Durch ein Voting-Tool, das Abstimmungen zu speziellen Fragen ermöglicht, können die aktivierten Zielgruppen Einfluss auf die Agenda der Website nehmen. Teil der Kampagnenstrategie muss allerdings der Grundsatz bleiben, das Agenda Setting nie aus der Hand zu geben, denn mit der Kontrolle über die Themen und Inhalte steht und fällt die Kampagne. Einer der effektivsten Verbreitungskanäle, die den Bekanntheitsgrad einer Kampagne im Internet steigern kann, ist die Empfehlung der Seite via E-Mail. Das bekannte „Schnellball-Prinzip" kommt in diesem Fall voll zum Tragen, wenn eine große Zahl von Besuchern Nachrichten an ihre Freunde, Familienangehörigen und Kollegen schickt und darin die Seite weiterempfiehlt. Eine gelungene Kampagnenseite mit innovativen Elementen, die ein aktuelles Thema behandelt, wird sich aber nicht nur virtuell schnell herumsprechen, sondern auch in der realen Welt ein breites Echo finden.

E-Campaigning in der Politik

Eine der Hauptaufgaben von politischen Parteien in westlichen Demokratien ist die Aggregation und Artikulation gesellschaftlicher Interessen. Sie ringen um Regierungspositionen und sind direkt von der Wählergunst abhängig. Das Ziel der Parteien ist die Maximierung der Wählerstimmen und ohne Kommunikation ist die Antizipation der Bedürfnisse und Forderungen des Wählers nicht möglich. Um Aufmerksamkeit und Anschlusshandeln bei den Bürgern zu erzielen, müssen die politischen Akteure ihr Handeln und politische Entscheidungsprozesse öffentlich darstellen. In der heutigen Mediendemokratie ist die organisierte und professionelle politische Kommunikation zu einer strategischen Ressource geworden, die über Erfolg und Misserfolg von politischen Akteuren entscheidet. Die Parteienforschung sieht es heute als gesichert an, dass die gesellschaftliche Modernisierung in Form von Individualisierung und kognitiver Mobilisierung eine tendenzielle Entkoppelung von Sozialstruktur und politischem Verhalten bewirkt hat. Merkmale wie soziale Schichtzugehörigkeit, Kirchen- und Gewerkschaftsmitgliedschaft haben ihre Erklärungskraft für Wahlentscheidungen verloren.

Heute haben sich marktförmige Strukturen entwickelt, auf deren Basis volatile Wähler ihre Optionen kurzfristig, situationsabhängig und spontan realisieren. Jene Entkoppelung schlägt sich in einem Rückgang der Parteiidentifikation, in Mitgliederschwund, einer schrumpfenden Stammwählerschaft und einem großem Wechselwähleranteil nieder. Bei Wahlen sind heute sogenannte „Erdrutschsiege", eine Bezeichnung für extrem hohe Zugewinne bzw. Verluste der Parteien (LTW Hamburg 2004, LTW Niedersachsen 2003 u.a.), häufiger als noch vor zwei Jahrzehnten zu beobachten. Das führt dazu, dass sich das öffentliche Erscheinungsbild und die Arbeit der politischen Parteien in Deutschland in den letzten Jahren verändert haben. Je stärker den Parteien ihre direkten Zugänge zur Öffentlichkeit verloren gehen, desto stärker sind sie zur Durchsetzung ihrer Positionen, Themen und Kandidaten darauf angewiesen, den Umweg über die massenmediale Vermittlung zu wählen.

Auf diesem Kurs durchläuft die Politikvermittlung eine Transformation, die sich als graduelle Angleichung der Parteienlogik an die Selektionsregeln der Medienregeln beschreiben lässt. Politikvermittlung in einer Mediendemokratie funktioniert nach Techniken des politischen Marketing. Dort wo die langfristige Bindung an eine Partei fehlt und die Beteiligung an einer Wahl weniger selbstverständlich geworden ist, kann die Wahlkampagne etwas bewirken. Die Explosion des Medienangebots und damit auch der Aufstieg des Internets bieten den Parteien völlig neue Formen und Wege mit den Wählern (und Nichtwählern) in Verbindung zu treten. Wie hat sich das E-Campaigning in Deutschland und in der Welt entwickelt? Auf welche Aspekte sollten die politischen Akteure bei einer Online-Kampagne achten und welche Fehler gilt es tunlichst zu vermeiden? Fragen, auf die im Folgenden eingegangen wird.

Inhalt, Optik und Interaktivität gehören zusammen

Genau wie eine klassische Offline-Kampagne erfordert eine Online-Kampagne ein Konzept. Man muss den Wählern aufmerksam zuhören und sie genau beobachten. Auch im Rahmen politischer Internet-Auftritte gilt: „Content is king". Informationsgehalt und Gebrauchsorientierung sollten Vorrang haben. Es ist wichtig, bei einer Botschaft zu bleiben und Gelegenheiten zu ergreifen, um den notwendigen Vorsprung vor der Konkurrenz zu erlangen. Allerdings erweist sich die Frage der zentralen Botschaft häufig als ein Schwachpunkt einer politischen Kampagnenseite. Im Informationsdschungel des Internets geht die Kernaussage einer Website leicht unter, eine gute Strukturierung der Seite ist daher sinnvoll. Eine Online-Kampagne sollte beide typischen Internetnutzergruppen zufrieden stellen: die inhaltsorientierten sowie die unterhaltungsorientierten Nutzer.

Besucher einer Website sind nur einen Mausklick davon entfernt, eine Internetseite wieder zu verlassen. Die Ansicht, dass wirkungsvolle Kampagnensites professionell gestaltet sein müssen, hat sich auch deshalb bei den Kampagnenträgern weitgehend durchgesetzt. Kurze wohl formulierte Texte sowie eine logische Verlinkung zwischen den Seiten der Website sind für die Effektivität eines Internetauftritts wesentlich. Qualitativ hochwertiges und aussagekräftiges Bild- Ton- und Videomaterial unterstreichen die „Wertigkeit" der Seiten. Die Optik einer gut gemachten politischen Kampagnenseite bietet einen hohen Wiedererkennungswert und spiegelt das Design der Offline-Kampagne wider.

Obwohl es sich oftmals um komplexe politische Themen handelt, ist eine interaktive Durchsetzung des Angebots von Vorteil. Das zieht Besucher an, erhöht deren Verweildauer und erleichtert die Bindung an die Kampagnenseiten. Zum Standard beim E-Campaigning gehören Newsletter, Foren, in denen die Nutzer diskutieren können, Chats, Abstimmungstools zu aktuellen Fragen, die Möglichkeit des Downloads von Bild- Text- und auch Videomaterial sowie Entertainment-Angebote in Form von elektronischen Grußkarten oder auch Spielen. Der Anwendung dieser spezifischen E-Campaign-Module ist vor allem die pflichtbewusste Bereitstellung als unverzichtbares Element der Online-Kommunikation und der instrumentelle Charakter im Sinne der Aufmerksamkeitslenkung und Nutzerbindung gemein.

E-Campaigning: Antwort auf die Krise der Parteien?

Während dem Internetauftritt der Parteien und Spitzenkandidaten vor dem Bundestagswahlkampf 1998 noch ein experimenteller Charakter zugesprochen wurde, dokumentieren die Wahlkämpfe der letzten Jahre die politische Karriere des jungen Mediums. Der Aufstieg des Internets als Kampagnenmodul konnte in den Vereinigten Staaten zuerst beobachtet werden. Formate wie das *Negative-Campaigning*, *Online-Fundraising* und *Rapid-Response* auf Äußerungen des politischen Gegners via Internet haben hier ihren Ursprung. Nachdem bereits seit Anfang der 90er Jahre im US-Wahlkampf Websites zum Einsatz kamen, stehen der Gouverneurswahlkampf von Jesse Ventura in Minnesota und vor allem die *primary campaigns* von Bill Bradley, John McCain und Steve Forbes im Jahr 2000 für den Durchbruch bei der strategischen Anwendung des Internets. Seitdem wird die Internet-Kommunikation professionell in Wahlkämpfe integriert.

Auch in Deutschland ist E-Campaigning nicht mehr nur ein nettes Zusatzprodukt, welches man dem Wähler als imageförderndes „Feature" im Wahlkampfpaket verkauft, sondern ist zur Notwendigkeit einer erfolgreichen Wahl geworden. Es knüpft das Netz zwischen politischer Aktivität, politischer Werbung und politischer Öffentlichkeitsarbeit und fungiert als medialer Synchronisator auch zwischen externer und interner Öffentlichkeit. Online-Campaigning setzt auch eigenständige, gestalterische Impulse: Es verstärkt und unterstützt die öffentliche Präsenz der Parteien mit netzspezifischen Akzenten, etwa mit Themen- und personenbezogenen Kampagnensites. Die Internetauftritte der Parteien und Kandidaten haben sich von langweiligen, platten und eindimensionalen virtuellen Wahlplakaten zu komplexen und wirkungsvollen Elementen eines modernen Wahlkampfes gemausert. Die Parteien und Spitzenkandidaten scheinen dazu gelernt zuhaben. Alle Parteien in Deutschland werben heute im Netz um neue Mitglieder; teilweise bieten sie Online-Shops auf Extra-Seiten an.

Parteistrategen schätzen das Netz vor allem als ein von ihnen selbst kontrollierten Medienkanal zur Direktansprache der Wählerinnen und Wähler, als Instrument der innerparteilichen Wahlkampfkommunikation und –motiviation sowie als Vertiefungsmedium im Verbund mit anderen Medienkanälen. Zum einen wird dadurch das Organisationsmanagement im Wahlkampf erleichtert, zum anderen setzen insbesondere die kleinen Parteien angesichts ihrer begrenzten Ressourcen auf die Effizienz des Internets, von dem sie sich eine potenziell hohe Reichweite bei verhältnismäßig geringem Mitteleinsatz erwarten. Sie benutzen das Internet nicht mehr als kommunikative Einbahnstraße, in der eingleisig von oben nach unten kommuniziert wird, sondern bauen in ihre Netzauftritte interaktive Elemente ein. Dazu beachten Sie auch bei der Themenauswahl die Kultur des Netzes und stellen ihre Ansichten im Cyberspace in entsprechenden Foren zur Diskussion. Zusätzlich zu den Partei- und Politikerhomepages werden spezielle Kampagnenwebsites eingerichtet, die als Plattform für Wahlkampfaktivitäten im Internet fungieren. In diesem Zusammenhang ist die Antwort auf die Frage spannend, ob es Themen gibt, die über den Online-Wahlkampf Eingang in die großen Wahlkampfdebatten in anderen Medienumgebungen finden können. Das kommunikative Potenzial für ein derartiges Agenda Setting über die Mediengrenzen hinweg ist auf jeden Fall vorhanden.

Portale und Kanäle

Die Online-Wahlkämpfe in den USA und in Deutschland zeichnen sich durch eine deutliche Dominanz der Parteiangebote und der berichterstattenden Medien aus. Diese bilden die Zentren der Wahlkampfkommunikation und weisen eine hohe Standardisierung und Professionalisierung auf. Im Laufe der Zeit haben die Parteien eine Reihe von flexiblen Online-Plattformen aufgebaut: Ein eindrucksvolles Bild der Möglichkeiten bot im Bundestagswahlkampf 2002 die SPD mit ihrem Channelkonzept um ihr Parteiportal www.spd.de. Mit den einzelnen Channels wollte die Partei die Presse genauer ansprechen oder jugendliche Surfer und Surferinnen besser erreichen. Sie installierte (ein Jahr nach der CDU) einen eigenen Bereich für Parteimitglieder, mit dem sie die Informationen schnell und präzise nach innen verteilen kann. Hinzu kam mit www.nichtregierungsfaehig.de eine Negative-Campaigning-Plattform, mit der sie die politische Konkurrenz kommentierte, eine Aktionsseite speziell zu den TV-Duellen zwischen den beiden Kontrahenten Schröder und Stoiber, eine Unterstützerseite (www.wir-fuer-schroeder.de) sowie die Personality-Seite des Spitzenkandidaten www.gerhard-schroeder.de. Mit www.kampa02.de gab es sogar eine Seite, die über den Wahlkampf berichtete. Solche Plattformen müssen allerdings vernünftig auf einander abgestimmt sein, um der Kampagne den gewünschten Erfolg zu bringen.

Das Netz ist für Parteien zu einem wichtigen Steuerungsinstrument für die Kampagne geworden. Erhebliche Koordinationsaufgaben, die während eines Wahlkampfes anfallen, können die Akteure internetbasiert ressourcenschonender abwickeln als mit den klassischen Instrumenten. Fast identisch zu den Sozialdemokraten haben sich auch die anderen Parteien im Internet positioniert. Die CDU hat mit www.wahlfakten.de eine sachlich gehaltene Informationsplattform geschaffen, die sich durch effektive *Rapid Response* (zeitnahe und flexible Reaktion auf die Wahlkampf- und Medien-Events des politischen Gegners) auszeichnete. Eine persönliche Website des Herausforderers Edmund Stoiber (www.stoiber.de) und die Kampagnenplattform www.zeitfuertaten.de ergänzten die Online-Aktivitäten der Christdemokraten.

Die offizielle Präsentation der Kandidatenhomepages ist für die Parteien zu einer wichtigen Etappe im Wahlkampf-Zeitplan geworden. Während Edmund Stoiber dies im Mai 2002 in einer Surf- und Sushi-Bar in Berlin-Mitte tat, präsentierte Gerhard Schroeder den Relaunch seiner persönlichen Seite etwa einen Monat später mediengerecht im Sony-Center. Wahlkämpfe sind die Kulminationspunkte in der Konkurrenz um öffentliche Zustimmung und politischen Einfluss. Besonders in Zeiten des Wahlkampfes lassen sich deshalb die Bemühungen der Parteien um ein aktives Kommunikations- und Kampagnenmanagement beobachten. In Wahlkämpfen wird die Neuausrichtung politisch-kommunikativer Parteiaktivitäten sichtbar und fand in jüngerer Vergangenheit ihren Niederschlag in zahlreichen Veröffentlichungen. Teil dieser Neuausrichtung ist auch die Einbeziehung des Internet in den Wahlkampf und in politische Kampagnen. Für die Wahlkampfführung gelten die oben genannten Vorteile der Online-Kommunikation ganz ausdrücklich: Ungefiltert, preiswert, schnell und wirkungsvoll. Die Online- Begleitung von Offline-Events ist ein wichtiger inhaltlicher und struktureller Baustein aller Wahlkampfangebote. Die Auftritte und Aktionen der Kandidaten werden damit zu einem interaktiven Event verknüpft, dessen Stationen lückenlos im Netz verfolgt werden können. In diesem Kontext erfüllt das Internet zwei Funktionen: Es dient sowohl als Werbebanner wie auch als Vertiefungsmedium zur Dokumentation der Ereignisse – der Interessent konnte so z.B. die Reise des FDP-Vorsitzenden in seinem „Guidomobil" verfolgen.

Grenzen des E-Campaigning

Indes eignet sich das Internet (noch) nicht als Medium zum Erreichen und Überzeugen der breiten Masse. Einerseits nutzten in der Bundesrepublik im Januar 2004 erst 55% der Bevölkerung über 14 Jahre das Internet (das entspricht 35,4 Millionen Menschen) entweder von zu Hause oder von der Arbeit, andererseits weicht das Sozialprofil aktiver Internetnutzer teilweise erheblich vom Bevölkerungsdurchschnitt ab. Männer, junge Menschen, Hochgebildete und Menschen mit höherem Einkommen sind überproportional vertreten. So sind bei den Männern 63,6% der Erhebungsgruppe online, bei den Frauen nur 47 %. Drei Viertel aller deutschen Surfer tummeln sich in der besonders werberelevanten Zielgruppe der 14- bis 49-Jährigen. Dennoch hat der Anteil der älteren Onliner in den letzten Jahren stetig zugenommen: Immerhin 27,1% sind schon älter als 50 Jahre. Ein Trend der sich fortsetzen wird, denn das Internet wird in den Alltag der Menschen hinein wachsen und wird mit ihnen älter werden.

Das Fernsehen wird in den folgenden Jahren das Leitmedium der Mediendemokratien bleiben. Zur Ansprache spezifischer Zielgruppen eignet sich das

Internet aber schon heute hervorragend. Gerade bei jungen, politisch noch nicht festgelegten Wählern kann ein hohes Einflusspotenzial der Internet-Kommunikation angenommen werden. Die Bürger interessieren sich in Zeiten der Online-Kommunikation nicht stärker für Politik als zuvor und in der Liste der am häufigsten frequentierten Seiten im Netz sucht man die der Spitzenkandidaten und Parteien auf den vordersten Plätzen vergebens. Umfragen in den USA ergaben, dass etwa 30 Prozent der US-amerikanischen Internetnutzer Homepages mit wahlkampfbezogenen Inhalten besuchen. Dem zur Folge wird der Großteil der politisch desinteressierten Wechselwähler über politische Websites wenig erreicht.

Netzwerke bilden lohnt sich

Der Aufbau von Interessenten-, Sympathisanten- und vor allem Aktivisten-Netzwerken ist in Zeiten eines hohen Wechselwähleranteils und einer geringen Parteibindung ein entscheidendes Einsatzfeld von Wahlkampf-Homepages. Das Sammeln von E-Mail-Adressen gelingt einfach über die Homepage, z.B. durch ein Abonnement eines Newsletters. Der E-Mail-Verteiler soll die Nutzer zum erneuten Besuch auf die Kampagnenseite locken und Sympathisanten zum Geldspenden, zum Besuch von Veranstaltungen oder zu freiwilliger Mitarbeit bewegen. Besonders in den USA, wo es keine formelle Parteimitgliedschaft gibt, spielt die Rekrutierung und Mobilisierung von sogenannten *volunteers* eine große Rolle. Die effiziente Kommunikation zwischen freiwilligen Helfern und der Kampagne kann im Optimalfall zu einer regionalen Gliederung führen – es bilden sich sogenannte *e-neighborhoods*, *e-precincts* oder *e-blocks*. Eine gut abgestimmte Online-Kampagne spielt dafür eine wichtige Rolle.

Der in der Kandidatenkür der Demokraten für die US-Präsidentschaftswahl 2004 gescheiterte Howard Dean war zumindest bei der Rekrutierung und Mobilisierung von freiwilligen Helfern via World Wide Web besonders erfolgreich – über 600.000 Menschen registrierten sich auf seiner Seite. Zur ersten Vorwahl im Bundesstaat Iowa kamen mehr als 3.500 sogenannte „Türklinkenputzer", die beim *door knocking* potenzielle Wähler überzeugen wollten. Das Internet und Dean schienen eine fruchtbare Beziehung eingegangen zu sein, die Bezeichnung „Deanspace" geriet zum Sinnbild des von Dean-Anhängern okkupierten Cyberspace. Mehr als 41 Millionen US-Dollar konnte das Team des Gouverneurs von Vermont 2003 im Internet und durch Spendenbriefe eintreiben. Deans fast vollständig auf das Internet zugeschnittener Wahlkampf wurde selbst zum Wahlkampfthema, in den nationalen wie internationalen Medien wurde ausgiebig darüber berichtet. Seine Methoden wurden zum Maßstab für alle anderen Kandidaten und vom letztlich nominierten Präsidentschaftskandidaten Kerry größtenteils übernommen. Dean kann insofern kaum an seiner E-Campaign gescheitert sein. Vielmehr erreichten der inhaltliche Fokus der Kampagne und sein persönlicher Habitus zwar sehr Internet-affine, aber nicht eben besonders breite Zielgruppen. Zudem reichte auch die um ihn versammelte Medienkompetenz anscheinend für die Bedienung des Mediums Fernsehen nicht mehr aus.

Fundraising leicht gemacht

Innerhalb einer Online-Kampagne lassen sich schnell und direkt Spenden sammeln. Der US-Wahlkampf 2000 hatte gezeigt, dass einer von hundert Website-Besuchern eine Spende macht, und dass die Online-Spende mit durchschnittlich 120-150 US-Dollar höher als die Spende ist, die per Telefon oder Direct-Mail eingesammelt wird (50-60 US-Dollar). Zum einen liegt das an der höheren Kaufkraft der Internetnutzer, zum anderen vollzieht sich der Prozess des Spendens im Netz sehr unkompliziert. Ein Formular online auszufüllen und abzuschicken, erfordert weniger Aufwand vom Nutzer, als die entsprechende gedruckte Variante zu bearbeiten. In Deutschland steckt das Online-Fundraising der Parteien noch in den Kinderschuhen, die erste deutsche Partei, die auf Ihren Internetseiten das Online-Spenden ermöglichte, waren im Jahr 2001 Bündnis 90/Die GRÜNEN. Bei der Bundestagswahl 2002 stellte die FDP mit ihrer Seite www.achtzehnzweitausendzwei.de neben unzähligen Spaßaktionen auch das professionelle Online-Spendensammeln in den Vordergrund. Im Jahr 2004 bieten alle auf Bundesebene agierenden Parteien die Möglichkeit der Onlinespende.

Generell sollten beim Fundraising im Web spontane Entscheidungen möglich sein und deswegen alle Seiten einer Kampagnenseite bzw. Homepage mit einem Link zum Spenden-Formular versehen werden. Manche Seiten benutzten auch Pop-Up-Fenster, um besondere Aufmerksamkeit auf ihre Spendensuche zu lenken. Diese offensive Form kann wirkungsvoll sein, doch sollte auf zu große Aufdringlichkeit verzichtet werden, um die potentiellen Spender nicht zu belästigen. Bei den Zahlungsmöglichkeiten ist die Kreditkartenzahlung Standard. Daneben sollte die Möglichkeit des Online-Bankeinzugs bestehen. In den USA hat sich in jüngerer Vergangenheit auch der Online-Scheck etabliert – dieser hat den Vorteil, dass er gebührenfrei ist und deshalb mehr von dem gespendeten Geld behalten werden darf.

Wer im Internet Spenden sammelt, der muss die Wünsche der Spender berücksichtigen: Wenn diese nicht in einen E-Mail-Verteiler aufgenommen werden möchten, sollte diesem Wunsch entgegen gekommen werden. Die Prozedur des Spendens im Internet muss natürlich auch sicher sein. Im Zuge des Erfolgs des E-Commerce (Amazon, ebay u.a.) und der massenhaften Verbreitung des Online-Banking hat die Skepsis der Bürger gegenüber Geldtransfers im Internet deutlich abgenommen. Es gibt jedoch noch immer einen großen Anteil an Spendenwilligen, die den klassischen Weg der Banküberweisung in gedruckter Form bevorzugen werden. Deshalb sollte sich der Nutzer das Spendenformular ausdrucken bzw. per Fax einsenden können.

Negative Campaigning: Angriff ist die beste Verteidigung

Die Kampagne im modernen Wahlkampf beschränkt sich nicht darauf, die Vorzüge der eigenen Partei und des eigenen Spitzenkandidaten herauszustellen. In der Auseinandersetzung mit dem politischen Gegner wird versucht, dessen Kompetenz und Glaubwürdigkeit in Frage zu stellen. Die negative Berichterstattung – „Bad news are good news" – der Medien fördert die Verbreitung dieser Kampagnenform. Negative Campaigning ist eng mit der personenzentrierten Politikvermittlung verbunden und stellt ein klassisches Merkmal der politischen Kommunikation im Internetzeitalter dar. Der Grund für ihren Einsatz ist einleuchtend: Mit gut dosierten und zielgenau lancierten Negativkampagnen kann in relativ kurzer Zeit erreicht werden, was positive Kampagnen nur langfristig und mühevoll bewerkstelligen – die Überzeugung der Wähler, vor allem parteiunabhängige Wechselwähler vom eigenen Programm bzw. Spitzenkandidaten. Diese Form des Campaigning hat zwar schon eine lange politische Tradition – Rufmord und anklagende Rhetorik gab es schon im alten Rom – doch heute sind sie effektiver und effizienter denn je. In den USA seither Bestandteil einer Wahlkampagne, hat sich das Negative Campaigning in Deutschland erst in den zurückliegenden Jahren durchgesetzt. Wie erwähnt hat die Ausdehnung der Wahlkampagnen auf das Internet daran einen großen Anteil. Die Parteien in Deutschland richten im Rahmen eines Wahlkampfes teilweise mehrere Spezialseiten ein, die sich ausschließlich mit der Entwicklung eines Negativ-Images der Gegenkandidaten beschäftigen.

Vorteil für die NGOs

Im Gegensatz zu den Parteien erfreuen sich die Nichtregierungs-Organisationen in Deutschland einer steigenden Beliebtheit. Greenpeace und Amnesty International besitzen eine sehr hohe Markenbekanntheit, die Globalisierungskritiker von Attac sind in Deutschland innerhalb kurzer Zeit auf 14.000 Mitglieder angewachsen. Die negative Grundhaltung gegenüber traditionellen und wählbaren gesellschaftlichen Vertretern führt zu einem Vertrauensvorschuss für die Nicht-Regierungs-Organisationen. Ihre Aussage, sich drängender Probleme jenseits der parlamentarischen Tagesordnung anzunehmen, dient den Unterstützern als ideelle Basis. Aus diesem Grund ist der Einfluss auf das politische Agenda Setting für die NGOs von fundamentaler Bedeutung und die Unterstützung durch die Mitglieder kommt einem Legitimationsprozess gleich.

Als straff organisierte Non-Profit-Unternehmen wenden sie nicht nur modernste Managementmethoden an, sondern haben diese auch auf ihre Online-Arbeit übertragen. WWF und Co haben die Chancen des Internets als effiziente Organisationsgrundlage für Netzwerke früher als andere realisiert und ausgenutzt: Sie pflegen ihre Mitgliederkontakte, werben für neue Mitglieder und sammeln Spenden im Netz. Ferner informieren sie zu ihrem Themenkreis und bieten ein umfangreiches Serviceangebot mit Newslettern, Shops und Angeboten, die je nach Kundeninteresse personalisiert werden können.

E-Campaigning ist für viele NGOs zu einer festen Größe innerhalb ihrer Kampagnentätigkeiten geworden. Protest artikuliert sich über die neuen Medien in Form von E-Mail-Kampagnen oder wird im Netz organisiert, um dann „auf der Strasse" seine volle Wirkung zu entfalten. Beispielsweise hat die Menschenrechtsorganisation Amnesty International mit den „Urgent Actions" ein erfolgreiches internetspezifisches Kampagnenformat entwickelt. Indem der Unterstützer seine E-Mail-Adresse in eine Liste einträgt, erklärt er sich bereit, in dringenden Notfällen eine Protestmail zu schreiben. Die Unterstützung kann derart personalisiert werden, dass man seine Mithilfe nur für bestimmte Staaten ankündigt. Wenn Amnesty eine Kampagne startet, um ein von der Todesstrafe bedrohtes Leben zu retten, geht beim Unterstützer eine Nachricht zur Erläuterung des Sachverhaltes und der Adresse, an die sich der Protest richten soll, ein. Greenpeace setzt zur Benachrichtigung seiner Aktivisten darüber hinaus einen SMS-Dienst ein.

Insbesondere die effizienten Vernetzungsmöglichkeiten des World Wide Web sind für die NGOs ein wichtiger Vorteil bei der Kampagnenorganisation. So diskutieren und planen die deutschen Unterstützer von Attac auf nicht weniger als 23 Mailinglisten zu den unterschiedlichsten Themen. Entscheidend ist in diesem Kontext, dass neben den großen Themennetzwerken auch kleinere regionale Einheiten im Netz entstehen und sich auf diese Weise Gleichgesinnte aus der näheren Umgebung zusammenfinden können. Ein positiver Nebeneffekt für kleine und finanzschwache Organisationen bei der Bildung von Online-Communities ist, dass Online-Aktionen einen geringen Personalaufwand benötigen. Durch die Effizienz des Internets entstehen innerhalb kürzester Zeit völlig verschiedene Online-Kampagnen im Netz. Ob es sich dabei um die Fan-Initiative www.pro1530.de gegen die Zersplitterung des Spielplans der Fussball-Bundesliga, um die Kampagne zur Verhinderung des Verkaufs der Hanauer Brennelementefabrik www.hanauselberkaufen.de oder mit www.moveon.org um den virtuellen politischen Protest gegen die Präsidentschaft von George W. Bush in den USA handelt - das Internet eignet sich für Protestkampagnen in höchstem

Maße. In keinem anderen Medium können Hintergrundinformationen zu ganz speziellen Themenkomplexen ausführlicher veröffentlicht werden, lassen sich in kürzerer Zeit und mit geringerem Aufwand mehr Aktivisten und Unterstützer gewinnen, gleichzeitig mehr Spenden sammeln sowie gezielter und effizienter Aktivitäten planen, als im Web.

Ein Beispiel: Online-Einsatz für Beschäftigte

Bis auf einen Flyer und wenigen Presseaktivitäten besteht die im März 2002 gestartete Kampagne www.onlinerechte-fuer-beschaeftigte.de der Vereinten Dienstleistungsgesellschaft (ver.di) ausschließlich aus Online-Maßnahmen. Der Grund für die Konzentration auf das Internet liegt im Thema selbst: Mit der Kampagne soll vor allem die Verabschiedung eines Arbeitnehmerdatenschutzgesetzes und damit die Stärkung der Arbeitnehmerrechte im Bereich der Onlinekommunikation am Arbeitsplatz erreicht werden. Neben der Vermittlung von Informationen setzt die zentrale Kampagnenseite vor allem interaktive Elemente ein. Internetnutzer, welche die Ziele der Kampagne unterstützen, können sich in eine virtuelle Unterschriftenliste eintragen und ihr persönliches Statement abgeben. Zu den Informationen und Positionen können die Besucher der Seite in Foren ihre Meinung äußern und sich mit anderen Nutzern darüber austauschen. Des weiteren besteht auch hier die Möglichkeit, direkt per E-Mail mit ver.di in Kontakt zu treten und sich in einem virtuellen Interview zu beteiligen und Fragen an Experten zu richten.

Dabei können die Nutzer über einen Zeitraum von mindestens einer Woche Fragen zu einem angekündigten konkreten Thema stellen und gleichzeitig die Fragen der anderen Nutzer bewerten. Den Experten werden dann nur die Fragen vorgelegt, welche die beste Bewertung erhalten haben. Fragen und Antworten sind abschließend in einen Transkript nachzulesen. Zudem besteht auf der Seite die Möglichkeit, sich ein Werbe-Banner zur Kampagne herunterzuladen um es auf der eigenen Website einzubauen – eine effektive Form der Bewerbung dieser Seite. E-Cards, ein Voting-Tool und ein Newsletter runden die interaktive Seite ab.

Nachdem der damalige stellvertretende ver.di-Vorsitzende Michael Sommer die Kampagne im Rahmen einer Pressekonferenz in einem Internet-Café in Berlin-Mitte medienwirksam eröffnete, flankierten eine Reihe von Aktivitäten und Pressearbeit die Netz-Kampagne. Auf der CeBIT befragte ver.di ca. 250 Aussteller, darunter Beschäftigte und Arbeitgeber, zu Regelungen der Nutzung von Internet, Intranet und Emailsystemen am Arbeitsplatz in ihren Betrieben. Im April stand Michael Sommer bei www.politik-digital.de in einem Chat zur Kampagne und den Zielen von ver.di Rede und Antwort. Auf der Kampagnenseite, im Newsletter und in einer Pressemitteilung wurde im Vorfeld auf den Chat aufmerksam gemacht. Über fünfzig Fragen wurden auf diesem Weg beantwortet. Über den Chatverlauf wurde on- wie offline berichtet und interessierte Nutzer konnten das Chatprotokoll auf der Kampagnenseite nachlesen. Im April und Juni 2002 fanden virtuelle Interviews mit Experten zu Überwachungssoftware und den heutigen Rechtsgrundlagen zur privaten Nutzung von Online-Technologien am Arbeitsplatz statt. Der Kampagnen-Newsletter machte auf Start und Laufzeit der Interviews aufmerksam und informierte über die Bereitstellung der Antworten auf der Internetseite.

Das sportliche Mega-Event 2002, die Fußballweltmeisterschaft, wurde dahingehend mit einbezogen, dass ver.di in einer Presseerklärung die Arbeitgeber aufforderte, ihren Beschäftigten in geregeltem Umfang die Nutzung des dienstlichen Internetzugangs zur Information über die Spielergebnisse zu gestatten. Auf der Kampagnenwebseite gab es Hinweise auf Ergebnis-Tickerdienste. Von Juni bis Ende August führte ver.di eine nichtrepräsentative Online-Umfrage unter den Nutzern der Kampagnenplattform durch, an der mehr als 250 Personen teilnahmen. Im Vorfeld der Bundestagswahlen 2002 hat ver.di alle Kandidaten für den Deutschen Bundestag und die fünf im Deutschen Bundestag vertretenen Parteien zu ihrer Einstellung gegenüber den Forderungen der Kampagne befragt und zur Unterstützung aufgefordert – die Resonanz war leider nicht sehr groß.

Nachdem die Verabschiedung der geforderten gesetzlichen Neuregelungen im Anschluss an die Wahl mehrfach in Aussicht gestellt wurde, ging es ver.di anschließend darum, mit Nachdruck die tatsächliche Verabschiedung einzufordern und dabei Unterstützung der Abgeordneten zu erhalten. Dieses Beispiel ist eines unter vielen erfolgreichen Online-Kampagnen, die mit Unterstützung von Offline-Maßnahmen umgesetzt wurden. Sie verdeutlicht, dass online sowohl inhaltlich ganz neue Potentiale entstehen können, sich im Internet die Durchschlagskraft von Kampagnen verstärken lässt und die Zielgenauigkeit der Protestkommunikation verbessert werden kann.

Fazit: Wunderwaffen gibt es nicht

Der wissenschaftliche und nichtwissenschaftliche Tenor spricht dem E-Campaigning im politischen und im Non-Profit Bereich eine steigende Bedeutung zu – jedoch immer mit der Einschränkung, dass es noch weit davon entfernt ist, einen vergleichbaren Stellenwert wie Printmedien oder Fernsehen zu erreichen. Wenn sich Unternehmen, Organisationen oder politische Parteien auf das Online-Parkett begeben, sollten sie stets die Tatsache im Auge behalten, dass Kommunikation im World Wide Web in erster Linie über Themen und Inhalte stattfindet. Wichtig ist dabei, dass sich E-Campaigning in erster Linie am Verhalten der jeweiligen Zielgruppe im Internet orientiert und den spezifischen Marketingzielen entspricht.

Eine wichtige Rolle für die nachhaltige Wirkung von Online-Kampagnen politischer Akteure spielt neben einer Zielgruppenorientierung, dass sich die Onlinekommunikation auf vielfältige Weise an die klassischen Kanäle der etablierten Massenmedien ankoppeln lässt und auf diese Weise eine Reichweitensteigerung erreicht wird. Virtuelle Events im Rahmen von Kampagnen im Netz können hohe Aufmerksamkeitswerte erlangen und ein produktives mediales Echo generieren. Chat-Auftritte von Politikern erreichen über Rezensionen der web-basierten Sprechstunde in der Tagespresse nicht nur ein Online-Publikum.

Eine Bewertung des E-Campaigning in der Politik fällt aufgrund der spezifischen Eigenheiten des Mediums und seiner Nutzer zwiespältig aus. Ohne Zweifel bietet das Web den politischen Akteuren die Chance, mit den Wählern direkt und ungefiltert in Kontakt zu treten und vorhandene Barrieren abzubauen. Vom PC zu Hause ist es mit dem Internet unkompliziert und schnell, an Informationen zur politischen Arbeit und Programmatik der Parteien bzw. Spitzenkandidaten zu kommen. Viele Menschen nutzen diese Form der Informationsbeschaffung sehr intensiv. Wie oben bereits ausgeführt, treten die Parteien mit ihren Angeboten im Internet hauptsächlich mit denjenigen Menschen in Kontakt, die sowieso zur Gruppe der politisch Interessierten bzw. zu den in der Politik Aktiven gehören. Eher unwahrscheinlich ist, das über das Medium Internet der Kontakt mit den bisher politisch Desinteressierten hergestellt werden kann. Das Netz ist ein *Pull-Medium*, welches von seinen Nutzern je nach Interessen und Vorlieben selektiv genutzt wird - ein Großteil der User sucht nicht primär nach politischen Hintergrundinformationen, sondern nach kommerziellen bzw. speziellen Angeboten.

Als schneller und kostengünstiger Informationsträger ist das Internet sicherlich gut geeignet, die Kommunikation innerhalb und außerhalb der Parteiorganisationen effizienter zu gestalten. Auch wenn nur ein Teil der Internetnutzer als „aktiv" zu bezeichnen ist und ein kleinerer Teil sich für Politik interessiert, ist dieses Potential für zukünftige Kampagnen nicht mehr zu unterschätzen. In Wahlzeiten wird man zukünftig keinen erfolgreichen Wahlkampf mehr führen können, wenn man nicht im Web vorne ist. Bezogen auf Wahlkämpfe ist im Hinblick auf die Außenwirkung derzeit trotzdem ein wenig Zurückhaltung angesagt: Offen gesagt wird E-Campaigning frühestens bei der Bundestagswahl 2006, eher sogar 2010 zur massenwirksamen Alternative unter den Wahlkampfinstrumenten geworden sein.

In welche Richtung sich das E-Campaigning im Wahlkampf weiterentwickeln wird und ob interaktive Formate der Kolonisierung durch die massenmediale Kommunikation bestehen können, ist offen. Das bisherige Fazit für Kampagnen im Netz fällt für den Bereich der Non-Profit-Organisationen positiv aus. Neben www.onlinerechte-fuer-beschaeftigte.de zeigen verschiedene andere erfolgreiche E-Campaigns, dass das Internet für die Aktivitäten der NGO´s ein ideales Medium zu sein scheint. Eine schnellere, flexiblere, besser auf die Zielgruppe abgestimmte Kampagne als im Netz ist kaum möglich. Nirgendwo lassen sich mit geringerem Aufwand mehr Menschen informieren und mobilisieren. Die Erfolge von ver.di, Attac und Co bei ihren Onlineaktivitäten belegen diesen Tatbestand eindrucksvoll.

Ob im kommerziellen, im politischen oder im Non-Profit-Sektor: Eine durchschlagend erfolgreiche Online-Kampagne muss zum heutigen Zeitpunkt in eine schlüssige Gesamtstrategie eingebettet sein. Mit zielgenauer Planung und gekonnter Betreuung kann der Erfolg einer Online-Kampagne maximiert werden. Dafür benötigt der Kampagnenträger eine umfangreiche Zielanalyse sowie eine professionelle Gesamtkonzeption. Diese Dienstleistung und neuartige Form der politischen Beratung liefern in der Regel am besten diejenigen externen Medienagenturen, die sich auf Online-Kommunikation und den Bereich des E-Campaigning spezialisiert haben.

Der Lobbyist – Strategischer Politikmanager oder kopfloser Strippenzieher?[1]

Gunnar Bender

1   Einführung

Das Ansehen von Lobbyisten und Politikberatern ist in Deutschland traditionell nicht sehr hoch. Einige Ereignisse der jüngeren Vergangenheit haben den Ruf weiter beschädigt und scheinbar jene bestätigt, die schon seit jeher die Angehörigen dieser Berufsgruppen in einem Dunkelfeld vermuteten, in dem unlauterer Einfluss auf die Entscheider der Politik genommen wird.

Noch viel zu oft wird hierbei allerdings verkannt, dass die Arbeit der Lobbyisten und Politikberater einen wichtigen und unverzichtbaren Anteil an der politischen Wirklichkeit hat und eine unabdingbare Voraussetzung in einer Demokratie ist. Die Vorstellung, eine politische Entscheidung könne ohne Informationen über die Folgen für die von der Entscheidung Betroffenen getroffen werden, erscheint gerade in einem demokratischen Rechtsstaat bedenklich. Wer könnte diese Informationen aber besser liefern als die Betroffenen selbst? Das deutsche Rechtssystem garantiert jedermann die Möglichkeit zu einer Stellungnahme, wenn er durch die Anwendung eines Gesetzes betroffen ist (Rechtliches Gehör gemäß Art. 103 Abs. 1 GG, Anhörung im Verwaltungsverfahren gemäß § 28 VwVfG). Der hinter diesem Recht stehende Grundgedanke kann auch auf den Gesetzgebungsprozess übertragen werden.

Durch die Anhörung von Betroffenen kann verhindert werden, dass Folgen einer neuen gesetzlichen Regelung übersehen oder falsch bewertet werden. Darüber hinaus kann das hohe Sachwissen, über das die Betroffenen im Regelungsbereich regelmäßig verfügen, wesentlich zu der Qualität eines neuen Gesetzes beitragen. Dass die gelieferten Informationen dabei nicht frei von subjektiven Interessen der Betroffenen sind, liegt in der Natur der Sache und wird von den Entscheidungsträgern bei der Bewertung berücksichtigt. Zudem werden auch andere Interessenvertreter ihre widerstreitenden Interessen darstellen, so dass der Entscheidungsträger sich ein umfassendes Bild von den Auswirkungen seiner Entscheidung machen kann. Durch die Beteiligung der Betroffenen am Gesetzgebungsprozess wird darüber hinaus die Akzeptanz der späteren gesetzlichen Regelung erhöht.

---

[1] Ausführlich dazu **Bender / Reulecke**, Handbuch des deutschen Lobbyisten, F.A.Z. Institut 2003, http://www.lobbyhandbuch.de

Das Ansehen von Interessenvertretern wird sich nicht ändern, solange die Öffentlichkeit nur durch die von den Medien aufgedeckten Skandale über deren Arbeit „informiert" wird. Dieser Beitrag möchte an einer Objektivierung des Meinungsbildes mitwirken, indem er einen strukturierten Blick hinter die Kulissen der Lobbyarbeit in Deutschland gewährt.

2   Das Berufsbild des Lobbyisten

2.1 Der Lobbyist im Verband

Charakteristisch für das politische System in Deutschland, und von der Öffentlichkeit weitgehend akzeptiert, ist die Interessenvertretung der Verbände. Die Arbeitgeberverbände und Gewerkschaften beispielsweise vertreten die Interessen ihrer Mitglieder schon seit jeher gegenüber der Politik. Dieses erfolgt häufig in öffentlicher Form, so dass die Öffentlichkeit über diese Lobbyarbeit generell informiert ist. Außerdem ist das Maß an Zustimmung und Akzeptanz bei großen Teilen der Bevölkerung schon aufgrund der eigenen Mitgliedschaft in diesen Organisationen erhöht.

Neben den großen und bekannten Organisationen sind mehr als 1.700 bundesweite Verbände als Interessengruppen beim Bundestagspräsidenten registriert. Das Spektrum reicht von den erwähnten Arbeitnehmer- und Arbeitgebervereinigungen über Wohlfahrtsverbände und Verbände aus dem Familien-, Frauen- und Jugendbereich, Umweltorganisationen, Sportverbänden bis hin zum Brieftaubenzüchterverband.

Neben der typischen Aufgabe eines Lobbyisten, die Interessen der Verbandsmitglieder auf der politischen Bühne zu vertreten, hat der Verbandslobbyist darüber hinaus die Aufgabe, die durchaus unterschiedlichen Einzelinteressen der Verbandsmitglieder zu einer einheitlichen Auffassung zu bündeln und gegenüber der Politik und den Medien zu kommunizieren. Er gibt frühzeitig Informationen über politische Regelungsvorhaben in dem jeweiligen Gebiet, über verbandsinterne Vorgänge und über Aktivitäten gegnerischer Verbände an die Mitglieder weiter. Ferner vermittelt er Kontakte zwischen Verbandsmitgliedern und Ansprechpartnern in der Politik, organisiert Informationsveranstaltungen und pflegt den Kontakt zu anderen Verbänden zur Durchsetzung gemeinsamer Ziele.

2.2 Der Lobbyist im Unternehmen

Seit dem Umzug der Regierung nach Berlin hat auch in Deutschland die Zahl der Unternehmen zugenommen, die ihre Interessen nicht (nur) von Verbänden vertreten lassen. Da Verbände naturgemäß nicht die Einzelinteressen der Unternehmen in ausreichendem Maße vertreten können, übernehmen zunehmend eigene Mitarbeiter die Kommunikation mit den politischen Entscheidungsträgern.

Der Unternehmenslobbyist vertritt aber nicht nur die Interessen des Unternehmens in legislativen und administrativen Prozessen. Neben dieser externen Kommunikation, die im Folgenden noch detailliert dargestellt wird, berät der Unternehmenslobbyist auch die eigene Geschäftsleitung bei der strategischen Ausrichtung des Unternehmens und der Optimierung seiner öffentlichen Wahrnehmung. Diesem Wahrnehmungsmanagement (Public-Perception-Management) kommt eine immer größere Bedeutung zu, da die öffentliche Wahrnehmung eines Unternehmens nicht mehr nur durch die Qualität seiner Produkte und Dienstleistungen geprägt wird, sondern zunehmend auch das Verhältnis des Unternehmens zu ökologischen, politischen, kulturellen und humanitären Belangen Einfluss auf das „Image" eines Unternehmens hat. Diese soziale Verantwortung des Unternehmens muss der Lobbyist auch kommunikativ begleiten, denn die Wahrnehmung des Unternehmens durch seine Kunden und Geschäftpartner hat direkte Auswirkungen auf den wirtschaftlichen Erfolg des Unternehmens. Darüber hinaus kann eine negative öffentliche Wahrnehmung aber auch sämtliche Lobbybemühungen des Unternehmens erschweren oder sie gar vereiteln, denn auch die politischen Entscheidungsträger nehmen auf die öffentliche Meinung Rücksicht. Aufgabe des Lobbyisten ist es folglich, Änderungen der öffentlichen Meinung zu gesellschaftlichen Fragen und zum Unternehmen zu erkennen, zu analysieren und erforderliche Maßnahmen zu bestimmen. Dabei ist es auch Aufgabe des Lobbyisten, die interne Abstimmung zu fördern und zu koordinieren, denn für das Bild eines Unternehmens ist die einheitliche Kommunikation von entscheidender Bedeutung.

2.3 Der Lobbyist in der Non-Profit-Organisation

Auch in den Non-Profit-Organisationen (NPOs), das heißt von Wirtschaft und Staat unabhängige Vereinigungen ohne Gewinnerzielungsabsicht, haben Lobbyisten ein weitreichendes Betätigungsfeld. Ihre Tätigkeit unterscheidet sich aber von der anderer Lobbyisten durch die besondere Stellung von NPOs in der Gesellschaft. Da die NPOs zumeist soziale Ziele verfolgen, genießen sie in der Öffentlichkeit ein hohes Ansehen und Vertrauen. Die von ihnen vertretenen Interessen werden in der breiten Öffentlichkeit akzeptiert und unterstützt. Hierdurch sind NPOs bei ihrer Interessenwahrnehmung in besonders hohem Maße geschätzt, was nicht ohne Einfluss auf die Arbeit ihrer Lobbyisten bleibt.

Der Lobbyist einer NPO kann bei der Kommunikation der Organisationsinteressen wesentlich offensiver vorgehen als Verbands- und Unternehmenslobbyisten. Aufgrund des Organisationsziels, gesellschaftliche Missstände zu beheben, führt auch eine öffentliche und zugespitzte Darstellung nicht zu einem Wegfall der Gesprächsbereitschaft der politischen Entscheidungträger, denn kein Politiker kann sich einer Diskussion über gesellschaftliche Belange entziehen, wenn die Öffentlichkeit an dieser interessiert ist. Neben der direkten Kommunikation mit Entscheidungsträgern werden so auch Themen beispielsweise durch spektakuläre und medienwirksame Aktionen, wie die Störung des Walfangs mit Gummibooten durch Greenpeace, in die Wahrnehmung der breiten Öffentlichkeit und damit dann auch auf die politische Agenda gebracht.

Andererseits ist es auch Aufgabe des Lobbyisten, das besondere Vertrauen und die hohe Glaubwürdigkeit, welche die NPOs in der Öffentlichkeit und bei den politischen Entscheidungträgern genießen, zu erhalten. Er hat folglich bei der Auswahl der Themen mitzuwirken und darauf zu achten, dass keine Falsch- oder Fehlinformationen aus der Organisation gelangen.

3 Die Arbeitstechnik des Lobbyisten

Bei der Lobbyarbeit ist die gründliche Vorbereitung Grundlage jeder erfolgreichen Kommunikation mit politischen Entscheidungsträgern. Es ist zu berücksichtigen, dass sehr viele Interessenvertreter den Kontakt zu den Entscheidungsträgern suchen. Hat ein Politiker nach dem Gespräch mit einem Lobbyisten das Gefühl, nichts gewonnen, aber Zeit verloren zu haben, wird die Vereinbarung eines nächsten Termins Schwierigkeiten bereiten. Und dieses gilt nicht nur für einen Termin mit diesem Politiker, denn unter den politischen Entscheidungsträgern spricht sich schnell herum, welche Lobbyisten kompetent beziehungsweise inkompetent sind[2].

3.1 Identifizierung, Analyse und Priorisierung relevanter Themen

Zunächst muss der Lobbyist aus allen gesellschaftlichen und politischen Themen diejenigen herausfiltern, die eine Aktion oder Reaktion seines Verbandes, Unternehmens oder seiner Organisation erfordern.

Dabei wird das gesellschaftliche und politische Umfeld permanent und ungerichtet beobachtet, um eventuell relevante Themen frühzeitig identifizieren zu können (Scanning). Ungerichtet sollte die Beobachtung sein, da eine fachspezifische Vorauswahl den Blick für Themen versperrt, die zwar auf den ersten Blick

---

[2] Vgl. etwa Thomas Wendel, Berliner Zeitung v. 11.02.2004, BUNTES DURCHEINANDER - Wie Telekom-Chef Ricke den Kontakt zur Opposition stärken und interne Kämpfe gewinnen will, http://www.berlinonline.de/berliner-zeitung/wirtschaft/315459.html

nichts mit den eigenen Interessen zu tun haben, gleichwohl aber für diese relevant werden können. Beim Scanning werden alle Themen, die in irgendeiner Form in Beziehung zu dem Unternehmen, Verband oder der Organisation stehen *könnten,* herausgefiltert.

Auf diese Weise als relevant für die eigenen Interessen ausgemachte Themen werden sodann zielgerichtet beobachtet (Monitoring). Dabei wird die öffentliche Kommunikation verfolgt und ermittelt, wo und wie oft ein Thema besprochen wird, welche Tendenzen es gibt und vor welchem Hintergrund die Besprechung stattfindet. So können alle Veränderungen rechtzeitig erkannt und analysiert werden.

Ein lückenloses Scanning und Monitoring ist bei der großen Zahl an Informationsquellen kaum möglich. Es kann deshalb nur eine Auswahl von Medien aller Art im Wege einer Medienresonanzanalyse ausgewertet werden. Dabei werden die jeweils gängigen Fachzeitschriften, die großen nationalen und internationalen Tages- und Wirtschaftzeitungen gründlich analysiert, um die Gewichtung verschiedener Themen zu erfahren. Darüber hinaus ist bei dieser Arbeit das Internet sehr hilfreich, weil dieses einen schnellen Überblick über das aktuelle Meinungsspektrum liefert. Nachteil aller Medien ist, dass sie sich naturgemäß ausschließlich mit Themen befassen, deren (Krisen-) Potenzial bereits öffentlich ist.

Hier bietet die Informationsgewinnung über ein persönliches Kontaktnetzwerk Vorteile. Aus persönlichen Kontakten können Informationen direkt und ungefiltert bezogen werden, oft lange, bevor das Thema auf der politischen Agenda landet oder in den Medien diskutiert wird. Dabei hat ein informelles Gespräch häufig auch noch einen höheren Informationsgehalt als ein guter Facharttikel.

Nicht jedes als relevant ausgemachte Thema und nicht jede Veränderung bei der Besprechung eines Themas erfordert eine sofortige Reaktion seitens des Lobbyisten. Es ist also zu fragen, ob und wann eine Maßnahme erforderlich ist und in welchem Verhältnis die notwendigen Maßnahmen zueinander stehen. Für diese Priorisierung ist einerseits zu prüfen, ob bezüglich des Themas überhaupt realistische Chancen bestehen, die eigenen politischen Interessen durchzusetzen. Andererseits ist zu ermitteln, welche Auswirkungen die Nichtberücksichtigung der eigenen Interessen schlimmstenfalls haben kann (Worst- Case- Szenario) und wie die maximalen Vorteile der Berücksichtung dieser einzuschätzen sind (Best- Case- Szenario). Schließlich ist ein Zeitrahmen für die Bearbeitung des Themas zu erarbeiten, der die eventuell vorhandenen äußeren Vorgaben berücksichtigt (z.B. Fristen bei der Einreichung von Stellungnahmen, Termine für Gesetzeslesungen).

3.2 Identifizierung der Adressaten

Um die richtigen Ansprechpartner für das jeweilige Thema zu finden, wird im Rahmen einer Mapping- Analyse untersucht, welche Personen und Organisationen einen Anteil an unternehmensrelevanten Entscheidungsprozessen haben (sogenannte „Stakeholder") und wie deren tatsächlichen Machtpositionen und Einflussmöglichkeiten in dem konkreten Fall einzuschätzen sind. Dabei wird einerseits die formelle Stellung des einzelnen Stakeholders (Rechtlicher Ansatz), andererseits dessen tatsächliche Machtposition (Politischer Ansatz) berücksichtigt.

Bei dem rechtlichen Ansatz ist die Bestimmung der Stakeholder aufgrund der allgemein zugänglichen Informationsquellen (z.B. Literatur über die Staatsorganisation) relativ einfach. Zu diesen können beispielsweise der Bundeskanzler, der fachlich zuständige Minister und Abgeordnete des Bundestages zählen.

Für die Bestimmung der tatsächlichen Machtposition ist es erforderlich, sich mit den Hierarchien, den Entscheidungsabläufen und den Zuständigkeiten innerhalb der einzelnen Organe im politischen Umfeld vertraut zu machen und Kenntnis von den formellen und informellen Informationswegen zu haben. Nach dem politischen Ansatz können als wichtige Stakeholder in einem Themenbereich beispielsweise in Frage kommen: Abteilungsleiter im Fachministerium, fachpolitische Sprecher der Fraktionen, Fachjournalisten, Wissenschaftler oder auch Verbandspräsidenten.

Hilfreich bei der Einordnung der Funktionen und Personen sind Organisationspläne, die viele Ministerien auf ihren Internetseiten veröffentlichen. Über andere Institutionen und detaillierter informiert der sogenannte OECKL (Oeckl - Handbuch des öffentlichen Lebens).

3.2.1 Die Rolle der Regierungsmitglieder

Mehr als 80 Prozent aller zum Gesetz erhobenen Vorlagen stammen von der Bundesregierung selbst. Die herausragende Stellung, welche die Bundesregierung an den politischen Entscheidungsprozessen hat, lässt es auf den ersten Blick naheliegend erscheinen, das Lobbying vorwiegend auf die Kommunikation mit den Ministern und Staatssekretären in der Bundesregierung auszurichten. Ein Blick auf die Arbeitsabläufe bei der Bundesregierung offenbart aber, dass dieser Eindruck täuscht.

Der Kanzler und die Minister erarbeiten die Vorlagen selbstverständlich nicht selbst. Hinter der Bundesregierung steht ein großer bürokratischer Apparat, der die politischen Rahmensetzungen von Seiten des Bundeskanzlers, der Bundesminister und der dazugehörigen Parteien in verwertbare politische Vorlagen umsetzt. Die außerordentlich hohe Arbeitsbelastung der Minister und ihre vornehmlich politische Rolle machen eine direkte Kommunikation nur in speziellen Fällen sinnvoll. Oftmals ist auf der fachlichen Ebene in den Ministerien der primäre Ansprechpartner zu suchen. Die Kenntnis der Arbeitsabläufe in den Ministerien eröffnet dem Lobbyisten dabei eine Vielzahl von Ansprechpartnern, bei denen die für ihn relevanten Themen platziert werden können.

3.2.2 Die Rolle der Leitungsebene in den Ministerien

Wichtig ist der Kontakt zu der politischen Leitungsebene des Ministeriums. Zu dieser zählen die Staatssekretäre und Abteilungsleiter, welche die Ministerialbürokratie koordinieren, politische Entscheidungen umsetzen und die formellen und informellen Kontakte zwischen den Ministerien und anderen politischen Instanzen pflegen. Über den Kontakt zur politischen Leitungsebene ist es möglich, sich mit einem Thema bei dem Minister Gehör zu verschaffen, ohne diesen direkt zu kontaktieren.

3.2.3 Die Arbeitsebene in den Ministerien

Bei konkreten Anliegen ist der Kontakt zur Arbeitsebene des Ministeriums von großer Bedeutung. Zur Arbeitsebene zählen diejenigen Beamten, die im Hause die fachliche Arbeit verrichten. Die fachliche Arbeit erfolgt schwerpunktmäßig in den Referaten. Für jeden Aufgabenbereich gibt es in den Ministerien ein zuständiges Referat. Hier werden Entwürfe für Gesetze und Verordnungen geschrieben und die Entscheidungen des Ministeriums inhaltlich vorbereitet. Dadurch kann bei diesen Mitarbeitern eine hohe fachliche Kompetenz in dem betroffenen Themenbereich erwartet werden, was hohe Ansprüche an die Kommunikation stellt.

Neben der fachlichen Nähe spricht für den Kontakt zur Arbeitsebene auch, dass sie nicht mit politischen Beamten besetzt ist. Im Regelfall haben die Mitarbeiter ihre Stellungen unabhängig von parteipolitischen Erwägungen aufgrund ihrer fachlichen Eignung. Dadurch wird ein Thema in der Arbeitsebene unter Umständen sachgerechter behandelt als in der Leitungsebene, in der auch immer die Parteipolitik Einfluss auf die Entscheidungen hat.

Der Kontakt zu den zuständigen Referaten im Ministerium lässt sich sehr gut über die fachpolitischen Sprecher der Fraktion, die den Minister stellt, herstellen. Die fachpolitischen Sprecher stehen stets in engem Kontakt zu den jeweiligen Ministerien, um die Meinung der Fraktion mit der des Ministeriums abzustimmen.

3.2.4 Die Rolle der Bundestagsabgeordneten

Bei den Abgeordneten des Deutschen Bundestages sollte sich die Kontaktaufnahme an der besonderen Kompetenz eines Abgeordneten in dem jeweiligen Themenbereich orientieren. Die speziellen Fachkenntnisse von Abgeordneten lassen sich sehr gut anhand ihrer Positionen und Funktionen innerhalb der Arbeitsprozesse im Bundestag bestimmen.

So verfügt jede Fraktion über Sprecher zu den einzelnen Themenbereichen (z.B. wirtschafts-, kultur-, medienpolitische Sprecher). Diese kommunizieren die Positionen der Fraktion zu diesem Thema nach außen und informieren die anderen Fraktionsmitglieder inhaltlich zu den Sachfragen des Themenbereiches. Damit ist der Kontakt zu den themenpolitischen Sprechern der Fraktionen in einem doppelten Sinne erfolgversprechend. Zum einen ist ein besonderes sachliches Verständnis für das eigene Anliegen zu erwarten, zum anderen kann durch einen guten Kontakt das eigene Thema auf der Agenda der Fraktion platziert werden.

Ferner gibt die Mitgliedschaft in Ausschüssen des Bundestages einen Hinweis auf die besondere Fachkenntnis des Abgeordneten in dem Ausschussthema. Besonders die Kontaktaufnahme mit den so genannten Obleuten der Ausschüsse kann sinnvoll sein. Die Obleute sind gemeinsam mit den Ausschussvorsitzenden für Festlegung der Ausschussagenda zuständig.

Auf den ersten Blick könnte es sinnvoll erscheinen, die Kommunikation auf die Abgeordneten der Regierungsfraktionen zu beschränken, da ohne deren Mehrheit eine Durchsetzung der Interessen oberflächlich betrachtet nicht möglich erscheint. Dieses wäre indes ein Trugschluss. Die Opposition übernimmt in der parlamentarischen Arbeit eine Vielzahl von Funktionen, die auch für den Lobbyisten und seine Ziele hilfreich sein können. So kann der Lobbyist der Opposition Anregungen zu parlamentarischen Initiativen geben. Zwar hat ein von der Opposition eingebrachter Gesetzesentwurf wegen der Mehrheitsverhältnisse keine großen Chancen auch Gesetz zu werden, jedoch kann ihm als Grundlage eines später erforderlichen Kompromisses (z.B. wegen umgekehrter Mehrheitsverhältnisse im Bundesrat) noch eine große Bedeutung zukommen. Auch die Öffentlichkeit bekommt regelmäßig Kenntnis von den Inhalten dieses Entwurfes, was einen verstärkten Druck auf die Regierung auslösen kann. Auch bei der Formulierung von Anfragen und Einzelfragen, die eine Pflicht zur Stellungnahme der Bundesregierung zu bestimmten Themen auslösen, kann der Lobbyist mit der Einbringung seines Sachverstandes behilflich sein, so dass über diesen Umweg ebenfalls Themen in den politischen Raum gebracht werden können.

Die Kontaktaufnahme mit einem Bundestagsabgeordneten gestaltet sich in der Regel sehr einfach. Während der Sitzungswochen des Bundestages (Sitzungskalender unter www.bundestag.de) sind die Abgeordneten in Berlin zu erreichen. Dort verfügen sie über eigene Büros mit etwa zwei Mitarbeitern (meist eine Sekretärin und einen wissenschaftlichen Mitarbeiter oder persönlichen Referenten). Den Rest der Zeit verbringen die Abgeordneten in ihren Wahlkreisen, wo sie meist auch einen Mitarbeiter in ihrem dortigen Büro beschäftigen. Die nötigen Kontaktinformationen sind ebenfalls im Internetangebot des Bundestages enthalten.

Vor der Kontaktaufnahme ist es unumgänglich, genaue Auskünfte über den jeweiligen Abgeordneten einzuholen. Dabei müssen seine politischen Standpunkte und seine berufliche Qualifikation berücksichtigt werden. Die Positionen, die der Abgeordnete bereits zu einem Thema eingenommen hat, können Aufschluss darüber geben, wie er sich zu verwandten Themen positionieren wird. Vor dem beruflichen Hintergrund lässt sich einschätzen, ob der Abgeordnete beispielsweise technischen Argumenten gegenüber aufgeschlossen ist, ob er ausschließlich politisch denkt oder beispielsweise juristischen Sachverstand besitzt. Auch bei dieser Recherche ist das Internet wieder sehr hilfreich. Im Internetangebot des Bundestages finden sich auf den Websites der einzelnen Abgeordneten nicht nur deren Lebensläufe, sondern auch Informationen über ihre Zugehörigkeit zu Gremien des Bundestages und früher oder aktuell ausgeübte Berufe. Als weitere Informationsquelle können die Websites der Fraktionen und Parteien dienen.

3.2.5   Die Rolle der Arbeitsebene im Bundestag

Wie in den Ministerien gibt es auch im Bundestag eine Vielzahl von Mitarbeitern, die selbst keine politische Funktion besetzen. Zu dieser Arbeitsebene des Bundestages gehören neben den persönlichen Referenten und wissenschaftlichen Mitarbeitern der Abgeordneten auch die Referenten der Fraktion und die Mitarbeiter der Verwaltung.

Der Einfluss der Arbeitsebene auf die Arbeit der Abgeordneten ist keinesfalls zu unterschätzen. So treffen die Mitarbeiter in den Abgeordnetenbüros häufig eine Vorauswahl bei den an den Abgeordneten herangetragenen Themen, erstellen Reden, verfassen Pressemitteilungen und Positionspapiere und begleiten den Abgeordneten zu den Ausschusssitzungen. Allerdings sind Aufgabenbereich und Einfluss der persönlichen Referenten vom individuellen Führungsstil der Abgeordneten abhängig und variieren deshalb stark. Sie müssen individuell und immer neu eingeschätzt werden.

Die Fraktionsreferenten, die Themenfeldern und nicht bestimmten Abgeordneten zugeordnet sind, haben aufgrund ihrer Aufgaben einen guten Überblick über das Meinungsbild innerhalb der Fraktion zu diesem Thema. Sie verfügen im Regelfall über spezielle Fachkenntnisse in ihrem Aufgabenbereich. Die Fraktionsreferenten der Regierungskoalition übernehmen zudem die Kommunikation mit der Arbeitsebene in den Ministerien.

In den Stäben der Ausschüsse (jedem Ausschuss ist ein wissenschaftliches Sekretariat zugeordnet) und in den wissenschaftlichen Diensten des Bundestages findet sich häufig umfassender und sehr aktuell informierter Sachverstand, der zudem weitgehend frei von parteipolitischem Einfluss ist. Darüber hinaus sind die Mitarbeiter der Bundestagsverwaltung besonders gut über interne Adressen, Termine und Kommunikationswege informiert und können somit bei der Kontaktaufnahme zu weiteren wichtigen Ansprechpartnern außerordentlich hilfreich sein.

3.2.6 Die Rolle der Parteien

Die Parteien sind zwar nicht unmittelbar an den gesetzgeberischen Prozessen beteiligt, jedoch ist zu berücksichtigen, dass (fast) alle politischen Stakeholder in leitenden Positionen Parteimitglieder sind und ihre Entscheidungen in der Regel auch in Abstimmung mit der Partei erfolgen. Auch ist das Wahlprogramm einer Partei in gewissen Umfang bindend für die spätere politische Arbeit der Parteimitglieder. Die Parteien haben insofern einen nicht unerheblichen Einfluss auf politischen Entscheidungen und sollten deshalb in die Lobbyarbeit mit einbezogen werden. Bei Fachgremien, in denen die programmatische Vorarbeit geleistet wird, ist der externe Sachverstand von Interessenvertretern häufig durchaus willkommen. Interessant ist auch der Kontakt zu Nachwuchspolitikern, über die Informationen über neue Strömungen innerhalb der Partei gesammelt werden können.

3.2.7 Die Rolle der Mitglieder des Bundesrates

Da bei zustimmungspflichtigen Gesetzen eine Mehrheit auch im Bundesrat erforderlich ist, sollte auch dieser bei der Interessenvertretung berücksichtigt werden. Die besondere Form der Entscheidungsfindung in diesem Organ macht aber einen direkten Kontakt zu den Mitgliedern wenig erfolgversprechend. Die Mitglieder sind Vertreter der Landesregierungen. Je nach Einwohnerzahl stellen die einzelnen Länder drei bis sechs Vertreter. Die Besonderheit dabei ist, dass diese Vertreter für das jeweilige Land nur einheitlich abstimmen dürfen. Aufgrund der Vielzahl der zu beratenden Gesetzesvorlagen (in einer Legislaturperiode sind es mehrere hundert), ist es dem einzelnen Vertreter nicht möglich, seine eigene Meinung zu jeder Vorlage zu bilden und diese dann auch noch mit den anderen Landesvertretern abzustimmen. Deshalb findet die Entscheidungsfindung zunehmend in den Ausschüssen des Bundesrates statt, in denen die Länder von Ministerialbeamten vertreten werden. Es ist daher am erfolgversprechensten, den Kontakt zu den Staatskanzleien und Ministerien der einzelnen Länder zu suchen und die Meinungsbildung so von Anfang an zu begleiten.

3.3 Die konkreten Maßnahmen

3.3.1 Das persönliche Gespräch

Auch im Bereich der politischen Interessenvertretung ist das persönliche Gespräch das beste Mittel, um Positionen direkt auszutauschen und Informationen in komprimierter Form zu vermitteln. Nur im persönlichen Gespräch ist es möglich, die Reaktionen des Gegenübers aufzunehmen und in der weiteren Kommunikation zu berücksichtigen. Aufgrund der hohen Arbeitsbelastung der politischen Entscheidungsträger ist aber ein Gespräch regelmäßig nur dann sinnvoll, wenn es um die Erörterung genau spezifizierter Fragen geht. An einem Diskurs über allgemeine Grundpositionen wird der Entscheidungsträger kein Interesse haben. Insofern ist die gründliche Vor- und Nachbereitung des Gespräches von immenser Bedeutung.

3.3.2 Positionspapiere und Stellungnahmen

Positionspapiere und Stellungnahmen sind schriftliche Ausarbeitungen, welche die Haltung des Unternehmens, der Organisation oder des Verbandes zu einem bestimmten Thema wiedergeben. Stellungnahmen werden häufig von politischer Seite angefordert. Sie dienen unter anderem der Vorbereitung von Anhörungen in Ministerien oder Bundestagsausschüssen.

3.3.3 Parlamentarische Abende und Mittagsveranstaltungen

Parlamentarische Abende und Mittagsveranstaltungen haben in Deutschland eine lange Tradition. So unterschiedlich die Anlässe sind, so unterschiedlich sind auch die Formen und der Rahmen ihrer Durchführung. Das Spektrum reicht von der kleinen Gruppe von Fachpolitikern, mit denen in einem Restaurant spezifische Fragen diskutiert werden, über regelmäßige Diskussionsrunden mit wechselnden Teilnehmern bis hin zu Großveranstaltungen, in denen sich beispielsweise Unternehmen oder Verbände ganz allgemein präsentieren.

Bei der Planung von Veranstaltungen jeglicher Art ist zu berücksichtigen, dass eine Vielzahl von Interessenvertretern den Kontakt zu den politischen Entscheidungsträgern sucht und diese sich folglich einer wahren Flut von Einladungen ausgesetzt sehen. Die Einladung muss dem Adressaten folgerichtig vermitteln, dass die Teilnahme gerade an der eigenen Veranstaltung für ihn sinnvoll ist. Dabei ist keinesfalls nur der äußere Rahmen interessant zu gestalten. Vielmehr muss das Thema der Veranstaltung klar definiert sein, so dass der erwünschte Teilnehmer sofort erkennen kann, dass er für ihn relevante Informationen erwarten kann.

3.3.4   Zusammenarbeit mit politischen Stiftungen

Interessante und erfolgversprechende Aussichten bietet die Zusammenarbeit mit den politischen Stiftungen. In diesen findet politische Grundlagenarbeit statt, die dann in die Wahlprogramme und in den parteipolitischen Alltag einfließt. Hier können also schon vor konkreten Entscheidungsprozessen eigene Positionen vermittelt werden, die dann in der späteren politischen Arbeit eventuell Berücksichtigung finden.

Konkret kann die Zusammenarbeit mit den Stiftungen beispielsweise durch honorarfreie Beiträge zu Publikationen der Stiftung oder durch die Teilnahme an einer Podiumsdiskussion ausgestaltet werden. Darüber hinaus bietet eine solche Zusammenarbeit auch eine zusätzliche Möglichkeit zum Kontakt mit den Spitzenpolitikern der jeweiligen Parteien, da diese häufig in den Gremien der parteinahen Stiftungen vertreten sind.

3.3.5   Kampagnen

Außer für die Interessenvertreter der eingangs erläuterten NPOs werden Kampagnen, in denen die öffentliche Meinung in großem Stil in die Kommunikation einbezogen wird, eher selten Teil der Arbeit eines Lobbyisten sein. Solche Maßnahmen bergen immer die Gefahr einer Verhärtung der Fronten, die in den seltensten Fällen zum Ziel führt und das Vertrauen der Politik in die Arbeit des Lobbyisten langfristig schädigen kann. Es gilt immer zu bedenken, dass politische Entscheidungen meistens einen Kompromiss darstellen. Gerade bei schon getroffenen Entscheidungen kann die medienwirksame Darstellung der eigenen, abweichenden Meinung fast nie etwas bewirken, wohl aber Zusammenarbeit mit der Politik dauerhaft beeinträchtigen.

3.3.6   Teilnahme an Anhörungen in den Bundestagsausschüssen und den Ministerien

Anhörungen haben einen entscheidenden Anteil an den Willensbildungsprozessen im Parlament und in den Ministerien. Hier können die Interessenvertreter durch mündlichen Vortrag und vorab durch schriftliche Stellungnahmen direkt an politischen Entscheidungen mitwirken.

Die Möglichkeiten des Lobbyisten, die eigene Teilnahme an Anhörungen zu steuern sind beschränkt, da diese von einer Einladung seitens der Politik abhängt. Bei den Bundestagsausschüssen beispielsweise dürfen die kleineren Fraktionen in der Regel einen Sachverständigen und die großen Fraktion bis zu drei Sachverständige benennen. Durch geeignete Maßnahmen ist es aber möglich, die Wahrscheinlichkeit einer Einladung zu erhöhen. So steigt diese durch eine frühzeitige Positionierung zu einem Thema oder die direkte Anregung einer Anhörung gegenüber Abgeordneten.

3.3.7 Unterstützung von Partei- oder Fraktionsveranstaltungen

Veranstaltungen der Parteien und Fraktionen eröffnen dem Lobbyisten die Möglichkeit, sich über die Positionen einzelner Politiker zu speziellen Fragen und über eventuell vorhandene Strömungen in bestimmten Themenbereichen zu informieren. Deshalb kann die Teilnahme an solchen Veranstaltungen sehr sinnvoll sein.

Darüber hinaus können diese Veranstaltungen auch für die allgemeine „Klimapflege" genutzt werden. Hierzu bietet sich ein aktives Sponsoring an, das von den Fraktionen und Parteien wegen deren Probleme bei der Finanzierung solcher Veranstaltungen meist gerne angenommen wird. So kann neben der rein finanziellen Unterstützung auch die Unterstützung bei der Vorbereitung der Veranstaltung angeboten werden, die zusätzlich noch die Möglichkeit bietet, durch den Vorschlag von Referenten und Themen auch inhaltlichen Einfluss auf den Verlauf der Veranstaltung zu nehmen. Interessant, vor allen Dingen für Unternehmen, ist auch das Sachsponsoring, beispielsweise durch die Bereitstellung von Telefonanschlüssen und Internetzugängen. Hierüber lässt sich der Unternehmensname im Umfeld der Veranstaltung platzieren.

3.3.8 Zusammenarbeit mit den Medien

Da die politischen Entscheidungsträger Rücksicht auf die öffentliche Meinung nehmen, können auch Kontakte mit den Medien sinnvoll sein. Dabei empfiehlt es sich aber nicht, öffentlich (beispielsweise in Interviews) zu politischen Themen und Entscheidungen Stellung zu nehmen, insbesondere nicht in kritischer Form. Ebenso wie bei Kampagnen kann dies zu einer nachhaltigen Störung des Kontaktes zu der Politik führen, da sich verständlicherweise kein Politiker gerne öffentlich kritisieren lässt.

Denkbar ist aber die Weitergabe von Informationen an die Medien, um damit Lobbyargumente in die öffentliche Diskussion zu bringen. Über diesen Umweg können diese Argumente dann in Entscheidungsprozessen Widerklang finden. Dieses gilt umso mehr, wenn durch diese Maßnahme schon bestehende politische Positionen argumentativ unterstützt werden können.

4 Fazit

Eine nach den dargestellten Strukturen und Techniken ablaufende Lobbyarbeit hat mit Manipulation der Politik oder mit unlauterer Einflussnahme nichts zu tun. Sie wird vielmehr von der Politik als wichtiger Bestandteil des Willensbildungsprozesses angesehen. Die Ansprechpartner können über allgemein zugängliche Quellen gefunden werden. Die politischen Entscheidungsträger sind zu fachlichen Gesprächen nicht nur bereit, sondern in der Regel sogar an diesen sehr interessiert.

Daraus folgt aber auch, dass es keinen Grund gibt, bei der Interessenvertretung verdeckt zu agieren. Im Gegenteil: Ohne ein gehöriges Maß an Transparenz verschließt sich der Lobbyist langfristig den Zugang zu den Politikern selbst. Diese können es sich nicht erlauben, mit geheimen Absprachen oder gar mit Korruption in Verbindung gebracht zu werden und werden deshalb unseriöse Interessenvertreter meiden.

Der Lobbyist als „kopfloser Strippenzieher" hinter den Kulissen der politischen Macht wird sich stets über kurz oder lang selbst ein Bein stellen. Dieser Typus kann in einer aufgeklärten Demokratie, die durch die Medien überwacht wird, nicht dauerhaft existieren. Nicht nur die „Fälle" Scharping und Gerster haben gezeigt, dass die Medien und die Öffentlichkeit sensibel auf zweifelhafte Beziehungen der Politik zu sogenannten Politikberatern reagieren. Das Interesse an der Arbeit der Lobbyisten ist gestiegen und unlautere Methoden werden nicht lange unentdeckt bleiben. Die Interessenvertretung der Zukunft kann daher nur über ein modernes und transparentes Politikmanagement laufen, bei dem selbst für Außenstehende nachvollziehbar ist, wie die Zusammenarbeit zwischen politischen Entscheidungsträgern und Interessenvertretern funktioniert. Es ist hoffentlich mit diesem Beitrag gelungen, diesem Ziel ein wenig näher zu kommen.

Politische Stiftungen und Politische Beratung
Erfolgreiche Mitspieler oder Teilnehmer außer Konkurrenz?

Michael Borchard

Was haben Steuern und Politikberatung in Deutschland gemeinsam? Keiner mag sie so recht, aber niemand leugnet die Einsicht, dass es sie zum Wohle eines funktionierenden Staatswesens geben muss und dass es ohne sie nicht geht.

Politische Entscheidungsprozesse in modernen und hoch technisierten Gesellschaften machen eine wissenschaftlich fundierte und anwendungsorientierte Politikberatung unabdingbar. Gerade in unserer Zeit hat der Rat von politiknahen Experten eine stetig wachsende Bedeutung. Weil Politik in den Zeiten verschärften Globalisierungsdruckes, in Zeiten neuer terroristischer Bedrohungen, in Zeiten großer Reformnotwendigkeiten, in Zeiten immer komplexer werdender nationaler und internationaler Herausforderungen neue Anforderungen erfüllen muss:

- Sie muss vernetzte Entwicklungen national und international besser im Blick haben.
- Sie muss nachhaltiger und vorausschaubarer sein, damit sie Vertrauen erweckt.
- Sie muss verlässliche Perspektiven weisen und den Eindruck eines planlosen „Durchwurstelns" vermeiden.
- Sie muss Orientierung bieten und Identität schaffen.

Die große derzeitige Konjunktur der Politikberatung und die Klagen über sie stehen dabei allerdings in einem engen proportionalen Verhältnis. Vielleicht auch weil die große Quantität von Angebot und Anbietern nicht immer mit der Qualität von Ergebnissen einhergeht. Von einer „Phobie gegen Praxisnähe" ist die Rede, „hinter dem Milchglas" spiele sich eine undurchsichtige Politikberatung als „Kungelei" ab, über „mangelnden Realitätsbezug und Unkenntnis der politischen Abläufe" wird Beschwerde geführt, „Auswüchse des Beratungswesens" werden beklagt, über die „Ignoranz des Faktors Zeitknappheit" bei den Politikberatern jammern die politischen Akteure. Sie finde nur „am langen Arm der politischen Klasse statt", bedauern die Politikberater selbst, „Beratungsresistenz" wird den Politikerinnen und Politikern vorgeworfen. Eine Aufzählung von „frischen" Schlagzeilen und Schlagwörtern, die sich noch lange fortsetzen ließe.

Ebenso unscharf wie die Aufgaben der Politikberatung scheint auch der Begriff der politischen Beratung zu sein. Er lässt nicht nur eine Interpretation zu, sondern schillert in vielen Farben: Politikberatung als Beratung von politischen Entscheidungsträgern, von Organisationen, die im politischen Raum agieren; Politikberatung als Artikulation von Interessengruppen gegenüber Politikern; Politikberatung als Vermittlung zwischen Politik und Öffentlichkeit; Politikberatung als Brückenschlag und Transfer zwischen Wissenschaft und politischer Praxis; Politikberatung als ein breiter Netzwerkaufbau; Politikberatung durch Expertenkommissionen und so fort.

Und in diesem Topf mit schwer definierbaren Inhalten und einer Vielzahl von Köchen wollen auch noch die politischen Stiftungen mitrühren? Sind sie an den Parteien nicht zu nah dran, um unabhängigen strategischen Rat zu geben, sind sie nicht zu weit weg von der operativen politischen Arbeit, um realitätsbezogenen politischen Rat zu geben, der wirklich Nutzen bei der täglichen politischen Arbeit bringt?

Und überdies: Können sie im hart umkämpften und immer professioneller werdenden Markt der Politikberater überhaupt ein eigenes unverwechselbares Profil entwickeln? Können sie die Agenda der politischen Entscheidungsträger erfolgreich beeinflussen? Und wenn ja, geraten sie dann als öffentlich finanzierte Institutionen nicht in Konflikt mit der herrschenden Gesetzeslage? Droht dabei nicht sogar die Gefahr, dass die Stiftungen mit ihrer politischen Beratung den Tatbestand der verdeckten Parteienfinanzierung erfüllen? Sind sie ein ernst zu nehmender Mitspieler im Wettbewerb der Politikberater oder laufen sie wegen ihrer spezifischen Ausrichtung außer Konkurrenz?

Die Antwort auf diese Fragen vermag vielleicht keine Verwunderung zu erzeugen, weil der Autor dieses Beitrages für eine politische Stiftung im Bereich politischer Beratung tätig ist. Sie lautet: Ja, politische Stiftungen sind sehr wohl in der Lage, erfolgreiche Politikberatung zu betreiben, weil sie in Deutschland unter den Think Tanks und Beratungsagenturen durch ihre spezifische Ausgestaltung und Ausrichtung eine besondere Stellung einnehmen, die sie von anderen Akteuren auf diesem Feld grundsätzlich unterscheidet.

Politische Stiftungen haben die politische Beratung nicht erst in den letzten Jahren für sich entdeckt. Von ihren Anfängen an, die vor allem im Bereich der politischen Bildung liegen, haben sie immer auch den Anspruch gehabt, auf das politische Klima mittelbar einzuwirken: Indem sie Orientierung bieten und durch die „Vermittlung politischer Bildung die Beschäftigung der Bürger mit politischen Fragen anregen sowie ihr politisches Engagement fördern und vertiefen"; indem sie über ihre Begabtenförderung qualifizierten Führungsnachwuchs gefördert und herausgebildet haben; indem sie mit der Hilfe von Experten in ihren Reihen Veränderungswissen erarbeitet und Strategien für die Umsetzung dieses Wissens aufgezeigt haben. Ein Einfluss, der durchaus vom Staat gewollt wird.

Das ist einer der Gründe, warum das Bundesverfassungsgericht die finanzielle Förderung der politischen Stiftungen in seinen Entscheidungen bestätigt hat und warum die politische Beratung mit zu den Kernkompetenzen der politischen Stiftungen gehört.

Das Gericht hat dabei in der viel zitierten Einsicht Böckenfördes gehandelt, dass der Staat von Voraussetzungen lebt, die er selbst nicht garantieren kann. Er lebt aus einer Kultur, deren gesellschaftliche und politische Wurzeln sich seiner Gewalt entziehen. „Politischer Diskurs und politische Entscheidungsfindung", so die gemeinsame Erklärung zur staatlichen Finanzierung der politischen Stiftungen, „setzen Information und ethisch-politische Orientierung voraus. Politische Orientierung bietende Bildungsarbeit nicht-staatlicher Bildungsträger, die auch politische Forschung, Information und Beratung sowie Begabtenförderung umfasst, ist eine notwendige Voraussetzung für die Entfaltung politischer Freiheit und sichert den Fortbestand des freiheitlichen pluralistischen Gemeinwesens."

In der zitierten gemeinsamen Erklärung haben die Stiftungen als eines ihrer Ziele erklärt, „durch Wissenschaftsförderung, politische Forschung und Beratung, Grundlagen politischen Handelns zu erarbeiten sowie den Dialog und Wissenstransfer zwischen Wissenschaft, Politik, Staat und Wirtschaft zu vertiefen." Das alleine unterscheidet sie noch nicht vom breiten Aufgebot staatlicher und kommerzieller Politikberater.

Was aber macht die Besonderheit ihres Handelns und Wirkens aus, was macht die Stiftungen so einzigartig, aber zugleich durchaus erfolgreich im Bereich der politischen Beratung? Zunächst: Sie haben eine klare Orientierung und nachvollziehbare Ziele, zu denen sie sich bekennen: Im Fall der Konrad-Adenauer-Stiftung ist dies, wie es in ihren Leitlinien festgeschrieben ist, „in Deutschland, in Europa und in der Welt die freiheitliche Demokratie, die soziale Marktwirtschaft und die Entwicklung und Festigung des Wertekonsenses" zu fördern. „Mit ihrer internationalen Arbeit wirkt die Stiftung an der Schaffung einer internationalen Ordnung des Friedens und der Gerechtigkeit mit und trägt zur Vertretung deutscher Interessen in der Welt bei. Ausgangs- und Orientierungspunkt für die Konrad-Adenauer-Stiftung ist das christliche Verständnis vom Menschen als Geschöpf Gottes in seiner Gleichwertigkeit, Verschiedenartigkeit und Unvollkommenheit."

Das besondere und unverwechselbare Kapital der Stiftungen aber ist die außerordentliche Breite ihres politischen und gesellschaftlichen Auftrages. Welcher kommerzielle politische Berater – außer vielleicht in Ansätzen ein paar wenige Global Player unter den großen Agenturen – verfügt wie beispielsweise die Konrad-Adenauer-Stiftung über ein solches Netz an Außenstellen im Ausland mit jahrzehntelanger Erfahrung auf den Feldern Demokratieförderung und Entwicklungspolitik, mit etwa 200 Projekten in über 120 Ländern? Welcher Anbieter kann daneben auf rund 20 Bildungszentren und Werke in den deutschen Ländern, auf ein einzigartiges Netz einiger tausend aktiver und ehemaliger Stipendiaten im In- und Ausland bauen, die nach Abschluss ihres Studiums zumeist Schlüsselpositionen in Politik, Gesellschaft und Wirtschaft einnehmen und damit Zugang zu neuen Netzwerken eröffnen? An einigen Kabinettstischen überall in der Welt, in etlichen diplomatischen Vertretungen sitzen Altstipendiatinnen und -stipendiaten der Konrad-Adenauer-Stiftung. Wer kann zugleich auf bewährte Instrumente der Parteienforschung und der Kulturförderung, auf ein Fundament umfangreicher politischer Archive und Zeitungsdokumentationen und nicht zuletzt auf Expertise im Bereich der politischen Bildung verweisen?

Diese Breite ist für die politische Bewältigung der heutigen Herausforderungen besonders wichtig: Gerade vor dem Hintergrund einer immer mehr zusammenwachsenden Welt verlieren die Grenzen zwischen Innen- und Außenpolitik ihre frühere Bedeutung. Die Unterstützung von Demokratisierungsbemühungen, die entwicklungspolitische Zusammenarbeit, die enge Zusammenarbeit mit politischen Partnern in aller Welt, die die Stiftungen betreiben – alles das hat auch innenpolitische Implikationen. Die politischen Stiftungen sind in der Lage, ihre Arbeit im Inland und ihre internationale Tätigkeit miteinander eng zu verknüpfen, sie leisten einen weltweiten Wissenstransfer. Sie sehen die Welt als vernetzte Lerngemeinschaft, in der die Nationen bei der Bewältigung der politischen Herausforderungen voneinander profitieren.

Aber nicht nur die Tatsache, dass Außen- und Innenpolitik zunehmend zusammenwachsen, stellt politische Beratung vor neue Herausforderungen. Werner Weidenfeld und Jürgen Turek haben einen Wandel konstatiert: „Lange galten die Problemidentifikation und Frühwarnfunktion, die Sensibilisierungsfunktion sowie die Evaluations- und Legitimationsfunktion als die zentralen Bausteine einer wissenschaftlich grundierten Politikberatung." In Zeiten neuer Unübersichtlichkeit und eines gestiegenen Orientierungsbedarfs greift dieser Ansatz allein zu kurz. In immer stärkerem Maß kommt deshalb die Vermittlungsfunktion zwischen Politik und Öffentlichkeit hinzu. Dazu gehört die Aufgabe, jenseits tagespolitischer Aktualitäten und als Rahmen für politische Aktivitäten, an einem langfristigen Koordinatensystem für die Gestaltung der Zukunft mitzuwirken.

Auch auf diesem Gebiet haben die politischen Stiftungen entscheidende komparative Vorteile: Sie können politische Strategien mit Entscheidern vorbereiten und zugleich im Verbund mit den Bildungswerken und -einrichtungen vor Ort und durch Seminarprogramme für ihre Stipendiaten begleitend Voraussetzungen für die Implementierung solcher Strategien schaffen, indem sie durch Nachhaltigkeit Vertrauen schaffen, indem sie Unvorhersehbares einordnen, indem sie den für Reformen notwendigen Bewusstseinswandel vorbereiten, Ängste nehmen, zur Übernahme politischer Verantwortung ermuntern und Orientierung bieten. Dabei hilft auch die Tatsache, dass die politischen Stiftungen die geschichtliche Entwicklung ihrer jeweiligen Parteien sowie der ihnen nahe stehenden politischen und sozialen Bewegungen erforschen.

Neben dieser Breite der politischen Stiftungen ist die bereits genannte klare weltanschauliche und politische Ausrichtung durchaus von Vorteil für eine unverwechselbare Stimme im Konzert der politischen Berater: Die politischen Stiftungen beschäftigen in ihren Reihen hochqualifizierte Experten, die über das nötige wissenschaftliche Know-how verfügen, gleichzeitig aber die politische und programmatische Ausrichtung der jeweiligen Parteien und die politischen Akteure gut kennen, was eine praxisnahe und realitätsnahe politische Beratung ermöglicht.

Und doch liegt der besondere Reiz nicht allein in dieser hilfreichen Nähe, sondern auch in einer gewissen Distanz zur jeweiligen politischen Partei. Es gehört – freilich in unterschiedlichem Ausmaß – zum Selbstverständnis der politischen Stiftungen, „dass sie von den Parteien rechtlich und tatsächlich unabhängig sind und ihre Aufgaben selbständig, eigenverantwortlich und in geistiger Offenheit" (Gemeinsame Erklärung) wahrnehmen.

Wären die Stiftungen lediglich erweiterte „Parteizentralen", dann hätten sie kaum eine Chance auf politische Relevanz: Anders als Partei und Fraktion stehen sie nicht unter dem permanenten Druck der Tagesaktualität. Daraus erwächst die Chance strategischen Denkens, die Chance, wie es in der Satzung der Konrad-Adenauer- Stiftung heißt, „Grundlagen politischen Wirkens" zu erarbeiten.

Wenn sie nachhaltig, langfristig, substanzreich und vernetzt mit anderen Institutionen arbeiten, sind sie dazu in der Lage, als Seismograph zu dienen, der politisch bedeutsame Entwicklungen und Zukunftsfragen identifiziert und artikuliert, als „Frühwarnsystem" für politische Entscheidungsträger.

Insbesondere von so genannten „advokatischen" Beratungsinstitutionen, zu denen die politischen Stiftungen gehören, muss die vorhandene klare weltanschauliche Orientierung seriös vertreten werden. Mit Gefälligkeitsberatung wäre keinem Entscheider gedient. Im Gegenteil: Politiker verlangen gerade von solchen Beratern, die ihrer Ausrichtung nahe stehen, eine besonders umfassende und vor allem glaubwürdige Beratung.

Es ist so, wie Wilhelm Staudacher und Wolfram Brunner es in einem Beitrag über die Politische Kommunikation festgestellt haben: „Kompetenz und Glaubwürdigkeit sind für einen öffentlichkeitsorientierten Think Tank mithin die Grundvoraussetzung erfolgreicher Kommunikation. Nur diese Eigenschaften schaffen Zugang – Zugang zu Entscheidern und Meinungsführern in Politik, Verwaltung, Wirtschaft und Gesellschaft – und Zugang zu den Medien."

Zur Glaubwürdigkeit gehört die Transparenz des Handelns. Es entspricht nicht nur den gesetzlichen Vorgaben für Institutionen, die vorwiegend durch staatliche Zuwendungen finanziert werden, sondern gehört auch zum Selbstverständnis der politischen Stiftungen, ihre Ressourcen mit größtmöglichem Nutzen einzusetzen und darüber öffentlich Rechenschaft abzulegen. Alle Studien und Untersuchungen, die die Stiftungen erarbeiten, müssen veröffentlicht werden. Diese Rechenschaftspflicht und der Anspruch der Stiftungen, durch ihre Arbeit in die Öffentlichkeit hinein zu wirken, nimmt sie vor dem Vorwurf der Kungelei und der Undurchsichtigkeit in Schutz, der nicht selten an politikberatende A-genturen und Institutionen gerichtet wird.

Zur Transparenz gehört auch die Offenlegung der Methoden politischer Kommunikation und falls notwendig ihre Problematisierung. Vor welchen spezifischen Problemen stehen politische Stiftungen, wo liegen ihre besonderen Methoden? Sind politische Stiftungen zur Kritik an den politischen Akteuren, die sie beraten, fähig?

Auch die politischen Stiftungen stehen vor dem klassischen Problem, Politik und Wissenschaft in einen verwertbaren Einklang zu bringen, was Ulrich Heilemann treffend beschrieben hat: „Der Politiker erwartet political advice, der Berater will aber meist nur policy advice geben – ein Konflikt, der in Deutschland besonders stark empfunden wird." Dieses Dilemma ist auch für die politischen Stiftungen nicht vollständig aufzulösen. Dabei spielt nicht nur die erwähnte Tatsache eine Rolle, dass Stiftungen und Parteien durch die staatliche Finanzierung eine gewisse Distanz zueinander wahren müssen. Vielmehr geht es auch darum, dass die Stiftungen sich nur dann im Bereich der politischen Beratung nachhaltig profilieren können, wenn sie sich den aktuellen politischen Notwendigkeiten ebenso substanzreich widmen, wie langfristigen Herausforderungen.

Für die politischen Stiftungen gilt demnach auch, was verschiedentlich als Defizit vieler deutscher Beratungsinstitutionen und Think Tanks ausgemacht worden ist: Eine Grundregel für einflussreiche und erfolgreiche Politikberatung ist das „Denken auf Vorrat". Sie muss der politischen Tagesordnung ein Stück voraus sein. Zugleich darf sie von der Agenda aber nicht völlig distanziert und entrückt sein.

Die Chance, dass wissenschaftlich fundierte Erkenntnisse und Empfehlungen im politischen Betrieb Gehör finden, ist größer, wenn die Lösungsvorschläge mit dem Kalender der Politik und mit herausragenden Ereignissen – wie Wahlen, Gipfeltreffen, Parteitagen etc. – eng verknüpft werden. Deshalb dürfen auch die politischen Stiftungen nicht allein in der passiven Rolle des „Informationsdienstleisters" verharren. Sie müssen noch mehr als bisher ein Gespür für Themen, für den Zeitpunkt und für die Präsentation ihrer Ergebnisse in der Öffentlichkeit entwickeln.

Gerade weil sie nicht auftragsabhängig sind, ja aus den politischen Parteien keine Aufträge entgegen nehmen dürfen, haben die politischen Stiftungen hier besondere Chancen, aber auch eine besondere Verantwortung. Dazu gehört bisweilen auch, dass die Stiftungen den Mut haben, Fehlentwicklungen und Versäumnisse mit aller Sensibilität auch bei den Parteien offen anzusprechen, denen sie nahe stehen.

Das setzt das stetige Bemühen um eine klare Profilierung, aber auch um eine Professionalisierung ihrer Politikberatung voraus. Die Konrad- Adenauer-Stiftung ist in diesem Sinne mit allen inhaltlich arbeitenden Hauptabteilungen politisch beratend tätig. In ihrer Hauptabteilung „Politik und Beratung" hat sie allerdings ihr Netzwerkwissen und ihre Beratungskompetenz gebündelt. Hier werden Lösungsansätze erarbeitet, die sowohl praxisorientiert als auch langfristig angelegt und auf die Idee der christlichen Demokratie hin orientiert sind. In vier Arbeitsgruppen werden Entwicklungen in den Bereichen Innenpolitik, Gesellschaftspolitik, Wirtschaftspolitik, Europa-, Außen und Sicherheitspolitik analysiert.

Die besonderen Schwerpunkte entsprechen dabei den überjährigen Leitthemen, die die Stiftung für ihre Arbeit formuliert hat. Dazu gehören die ethischen Grundlagen der modernen Bürgergesellschaft, die Zukunft der europäischen Ordnung und die Soziale Marktwirtschaft.

Im Sinne einer Antennenfunktion werden politisch bedeutsame Entwicklungen und Zukunftsfragen identifiziert. Zu diesem Zweck sind enge Verbindungen zur Wissenschaftslandschaft und zu den „Denkfabriken" in Deutschland notwendig. Darüber hinaus werden Kontakte zu internationalen Organisationen und „Think Tanks" ausgebaut und gepflegt. Die Stiftung insgesamt ist eng eingebunden in Netzwerke und organisiert sie zum Teil selbst. Dazu gehört ein enger Informationsaustausch mit anderen Stiftungen, mit Verbänden und Interessengruppen.

Die Inhalte, die die Stiftung erarbeitet, werden in die politischen Entscheidungsprozesse (in Fraktion, Partei, Administration) eingespeist. Ebenso wird der vorpolitische Raum und werden die jeweiligen „Communities" für politische Herausforderungen sensibilisiert. Das geschieht über Kurzpapiere und schriftliche Analysen, die den Entscheidungsträgern unmittelbar zugeleitet oder über das Internet verbreitet werden. Durch die Teilnahme an den Gremien von Fraktion und Partei und durch die intensive Pflege von Kontakten zu den Entscheidern erfolgt direkte politische Beratung.

Konferenzen und Fachtagungen, zunehmend aber auch Expertenkreise, in denen Abgeordnete, Stabsmitarbeiter und ausgewiesene Wissenschaftler zusammentreffen, tragen zur Sammlung von Expertenwissen bei.

Der enge Kontakt nicht nur zu den politischen Entscheidungsträgern, sondern insbesondere auch zu den Stabsmitarbeitern nimmt dabei eine besondere Rolle ein, weil komplexe Entscheidungen in der Regel auf der Mitarbeiterebene vorbereitet werden. Die Sensibilisierung für besondere Sachverhalte und Problemlagen der politischen Beratung muss bereits auf dieser Ebene und bei diesem Personenkreis ansetzen, wenn sie erfolgreich sein will.

Zur politischen Beratung gehört – wie schon angedeutet – auch die Vermittlung von Inhalten in die breite Öffentlichkeit. Mit Artikeln in Fachzeitschriften und in der Tagespresse, mit Vorträgen vor Multiplikatoren erläutern die Mitarbeiterinnen und Mitarbeiter schwierige Zusammenhänge in verständlicher Form und fördern damit den politischen Diskurs als Kernelement demokratischer Entscheidungsfindung.

Alles in allem: Bei den politischen Stiftungen – wie bei anderen Institutionen – muss politische Beratung letztlich in dem Bewusstsein geschehen, dass nicht das „Gutgemeinte", sondern nur das „Gutgemachte" die Essenz des Politischen ist. Ihr Ziel muss es sein, den drei Qualitäten, von denen Max Weber in seinem berühmten Essay sprach, „Leidenschaft – Verantwortungsgefühl – Augenmaß", Geltung zu verschaffen: Leidenschaft als Sachlichkeit, nicht als sterile Aufgeregtheit; Verantwortlichkeit als verlässlicher und kompetenter Dienst an der Sache; Augenmaß als Fähigkeit, die Realitäten mit innerer Ruhe zu sehen und klar einordnen zu können. Kurz gesagt: Sie muss verlässlich, klar, nüchtern und glaubwürdig sein.

Gelingt es, diesen hohen Anspruch zu erfüllen, dann besteht die Hoffnung, dass die eingangs gestellte Frage von der Gemeinsamkeit zwischen der Politikberatung und den Steuern vielleicht einmal eine andere Antwort finden wird.

Die Verbände als Politikberater und Interessenvertreter

Hermann Lehning

Vertretung der gesellschaftlichen Interessen

Die Gesellschaft

Es gehört zum Gründungsmythos und Grundkonsens der Bundesrepublik Deutschland, dass sich nach den Jahrhunderten der inneren Zersplitterung und in den Katastrophen der Weltkriege eine homogene Nation gebildet hat. Unsere pluralistische Demokratie fußt auf der Fiktion einer homogenen Bevölkerung von nunmehr 80 Millionen Deutschen. Das offene Modell unserer Demokratie, das sich in Abgrenzung zum ehemaligen Ost-Berliner Zentralismus formiert hat, ist als zentralistisch geführtes Gemeinwesen schlechterdings undenkbar. So wenig wie es ein einziges ökonomisches oder auch repräsentatives Zentrum Deutschlands gibt, existiert der eine Repräsentant oder das eine Kraftzentrum einer politischen Bewegung.

Anstelle des einen Souveräns lenkt eine komplexe Gesellschaft der „oberen Zehntausend". Und es ist nicht so, dass auf diesem Parkett ein Steuermann alle Marionettenfäden in der Hand hielte, sondern dass die „Zehntausend", die Tausende und mehr Gruppen repräsentieren, offenbar durch ihre Kommunikation zum einigermaßen reibungsfreien, zumindest friedlichen und effizienten Zusammenspiel innerhalb unseres Gemeinwesens beitragen. Innerhalb dieser Kommunikationsprozesse spielt die gezielte Vermittlung von Informationen zunehmend eine wichtige Rolle. Sie ist die Funktion von Politikberatung und somit auch Hauptaufgabe der Verbände.

Dieses Gemeinwesen ist einem Karren vergleichbar, an dem nicht einer allein zieht. Wollte man doch einen Akteur herausgreifen, es müsste der Unternehmer sein. Der Unternehmer ist das Zugpferd der Gesellschaft. Er allein schafft den Wohlstand als Planer in eigener Sache, vor Ort, problemnah, engagiert, und kostenbewusst sorgt er für den effizientesten Einsatz der zu Marktpreisen erworbenen Ressourcen. In gewissen Grenzen und unter notwendigen Rahmenbedingungen eines echten Wettbewerbs funktioniert der Markt immer noch, und doch gibt es auf der anderen Seite ein beinahe unendliches Potenzial für gesellschaftliche Fehlverteilungen. „Staatsversagen" an die Stelle von „Marktversagen" zu setzen ist keine Alternative. Will man die verfügbaren Ressourcen möglichst effizient und im Hinblick auf eine Steigerung des Wohlstands einsetzen, sind die Betätigungsfelder des Staates stetig zu überprüfen und so weit wie möglich einzuschränken. Gewiss bedarf jede Gesellschaft einer Spange, eines Rechtsrahmens zur Entfaltung. Auch unser Staat stellt öffentliche Güter und den Rechtsrahmen bereit und wird bezahlt von den Steuern seiner Bürger. Der Zugriff auf das Steueraufkommen ist eine Verpflichtung, neue Chancen in der Wirtschaft zu schaffen. Damit ist nicht das Einrichten neuer Subventionstöpfe gemeint. Wer im guten Sinn auf Steuereinnahmen verzichtet, kommt gar nicht erst in Verlegenheit wettbewerbsschädliche Subventionen zu verteilen.

Politik ist dabei der Versuch, orientiert am Gemeinwohl, Lösungen für anstehende Problembereiche voranzubringen. Sie muss gesellschaftliche Spielräume öffnen, für die es keine Patentlösungen, sondern politische Lösungen gibt. Bei jeder Lösung wird gesellschaftlichen Gruppen etwas genommen, anderen etwas gegeben oder allen etwas genommen. Politikberatung ist in diesem Sinn in erster Linie eine Vermittlung zwischen unterschiedlichen Interessen von Staat und Unternehmen.

Gesellschaftliche Gruppen

Auf den zweiten Blick sind die 80 Millionen Deutschen gar nicht so homogen. Sie sind Kinder oder Eltern, Unternehmer, Arbeitslose, Sozialhilfeempfänger, Freiberufler oder Rentner, sind Protestanten oder Katholiken, sind Sportler und Nichtraucher, etc. und häufig mehreres zugleich. Diese Aufzählung ist beliebig erweiterbar. Wir alle lassen uns über Wahlen repräsentieren und regieren von einer Bundesregierung und sechzehn Landesregierungen einschließlich des Bundesrates. Ferner existieren die kommunalen Vertretungen und die Bundesversammlung.

Aber wir organisieren uns auch selbst. Im Pluralismus ist es legitim, dass die gesellschaftlichen Kräfte Vereinigungen bilden. Das Grundgesetz garantiert ihnen die Möglichkeit, ihre Ziele und Interessen zu artikulieren. Traditionelles Instrument gesellschaftlicher Gruppen sind die Verbände. Sie sind somit gleichermaßen Instrument und Akteur organisierter Interessenvermittlung, bzw. Politikberatung. Juristisch stützen sie sich auf das Vereinsrecht. Abgesehen von haftungsrechtlichen und formalrechtlichen Mindestanforderungen sind die Verbände frei in ihrem Handeln. In ihrem Auftreten, ihrer Beteiligung am Meinungsbildungs- und Entscheidungsprozess der Politik sind sie den übrigen politischen Gruppierungen gleichzusetzen. Ihre Legitimationsbasis wird allerdings unterschiedlich interpretiert. Die Kirchen artikulieren nicht Wissensausschnitte, sondern „Glauben" an die Ganzheitlichkeit der „Schöpfung". Die übrigen Verbände sind sich bewusst, dass sie immer nur selektive Wissensausschnitte der Wirklichkeit aus ihrem Blickwinkel beleuchten.

Auch die am Marktgeschehen Beteiligten organisieren sich: Unternehmer, Arbeitnehmer und Verbraucher. Die gesamte Produktherstellungskette bis zum Konsum ist begleitet von organisierten Interessen. In jeder Phase formulieren weitere Gruppen neue Aspekte der einen Wirklichkeit des gemeinsamen Zusammenlebens.

Zahlreiche Beispiele sind denkbar: Das Automobil ist ein treffendes Beispiel, um das vielfältige Ineinandergreifen von Akteuren verschiedenster Interessenlagen in unserer höchst komplexen Gesellschaft zu beschreiben. Das Auto wird industriell hergestellt.

Alle Industrien sind organisiert im BDI (Bundesverband der Deutschen Industrie e.V.), dort Mitglied sind der VdA (Verband der Automobilindustrie e.V.) und der VCI (Verband der Chemischen Industrie e.V.), neben dem VIK (Verband der Industriellen Energie- und Kraftwirtschaft e.V.) und zahlreichen anderen Industrieverbänden. Die Vorleistungsbranche Chemie mit ihren Fachverbänden ermöglicht indirekt die Stahlerzeugung und produziert direkt die chemisch hergestellten Komponenten. Stahl wird zum Beispiel „chemisch" gehärtet, die Entwicklung neuer Produktionsverfahren wird unter anderem gefördert durch die DFG (Deutsche Forschungs-Gemeinschaft). Die meisten Forscher sind Mitglied im Deutschen Hochschullehrerverband (DHV). Aber auch die Wirtschaftsvereinigung Stahl und das Stahlinstitut VDE unter dem Dach des „Stahl-Zentrums" arbeiten an der Entwicklung neuer Verfahren. Die Erzeuger der Hochleistungs-Kunststoffe, die im Auto verbaut sind, sind organisiert im Verband Kunststofferzeugende Industrie (VKE), die Formgeber und Produkthersteller sind Mitglieder des Gesamtverbands Kunststoffverarbeitende Industrie (GKV). Die berühmte Technologieführerschaft der deutschen Automobilindustrie fußt aber auch auf Innovationen in der Nanotechnologie (z.B. Hochleistungslacke) und besonders der Elektronik (Zentralverband Elektrotechnik- und Elektronikindustrie, ZVEI).

Ohne Energie geht in der Produktion nichts. Eine sichere Energieversorgung verlangt Planungssicherheit. Investitionen in Atomkraftwerke sind nach der erfolgreichen gesellschaftlichen Lobbyarbeit von Greenpeace sowie anderen Ökologie-Verbänden und –Akteuren inzwischen ausgeschlossen, auch diese Zukunftsoption in einem nationalen Alleingang ad acta gelegt. Der einseitige Ausstieg der Bundesrepublik Deutschland aus der Kernenergie ist in Europa beinahe einmalig. Zusätzlich stehen die energieintensiven Industrien Chemie und Stahl durch steigende Strompreise als Folge des Erneuerbare Energien Gesetzes – initiiert von Solar-, Windkraft- und anderen -verbänden - national unter immer stärkerem Kostendruck. Wenn nun auch die Investitionen in Kraftwerke mit fossilen Brennstoffen aufgrund der Aktivitäten der Klimaschutz-Advokaten zurückgestellt werden, kann die Energieversorgung in den nächsten Jahrzehnten nicht mehr durchgängig garantiert werden. Die notwendige Kostensenkung erfolgt durch Arbeitsplatzabbau. Bedrohlich beschleunigt werden die Prozesse

durch die zunehmende „Globalisierung". Isolierte Lösungen und wettbewerbsig-
norante nationale Alleingänge fordern am Ende ihre Opfer.

Die Automobilhersteller als Arbeitgeber sind organisiert im Gesamtverband der
metallindustriellen Arbeitgeberverbände „Gesamtmetall" und im Verbändever-
band der BDA (Bundesvereinigung der Arbeitgeberverbände). Die Arbeiter und
Angestellten sind organisiert in der Industriegewerkschaft Metall und die Kon-
strukteure des Autos sind als Berufsstand zusammengeschlossen im VDI (Verband Deutscher Ingenieure).

Um fahren zu können, benötigt das Auto Benzin. Die entsprechenden Anbieter sind im Mineralölwirtschaftsverband (MWV) zusammengeschlossen.
Viele Autobesitzer sind auch Mitglied eines Hilfevereins, wie dem ADAC oder
dem AvD. Die Sicherheit im Straßenverkehr erhöhen Crash-Tests der DEKRA.
Auch die Expertise der Bundesarbeitsgemeinschaft Kindersicherheit fließt in
Design und Ausstattung mit ein. Alte Autos müssen irgendwann entsorgt werden.

Der Verband der kommunalen Entsorgungswirtschaft ist der VKU (Verband
kommunaler Unternehmen). Er trägt für die Wiederverwendung der Metall- und
Kunststofffraktionen und Zuleitung an die Metall- und Kunststoff-Industrie Sorge.

EU-Zwänge kommen hinzu. Gegenwärtig plant Brüssel, den Lebensweg jedes Produkts vom Design bis zur Verwertung einer „integrierten Produktpolitik"
zu unterwerfen, die dem Hersteller aber auch dem Verbraucher umfassendste
Vorschriften macht. Neu im Vergleich zu den bisherigen Regulierungen ist, dass
nicht mehr nur das *Produkt* sicher sein muss, sondern auch der *Prozess* seiner
Herstellung sowie seines Ge- und Verbrauchs überwacht und auf ökologische
Standards hin geprüft wird.

Bei der Auseinandersetzung all dieser Akteure geht es immer auch um die
ideologische Ausgestaltung des Rechtsrahmens. Es geht stets um die Frage, wie
wollen wir leben? Nur in Sicherheit und im Wohlstand? Oder auch ökologisch
und „gerecht"? Dabei gibt es fast so viele Konzepte, wie es Gruppen gibt. Ziele
stehen miteinander im Konflikt, nur im Ausnahmefall sind zwei komplementäre
Ziele gleichzeitig zu erreichen (win-win).

Was ist Gerechtigkeit? Gerechtigkeit heißt häufig immer noch oder immer
wieder: Für andere die ursprünglich offene Zukunft festlegen, Grenzen bestimmen, Markteintrittsbarrieren aufrichten. Die Ökonomen sprechen von Marktzu-
gangsbeschränkungen, wenn der Zugang zu Märkten und Institutionen an for-
male und inhaltliche Voraussetzungen geknüpft ist. Die Handwerksordnung ist
ein Beispiel, bei dem etablierte Mitglieder einer Gesellschaft eine der vielen
Ordnungen verteidigen, die einer von vielen besonderen Traditionen verpflichtet
sind und die vom Staat sanktioniert werden. Gegenwärtig üben sich SPD und

Bündnisgrüne im Aufbrechen des Meisterprivilegs, während CDU, CSU und die FDP gegenhalten.

Gesellschaftliche Gruppen, vertreten durch die Verbände, beobachten die Vorhaben der Politik und prüfen jede Maßnahme im Hinblick auf die Auswirkungen auf ihre Mitglieder. Sie kämpfen um den Erhalt eines bestimmten Zustandes, sofern er den Mitgliedern nützt und sie versuchen, Maßnahmen, die ihrer gesellschaftlichen Gruppe schaden, durch Aktivitäten gegenüber der Politik zu verhindern. Keine Gruppierung kann es sich leisten, nicht vertreten zu sein. Sie gerät sonst ins Hintertreffen. Wettbewerbsbranchen, andere Gruppierungen und die Politik steuern jeweils ihre eigenen Wege. Da gesellschaftliche Gruppen naturgemäß gegenläufige Interessen haben, sind die Widerstände gegen bestimmte politische Maßnahmen durch die Politiker mit Hinblick auf die Verhaltensweisen der Gruppierungen entsprechend relativierbar. Deshalb ist die Behauptung, die Interessengruppen beherrschten die Politik, respektive die Parteien irreführend. Verantwortlich – auch gegenüber dem Wähler – sind die politischen Parteien. Rücksichtnahme auf politische Gruppierungen entspricht ihren Interessen. Insofern sind oft Forderungen der gesellschaftlichen Gruppen deckungsgleich mit parteipolitischen Forderungen.

Eine Formel für die Definition des Allgemeinwohls ist eine Illusion. Die Politik setzt ihre Prioritäten. Wünschenswert wäre es, wenn die Prioritäten von den Notwendigkeiten der gesamten Volkswirtschaft bestimmt wären.

Das Parlament

Der Deutsche Bundestag repräsentiert in der Person von 603 Abgeordneten das deutsche Volk. Eine Anforderung an das Parlament ist es, gesetzliche Problemlösungen zur Ausgestaltung des Rechtsrahmens zu schaffen. Wie wird ein Parlament zur Problemlösungsmaschine und inwieweit muss es dabei beraten werden, beziehungsweise wo kann die beratende Funktion der Verbände als Interessenvertreter bei der Arbeit des Parlaments einsetzen?

Für jede Information gibt es immer mindestens zwei Lesarten. Jeder Abgeordnete, der sich über Probleme verständigen will, muss eine Information interpretieren können. Er hat ein Grundwertegerüst, ein Modell, landläufiger gesagt, ein Vorurteil für das Problem. Zum Beispiel ist die Arbeitslosigkeit für den einen ein Resultat der Kostenbelastung des Faktors Energie. Für einen anderen erscheint hingegen die verstärkte Belastung des Faktors Energie als Teil der Lösung des Problems. Aber Vorurteile sind nicht schlecht, sie sind sogar notwendig, weiß der Erkenntnistheoretiker Popper. Wenn ein Verbandsvertreter einen Abgeordneten, der als Berichterstatter seiner Fraktion ein Problem erklären muss, mit Informationen versorgt, so muss er bereits im Vorhinein wissen, dass dieser die Informationen in sein Grundwertegerüst einbauen wird. Zuerst kommt

immer der einzelne Abgeordnete, dann die Fraktion und die Partei, die ihn auf-
gestellt hat, weil ihm eine gewisse Lesart von Problemen liegt, weil er die grundsätzliche Ausrichtung der Lösungsvorschläge seiner Partei richtig findet.
Jetzt kommt das Parlament ins Spiel. Erst durch Rede und Gegenrede seiner
Repräsentanten kann ein Volk über die Probleme des Landes Bescheid wissen.
Natürlich steht dabei jeder Bürger auf der einen oder anderen Seite, jeweils dort,
wo er sein Problem treffender angesprochen sieht. Die Funktionen des Parlaments sind nach Walter Bagehot, „The English Constitution" von 1867, die Wahl
der Regierung (elective function), Artikulation und Diskussion der politischen
Grundfragen (expressive function), die Kontrolle der Regierung (teaching function) und die Information der Öffentlichkeit darüber (informing function). An
hinterer Stelle kommt die Gesetzgebung (function of legislation).
Ganz nach vorne stellt Bagehot also die Nation, verkörpert im Souverän.
Diese Wahrnehmung des geschlossenen Ganzen unterstellt einen homogenen
Körper mit zwei Flügeln. Tatsächlich braucht jede Seite des Parlaments um zu
funktionieren eine große homogene Mitte. Zugleich sollte darin jedem Partiku-
larinteresse und jedem Vorurteil eine Stimme gegeben werden, damit es seinen
Aufgaben der Artikulation, der Belehrung und der Information der Öffentlichkeit
gerecht werden kann.

Die Parteien

Die Parteien sind nicht immer nur vom Notwendigen geleitet, sondern häufig
auch von den Zukunftsvisionen hingerissen. Nicht selten versteigen sich Parteien
in irreale Vorstellungen, wenn sie ihre gesamtgesellschaftliche und demokratische Aufgabe wahrnehmen und neuen Strömungen eine Stimme zu verleihen
versuchen. Im Idealfall nehmen sie gesellschaftliche Strömungen auf. Zuweilen
stehen auch ganz neue Fragen auf der Agenda. Plötzlich werden „Güter" erfun-
den und mit Preisen belegt, die mit naturwissenschaftlicher Notwendigkeit und
Unausweichlichkeit dem „Auspuffrohr" jedes Produktionsprozesses entweichen
(Kohlendioxid ist nach den beiden Hauptsätzen der Thermodynamik der Endzu-
stand jeder hoch energiehaltigen Kohlenstoffkette). Der so genannte „Klima-
schutz" unterwirft jede Produktion einer Sondersteuer, die besonders in Kon-
junkturphasen ihre Zähne zeigen wird, und verbannt die Systeme mit hohem
Energieverbrauch aus dem Sortiment der volkswirtschaftlichen Güterproduktion.
Im Extremfall wird für die Stilllegung von Produktionen und Verlagerung in die
Welt außerhalb des Regulierungsbereichs noch eine „Stilllegungsprämie" ausge-
zahlt. Volkswirtschaftliche Wertschöpfung geht verloren. Selten rücken hoch-
produktive Zukunftstechnologien an die Stelle der vertriebenen. Die Folge wäre
im besten Fall Stagnation. Wahrscheinlicher ist der gegenwärtig beobachtete

„freie Fall" eines einmal wohlhabenden Landes im Gravitationszentrum der Europäischen Union.

Parteien integrieren auf der Grundlage eines Grundwertegerüsts zusätzlich Partikularinteressen. Doch zuallererst repräsentieren Parteien eine Strömung. Als erfolgreiche Verkörperung einer Strömung sind sie überhaupt erst mehrheitsfähig. Die Solar-Lobby und die Windkraft-Lobby schwimmen zum Beispiel mühelos im Kielwasser der Ökologie-Strömung auf der Welle des Klimaschutzes. Jedoch zehren sie mit ihrem Hunger nach Subventionen selbst Grundlagen der Industriegesellschaft auf, die sie nicht selbst garantieren und fortführen können, weil ihre letzte Konsequenz auf das Programm der Agrargesellschaft hinausläuft: das Sammeln von Sonnenenergie in der Fläche.

Es gehört zur Perfidie der Politik, dem Wähler immer nur die diesseitige Hälfte des neuen Evangeliums zu erzählen. Dennoch kommt im Tagesgeschäft der Politik keine Lyrik ohne ausformulierte Parteiprogramme aus. Der Programmkatalog und die angekündigten Maßnahmenbündel sind wichtige Instrumente im Kampf um Mehrheiten. Politik ist die Aufgabe einer permanenten Suche eines Ausgleichs von Klientelpolitik und Gemeinwohl, manchmal wird sie von Politikern selbst missverstanden als Ausgleich zwischen Programmpunkten und Erzählung. Bei Wahlen mag kurzfristig die lyrische Erzählung hinreichen für den Erwerb der Mehrheit. Die Mehrheit organisiert daraufhin die Gesetzgebung. Spätestens jetzt muss sich Politik aber den harten Realitäten stellen.

Die Homogenität der politischen Parteien ist abhängig von den Belastungen, die den gesellschaftlichen Gruppen, die sie vertreten, zugemutet werden können. Da die Parteien den Transmissionsriemen bilden zwischen der gesellschaftlichen Vielheit und der notwendigen Einheitlichkeit des Gemeinwesens, provozieren sie geradezu die Artikulation gesellschaftlicher Gruppen. Einerseits werden Parteien durch gesellschaftliche Gruppen getragen, andererseits sind gesellschaftliche Gruppen Gegenspieler der Parteien; es kann sich um die gleichen Gruppen handeln. Bestes Beispiel sind die Gewerkschaften als gesellschaftliche Gruppe, die einerseits eine rot/grüne Bundesregierung tragen, andererseits politische Zielsetzungen aufgrund ökonomischer Probleme nicht mittragen können und sich widersetzen.

Um die Legitimation und die Arbeitsweise von Interessenverbänden erklären und verstehen zu können, ist es unumgänglich, die Gesetzesmacherei zwischen Bundestag, Bundesregierung, Landesregierungen, bzw. Bundesrat zu betrachten.

Das Gesetzgebungsverfahren

Die Bundesregierung stützt sich auf die Mehrheit des Deutschen Bundestages und bestimmt über die Zuteilung der Steuergelder an die Ressorts und mit welchem Geld welche politischen Ziele umgesetzt werden sollen. Übernehmen Fraktionen zum ersten Mal die Macht, fließen besonders viele Wahlkampfversprechungen ein. Die Wirklichkeit bei der Machtübernahme wird zunächst negiert. Um eine Materie gesetzesreif zu machen, muss zunächst die Notwendigkeit einer Reform fokussiert werden. Die Notwendigkeit erklärt man damit, dass der Ist-Zustand unhaltbar ist und nur ein neues Gesetz Abhilfe schaffen kann. Man erzeugt einen Erwartungshorizont. Wenn das Gesetz durch alle Körperschaften durch ist, kommt es diesem Horizont nicht nahe. Das anschließende Vollzugsdefizit mindert weiterhin die Einwirkungsmöglichkeiten, so dass unter dem Strich für die Betroffenen neue Vorschriften zu beachten sind und punktuelle Neuerungen meistens nur in Form von Auflagen geschaffen wurden. Aber das ist ein langer Weg.

Zunächst obliegt es der Ministerialbürokratie, die weniger eine Exekutivfunktion als viel mehr eine Beratungsfunktion hat, für den Gesetzgeber einen Gesetzentwurf zu formulieren. Er muss aus der geltenden Rechtslage heraus den vorgegebenen Zielsetzungen entsprechen, andererseits rechtstechnisch wenig angreifbar sein. Keimzelle für die Gesetzesarbeit ist in einem Bundesministerium das Referat. An seiner Spitze steht der Referatsleiter, unterstützt durch Referenten. Einem von ihnen obliegt die Aufgabe einen Gesetzentwurf zu formulieren, unter Berücksichtigung der eben genannten Vorgaben. Für seine Arbeit benötigt er Informationen.

Um Fakten über zu regulierende Materie zu bekommen, muss er sechzehn Länderregierungen konsultieren. Ein schwieriges Unterfangen – womöglich noch unter zu Hilfenahme von Aussagen und Unterlagen des statistischen Bundesamtes und anderer oberster Bundesbehörden.

Hier liegt die Chance der Verbände. Sie ersetzen der Ministerialbürokratie die fehlende Zentralverwaltung. Sie haben die Fakten zur Hand. Sie können die Folgen von Gesetzesänderungen oder neuen Gesetzen abschätzen. Sie haben schnell Formulierungen parat. Ihr Ziel ist es, diesen Wissensvorsprung zu nutzen, um eigenen Interessen und Argumenten Gehör zu verschaffen. Die beratende Funktion der Verbände im Sinne von Informationsbereitstellung ist dabei eng mit der Funktion der Interessenvertretung verbunden. Aufgabe des Ministerialbeamten ist es, all die Informationsangebote zu sichten, das Für und Wider abzuwägen und in der Diskussion mit den Verbänden Vorschläge zu formulieren. Nicht von ungefähr sieht die Geschäftsordnung der Bundesregierung vor, dass Gesetzentwürfe, bevor sie vom Bundeskabinett verabschiedet werden, eine so genannte Bund/Länderanhörung und eine Anhörung der Spitzenverbände der Wirtschaft absolviert haben müssen. Die Arbeit an dem Gesetzentwurf vollzieht sich nicht im luftleeren Raum, sie erreicht schnell die betroffenen Kreise. Und sie interessiert die Medien (die Öffentlichkeit) wenn es publikumsrelevante Folgerungen gibt. Ebenso wenig ist auszuschließen, dass einerseits die politischen

Parteien als Initiatoren des Gesetzes oder Bundesregierung als vorbereitendes Organ oder aber die Betroffenen, die später dem Gesetz unterliegen, sich über ihre Verbände der Medien bedienen.

Im Zuge der Abarbeitung der strittigen Fragen nach der Bewährung des neuen Gesetzes an der gesellschaftlichen und sozialen Wirklichkeit von Seiten der Verbände entsteht eine „Gemengelage", die das Spiel um den Gesetzentwurf eröffnet, lange bevor das Parlament als der eigentliche Spieler zum Zuge kommt. Innerhalb des vielstimmigen Chors der Interessengruppen werden Parlament und Bundesregierung gebraucht für die Richtungsentscheidung. Einmal gemachte Gesetze bedürfen der fortgesetzten Eingriffe des Gesetzgebers. Gesetze müssen angepasst werden an die Wirklichkeit des Vollzugs, für den die Bundesländer verantwortlich sind. Mit dem Vollzug von Gesetzen ändert sich die Wirklichkeit selbst, werden wirtschaftliche Prozesse beschleunigt, z.B. die Deindustrialisierung, werden soziale Prozesse initiiert, z.B. die Erwerbslosigkeit durch Frühverrentung und Alimentierung der Arbeitslosigkeit. Spätestens die Rückwirkungen auf die Kassenlage des Bundesfinanzministers fordern dann neue legislative Eingriffe.

Die Richtschnur für den Beamten sind die Koalitionsvereinbarung und die entsprechenden Regierungserklärungen. Nach der referatsinternen Diskussion des Entwurfs wird die Abteilung einbezogen und schließlich die übrigen Abteilungen und die betroffenen Verbände. Dann erfolgt der Versand an die mitbeteiligten Ressorts. Hiernach beginnt ein Feilen und Feilschen an den Zielsetzungen und Formulieren, die meistens zu Abstrichen, zu Kompromissen und zu Komplizierungen führen. Die Gespräche finden zunächst auf Ebenen der Referatsleiter statt. Nicht lösbare Probleme werden sukzessive der nächst höheren Instanz zugewiesen. Auf die Referatsleiter folgen die Unterabteilungsleiter, die Abteilungsleiter und die Staatssekretäre. All diese Stufen geben der Lobby die Möglichkeit, über ihre Kanäle die handelnden Personen in all den genannten Ebenen anzusprechen und sie zu munitionieren. Die abschließende Verabschiedung durch das Bundeskabinett ist meistens nur noch Formsache. Die in der Öffentlichkeit vorgelegte Entscheidung, dass die Bundesregierung dies oder jenes beschlossen hat, wird von vielen dann schon als gegeben hingenommen. Doch der eigentliche Diskussionsbedarf mit dem Parlament beginnt erst danach.

Funktioniert Politik und Politikberatung in Berlin anders als in Bonn?

Jedes politische System unterliegt dem Wandel der Zeitläufte. Verfassungen und Regeln werden von anderen Menschen zu anderen Zeiten an anderen Orten anders gelebt. Zwischen meiner Anfangszeit als Leiter der Verbindungsstelle des VCI in Bonn 1974 und meinem Abschied in Berlin 2004 liegt eine Zeitspanne von 30 Jahren. Berlin liegt 500 Kilometer östlich von Bonn und von der Rheinschiene.

Die Epoche Bonn endet mit der Wiedervereinigung Deutschlands und dem Zerfall der Sowjetunion. Die bis dahin wirkende Konkurrenz der Systeme führte zu einem Grundkonsens im „Frontstaat" Bundesrepublik Deutschland. Zum Grundkonsens zählte neben der Westbindung das Programm der Integration in ein Europa wirtschaftspolitischer Dogmen. Dazu gehörten eine strikte Wettbewerbsordnung und weitere wirtschaftliche Rahmenbedingungen für Wachstum. Der Eigentumsgedanke erhält seine Dynamik erst durch einen stringent organisierten Wettbewerb, Eigentum braucht Wettbewerb. Doch Wettbewerb entsteht nicht ohne Schutz des Eigentums. Der Sozialstaat kann nur finanziert werden auf der Grundlage von Wachstum, Wenn er „überbordet" und am Eigentum als Begriff und Größe zehrt, stellt er seine Grundlage in Frage. Der ursprüngliche Grundkonsens geriet im Verlauf der letzten 30 Jahre zunehmend in Gefahr. Nach dem Fall der Mauer scheint er uns abhanden gekommen zu sein.

In Bonn war die Mitwirkung der Verbände legitimiert im Kreis der Akteure von Parteien, Parlament und Regierung. Eine überschaubare Zahl von Akteuren bestimmte die Regeln der Verfahren und des Umgangs. Bonn profitierte dank der wirtschaftlichen und wissenschaftlichen Potenz von der sich abzeichnenden Globalisierung. Inzwischen haben die Wettbewerber uns eingeholt und sind dabei uns zu überholen, so geschehen in der Photo-Industrie, in der Pharma-Industrie, inzwischen auch im Fahrzeugbau. Die abnehmende Wettbewerbsfähigkeit Deutschlands stellt Fragen an die Politik. Angemessene Antworten kann allerdings nur geben, wer auch die Fragen richtig gestellt hat. Politiker verstehen und beschreiben generelle Herausforderungen stets mit national besonderen Lesarten. Politik will nicht aus ihrer nationalen Haut.

Die Antwort, die die Berliner Regierung seit dem Umzug auf die Herausforderungen der Globalisierung gibt, darunter die stärkere Nationalisierung in der Energie- und Umweltpolitik, ignoriert die Herausforderungen und die Folgen der Globalisierung und der Erweiterung Europas. Auf Dauer lässt sich jedoch keine Realität leugnen. Die Globalisierung tritt mit dem Wechsel nach Berlin trotz oder wegen der Vernachlässigung der Wiedererrichtung eines Ordnungsrahmens für mehr Wettbewerbsfähigkeit sogar stärker zu Tage. Die freiwillig gewählte Einengung der Handlungsoptionen hat mitnichten „das weite Feld" der Realität eingegrenzt. Im Gegenteil wurden mit dem Schaffen vollendeter Tatsachen in der Energiepolitik lediglich die Zukunftsoptionen, d.h. die Freiheit eingeschränkt, nicht die Zukunft selbst. Generell gilt, dass in einer im Zuge der Globalisierung immer komplexeren Welt die Bedeutung von Politikberatung größer wird. Wo die Zahl der Akteure zunimmt oder Zusammenhänge unübersichtlicher werden, ist die Vermittlung von Informationen und auch Interessen notwendiger denn je, um Probleme effektiv und effizient bekämpfen zu können.

Verbände bündeln Interessen einzelner Unternehmen. Insofern geht ihre Funktion über die Interessenvertretung hinaus. Komplexitätsreduktion ist ebenso elementarer Bestandteil ihrer Arbeit und in unserer komplexen Gesellschaft notwendig für das Funktionieren des parlamentarischen Betriebs.

Der grundlegende Regierungswechsel von 1998 hat eine steuernde Politik ins Leben gerufen, die Schutzziele betont und die bewusst stärker in das wirtschaftliche Geschehen eingreift, um Deutschland für eine bestimmte Vorstellung, man ist versucht zu sagen, für eine Prophezeiung von Zukunft vorzubereiten. Die Bonner Zukunft war offen gestaltet. Und von der Zukunft der „Bonner Republik" war vor dreißig Jahren ebenso wenig bekannt, wie von jener der „Berliner Republik" in dreißig Jahren, zumindest sind alle Voraussagen des Club of Rome und anderer Fortschrittspessimisten nicht eingetroffen. Dafür weiß Rot-Grün heute umso mehr. In jeder Planwirtschaft muss der Planer sich so inszenieren, als wüsste er, wie die Zukunft auszusehen hat. Die Neigung zur Beobachtung des Prophezeiten lässt Berlin im Unterschied zu Bonn immer mehr das Odium der Mangelverwaltung und des Globalisierungsabstiegers anhaften. Nationale Ökosteuern, weitere Energiesteuern und –abgaben, Verbraucherschutzpolitik und Chemikalienpolitik sollen globalisierte Strukturen verändern und auf nationale Maßstabsgröße zurückstutzen, jedoch bauen sie keine neuen auf, zumindest nicht im Sinne einer offenen, dynamischen Zukunft. Es gibt ein altes Wort für die neue Berliner Bescheidenheit und Selbstgenügsamkeit: Autarkie. Fortschrittsvorstellungen von Rot-Grün, die über das Programm einer statischen Gesellschaft hinausgehen, gibt es bei kühler Betrachtung keine, obwohl die Berliner Zukunftspolitik äußerst vielschichtig und vielgesichtig inszeniert und gestaltet wird. Sie bringt, da die Homogenität der bisherigen Verbandslandschaft unterhöhlt wird, ein Mehr an Beteiligten im nationalen Maßstab und eine Vielzahl externer Berater als Folge einer Einzelfallpolitik, während sie zugleich die Entwicklung jenseits der nationalen Grenzen ignoriert.

Der Regierungswechsel hat auch zu einer sanften Entmachtung des Deutschen Bundestags geführt. Selten hat ein Bundeskanzler so viele Bundesminister berufen, die nicht dem Parlament angehörten. Lieber vertraut der Bundeskanzler auf die ehemaligen Ministerpräsidenten Eichel, Stolpe, Clement und Klimmt, die in Hessen, Brandenburg, Nordrhein-Westfalen und dem Saarland wenig Fortune hatten. Es wurden auch selten so viele Kommissionen eingesetzt, die politische Lösungen vorbereiten sollten und die Kontroverse aus dem Deutschen Bundestag im Wesentlichen herausgehalten haben. Verknüpft sind die außerparlamentarischen Lösungen mit den Namen Hartz, Rürup, Weizsäcker und anderen. Das fehlende Vertrauen in die Problemlösungskompetenz der eigenen Fraktion stärkt ungewollt die Mitwirkungsmöglichkeit der Berater. Verlierer sind neben den Abgeordneten die Verbände. Politikberatung im Berlin des Jahres 2004 hat damit einerseits wegen der gestiegenen Zahl der Akteure enorm an Bedeutung gewonnen. Aber sie hat sich auch darüber hinaus verändert. Die ausufernde Kommissionsmentalität mindert die Chancen der Verbände, Interessen zu kommunizieren und vernachlässigt die Chancen, die beispielsweise über die Interessen- und Informationsbündelung in der Zusammenarbeit zwischen Parlament und Verbänden stecken.

Die multinational agierenden Unternehmen müssen auf dem wichtigen europäischen und deutschen Markt partikulare Vorteile durch eigene Lobbyarbeit in den Kommissionen, bei der Bundesregierung und im Parlament suchen, um die Auswirkungen der direkten Eingriffe der Politik zu mindern.

Wenn die eigene Lobbyarbeit auf dem politischen Parkett für den Unternehmer wichtiger wird als die Auseinandersetzung mit dem wirtschaftlichen Wettbewerber um Märkte, dann erfordet das Ergattern von Subventionsvorteilen und Einzelfall-, bzw. Ausnahmeregelungen die Präsenz in Berlin, in letzter Konsequenz von jedem einzelnen Unternehmen. Berlin hat für die Unternehmer nur einen Nachteil. Die Stadt ist und liegt industriefern. Bonn – an der Rheinschiene – war eingebunden in die nahen Entscheidungszentren der Wirtschaftsgroßräume und -kraftzentren der Republik an Rhein und Ruhr sowie Rhein und Main. Hinzu kommt, dass Beamten und Journalisten in Berlin heute die tägliche Anschauung fehlt, die in Bonn durch Medien, Augenschein und Verbände vermittelt wurde. Die Berliner Akteure werden stark durch den Alltag einer Dreimillionenstadt absorbiert. In Bonn war die Wettbewerbsordnung Grundlage und Legitimation für die Bedeutung der einzelnen Verbände. Eine Subventions-, Verbraucherschutz- und Umweltschutzpolitik hingegen verdrängt auf Dauer die traditionellen Verbände.

Sicher hat der Bundesumweltminister nicht mit dem Verteilen von Subventionen begonnen. Bemerkenswert ist die Leistung Jürgen Trittins aber dennoch: Niemand hat es zuvor geschafft, sich binnen drei Jahren eine eigene Lobby großzuziehen. Dahinter steht der Glaube an die Steuerbarkeit einer Gesellschaft durch die Politik. Jedoch trifft das eine so wenig zu wie das andere: weder steuern Verbände die Politik, noch sind sie selbst politisch steuerbar. Politikberatung kann Interessen und Informationen vermitteln und insofern politische Prozesse katalysieren, steuernd wirken kann sie in keiner Richtung. An die Adresse der Politik ist immer wieder neu die Aufforderung nach leadership, nach Prioritäten und Entscheidungen in der „Gemengelage" zu richten, mal in die eine, mal in die andere Richtung, aber immer auf der Grundlage einer stringenten Wettbewerbsordnung in der sozialen Marktwirtschaft. An die Adresse der Verbände kann man immer nur wieder die bekannte Flaschenpost abschicken: nur verlässliche Informationen, nur kompetente Ansprechpartner, die der Regierung und dem Parlament beim Machen realitätstauglicher Gesetze wirklich helfen, werden auf Dauer und über die Legislaturperioden und Regierungszyklen hinweg auch ernst genommen. Mithilfe welcher Brille die vermittelten Informationen zu interpretieren sind, das weiß, wer den Standort des Informanten kennt.

Freiheit gilt es immer wieder neu zu erkämpfen. Freiheit gilt es aber auch auszuhalten.

Lobbying ist keine Einbahnstraße

Heinrich Timmerherm

Greiner: Würden Sie sich selbst als Lobbyist bezeichnen?

Timmerherm: Ja.

Leinert: Vielleicht eine kurze Ausführung dazu? Warum? Oder wie Sie den Begriff „Lobbyist" begreifen und warum Sie sich deswegen so klar als Lobbyist bezeichnen?

Timmerherm: Ich verstehe Lobbying als Interessenvertretung und ich vertrete die Interessen der BMW Group bei Parlament und Regierung. Interessenvertretung ist nichts Anrüchiges. Ich weiß, dass Lobbying vom Begriff her hier in Deutschland eher etwas negativ besetzt ist. Das ist in Brüssel oder auch in Amerika anders. Ich glaube, man sollte einfach offensiv vertreten, dass wir die Interessen eines Unternehmens oder die Kollegen die Interessen eines Verbandes, vertreten.

Greiner: Sie waren etliche Jahre auf Seiten von Exekutive und Legislative im weitesten Sinne mit dem Thema „Verkehr" befasst. Was hat Sie dazu bewogen, nach so langer Zeit, sozusagen innerhalb der Verkehrsbranche, die Seiten zu wechseln? Von der Seite der Beratenen auf die Beraterseite?

Timmerherm: Ich habe in der Zeit als Mitarbeiter bei einem Abgeordneten, der gleichzeitig auch Parlamentarischer Staatssekretär im Verkehrsministerium war, die „andere Seite" gut kennen gelernt. Die Verbände, die in der Verkehrswirtschaft tätig sind, die Verkehrsbetreiber, sind oft zu uns gekommen und haben ihre Sorgen geäußert. Zum Beispiel zum Zeitpunkt der Bahnreform, als interessante politische Entscheidungen anstanden. Ich habe das eigentlich als sehr positiv empfunden, wie die Verbände ihre Meinung geäußert haben und wie wir auf der politischen Seite versucht haben, die unterschiedlichen Anliegen der anderen Seite, der Lobbyisten, abzuwägen, aber auch gedanklich mit in die Umsetzung des Projekts Bahnreform, als Beispiel, einzubauen.

Das heißt also, ich habe die Arbeit der Verbände eigentlich als sehr positiv, der Lobbyisten als sehr positiv empfunden. Sicherlich ist die Arbeit der Lobbyisten manchmal einseitig, sicherlich auch manchmal fordernd, aber da waren wir natürlich auch schlau genug, das eine von dem anderen unterscheiden zu können.

Und das Richtige, das Gute, das Beste, nach unserer Ansicht, rauszuholen aus dem Sachverstand, der bei den Verbänden vorhanden ist.

Greiner: Sie fordern also auf Seiten der politisch Verantwortlichen abzuwägen, zwischen überzogenen Forderungen und zwangsläufig sich ergebenden Positionen?

Timmerherm: Ja, Lobbying entspricht für mich dem Bild eines Gerichtes. Der Richter ist wie der Abgeordnete der Entscheider, der die unterschiedlichen Auffassungen mehrerer Seiten vor Gericht erfährt, erfragt und dann, mit seinem eigenen Sachverstand ein Urteil fällt. Das heißt, der Abgeordnete muss die Souveränität behalten, die unterschiedlichen Informationen, die er bekommt, abzuwägen - Politik hat viel mit abwägen zu tun – und dann die optimale Entscheidung zu finden, auch mit seinem Sachverstand. Ein Abgeordneter ist wie ein Richter, der ein politisches Urteil fällt und die Lobbyisten sind Teile einer Partei, die ihre Interessen und ihren Sachverstand einbringen. Aber der Abgeordnete muss die Souveränität behalten, er muss schließlich entscheiden.

Deswegen ist es für mich wichtig, dass Lobbyisten nicht im Parlament sitzen, sondern in dem Meinungsbildungsprozess eine wichtige Rolle haben. Die halte ich für wichtig, die habe ich eben damals von der anderen Seite auch als sehr wichtig empfunden, weil von ihnen viele Gedanken kamen, die wir nicht hatten. Es kamen auch viele Hinweise darüber, welche Auswirkungen etwas haben kann. Aber diese Hinweise muss man natürlich dann sauber abwägen und ein Ergebnis finden.

Greiner: Um noch mal zurückzukommen auf Ihre Person. In „politik und kommunikation" (Ausgabe Februar 2003) sind Sie zitiert mit den Worten: „Gute Kommunikation setzt eine ausgezeichnete Kenntnis der Arbeitsweisen der Politik voraus. Dann muss man ein Netzwerk aufbauen, ehrlich argumentieren und parteipolitisch neutral sein."[1] Sie haben nun sehr lange für die CDU gearbeitet, wie haben Sie sich persönlich Ihre parteipolitische Neutralität bewahrt?

Timmerherm: In dem ich nicht in direkte parteipolitische Prozesse eingreife. Das heißt, dass ich als Interessenvertreter, heute bei der BMW Group, früher bei Adtranz, die Argumente, die das Unternehmen hatte, eingebracht habe und zwar bei allen Seiten, bei allen Fraktionen und nicht einseitig auf einer Seite. Um es vielleicht am Beispiel zu sagen, ich halte es für falsch, eine Opposition mit Informationen zu füttern, damit sie dann die Regierung angreifen kann. Wenn ich Informationen habe, die ich für wichtig halte, dann muss ich sie beiden Seiten

---

[1] o.A.: Vierzig der Besten, in: politik & kommunikation. Februar 2003, Nr. 3, S. 21

geben und darf sie nicht einseitig geben, um der einen Seite irgendeinen Vorteil zu verschaffen oder verschaffen zu wollen. Das verstehe ich unter der Neutralität: wie ich mit der Politik umgehe. Ich mache keinen Unterschied zwischen Regierung und Opposition. Ich weiß natürlich, dass die Macht unterschiedlich verteilt ist, dass die Macht nicht bei der Opposition, sondern bei der Regierung liegt, aber ich jedenfalls informiere beide Seiten oder alle Fraktionen, über das, was wir für wichtig halten. Da mache ich keine Unterschiede.

Leinert: Daraus schließe ich, dass auch Ihre parteipolitischen Kontakte wahrscheinlich relativ ausgewogen sind zwischen den verschiedenen Parteien und auch den politischen Lagern.

Timmerherm: Wir machen kein Lobbying in der Hinsicht, dass wir sagen, wir wollen eine andere Regierung haben, als Beispiel. Das ist Sache der Wähler, wir argumentieren in der Sache. Welche Schlüsse andere daraus ziehen, das ist deren Meinungsbild. Das heißt, wir versuchen Argumente, keine politischen Argumente, sondern Sachargumente, in die Diskussion einzubringen.

Leinert: Inwiefern sind Ihre parteipolitischen Kontakte aus Ihrer Zeit als Mitarbeiter beim Parlamentarischen Staatssekretär, beziehungsweise generell in der Exekutive und Legislative, heute für Sie und Ihre Arbeit noch relevant?

Timmerherm: Mit Zeitablauf immer weniger, weil durch den Personalwechsel, durch Pensionierung und durch die Wahlen auch viele Kontakte, die man damals hatte, heute schlicht und einfach deshalb nicht mehr da sind oder nicht mehr relevant sind, weil die Personen nicht mehr in den entscheidenden Stellen sitzen. Am Anfang war es sicherlich hilfreich, den einen oder anderen schon zu kennen, um vielleicht auch mal nachfragen zu können, wie man in der Sache möglicherweise weiterkommt. Aber viele von denen, die Anfang der Neunziger Jahre da waren und die ich kannte, die sind heute gar nicht mehr da.

Leinert: Zu Beginn, zum Finden eines Zugangs, waren diese Personen, diese Kontakte schon wichtig?

Timmerherm: Sicherlich ist das hilfreich. Hilfreicher war allerdings die Kenntnis darüber, wie ein Abgeordneter arbeitet, wie ein Abgeordnetenbüro arbeitet oder ein Beamter. Wie werden Vorgänge bearbeitet? Wenn als Beispiel ein Bürger oder ein Abgeordneter einen Brief an ein Ministerium schreibt, wie wird das dort bearbeitet? Was macht zum Beispiel der persönliche Referent, wenn der Brief ankommt genau? Das zu wissen ist natürlich hilfreich.

Greiner: In welchem Verhältnis zu einander steht das, das Wissen um die Prozessabläufe und der persönliche Kontakt und die weiteren Dinge, die Sie noch genannt haben?

Timmerherm: Das Wissen um die Prozessabläufe halte ich für sehr, sehr wichtig. Weil man daraus auch Schlüsse ziehen kann, auch zum Stichwort Vertrauen. Wie wichtig es ist, dass die andere Seite vertrauen kann, dass die Informationen, die man in den Prozess eingibt, richtig sind. Das kann man natürlich sehr gut beurteilen, wenn man selber mal auf der anderen Seite war. Man war immer in der Unsicherheit; erzählt der mir jetzt etwas, was nicht stimmt, oder ist es geschönt, oder ist es ausgesprochen einseitig, oder ist der auch bereit, den Abwägungsprozess zu machen und auch die andere Seite der Argumente zu beleuchten? Wie weit kann ich der Person vertrauen? Und insofern halte ich es für sehr wichtig, dass man diese Prozesse kennt, fast wichtiger, als dass man die Personen direkt kennt. Natürlich ist der Einstieg, zum Beispiel per Telefonat, leichter, wenn man den Ansprechpartner kennt - und jeder Lobbyist kennt seine Ansprechpartner, diejenigen, die für seine Themen wichtig sind. Wer also in der Automobilindustrie arbeitet und die derzeitigen Mitarbeiter des Referates für die Automobilindustrie im Wirtschaftsministerium nicht kennt, hat seine Arbeit falsch gemacht. Auch diese Mitarbeiter sind daran interessiert, denn sie brauchen auch die Kontakte zur Automobilindustrie, um die aktuellen Fakten zu erfragen. Das ist kein einseitiges Geschäft, keine Einbahnstraße, die da begangen wird, sondern wirklich sehr zweiseitig.

Leinert: Ich würde gerne zurückkommen zu Fragen zum Konzernbüro und zu Ihrer Arbeit im Konzernbüro. Aus welcher Motivation heraus wurde die Etablierung eines Konzernbüros am Regierungssitz betrieben?

Timmerherm: Ein Konzernbüro gab es natürlich schon in Bonn. Die ersten Anfänge waren schon Ende der 60er Jahre. Deswegen kann ich die damalige Motivation schlecht begründen. Aber die Begründung wird heute mehr oder weniger natürlich die gleiche sein wie sie damals war. Die Politik setzt viele Rahmenbedingungen, von denen die BMW Group direkt betroffen ist. Ich brauche nur an den ganzen Bereich der Lohnnebenkosten zu denken, also die vier sozialen Säulen, bei denen das Unternehmen die Hälfte der Beiträge der Mitarbeiter bezahlt. Jeder Prozentpunkt rauf oder runter macht sich bei einem Unternehmen mit derzeit rund 80.000 Mitarbeitern in Deutschland natürlich gleich in Millionenbeträgen bemerkbar. Das heißt, es darf einem Unternehmen nicht gleichgültig sein, was damals in Bonn oder heute in Berlin gemacht wird. Da muss man an dem Prozess teilnehmen, und das kann man natürlich besser, wenn man auch vor Ort ist - da ist München weit weg, das gilt sicherlich für andere

Unternehmen genauso. Viele Unternehmen, die in Bonn nicht vertreten waren, sind hier in Berlin vertreten. Das hat schlicht und einfach etwas mit der Entfernung zu tun. Unternehmen, die im Rhein-Ruhr- Gebiet oder im Rhein-Main-Gebiet, eine Stunde von Bonn entfernt, ihr Headquarter haben, konnten das von dort machen. In Berlin ist das nicht mehr möglich. Da wird die Reisetätigkeit von Düsseldorf oder von Köln oder von Frankfurt nach Berlin schon etwas lästiger. Das hat dazu geführt, dass viele Unternehmen, die früher relativ nah an Bonn ihr Headquarter hatten, hier in Berlin erstmals eine Repräsentanz haben. Die Nähe zu den politischen Entscheidern, ist sehr bedeutend, immerhin sind wir immer noch Menschen - bei allen Mailtätigkeiten, die es gibt. Mit Leuten einfach Auge in Auge zu sprechen hat immer noch mehr Wirkung als Briefe zu schreiben oder Mails zu schicken. Sie können überzeugender wirken. So sehe ich das aus unserer Sicht als BMW Group. Wir empfinden als BMW Group durchaus auch eine Gesamtverantwortung. Der Staat hat Aufgaben, von deren Ergebnissen wir auch profitieren: Straßenbau, Infrastruktur, Bildungsinfrastruktur oder ähnliches, dafür braucht er Geld. Das heißt, nur die Forderung nach niedrigeren Steuern kann nicht letztendlich zielführend sein. Der Staat braucht sein Geld. Also ist unsere Forderung, an diesem Beispiel gesagt, weniger die Steuern immer weiter zu senken, sondern lieber ein einfaches, übersichtliches Steuersystem.

Greiner: Zurück zu den Unterschieden zwischen Bonn und Berlin: Sie haben diese Zunahme von Hauptstadtrepräsentanzen hier in Berlin in erster Linie damit begründet, das es eben eine größere räumliche Entfernung gibt. Ist es nicht vielleicht auch so, dass Lobbyismus an sich zugenommen hat in den letzten Jahren?

Timmerherm: Das kann ich schwer beurteilen. Die Welt hat sich vielleicht ein bisschen geändert. Es hat sicherlich auch etwas mit Berlin zu tun. Die Lobbyingbüros nennen sich auch Repräsentanzen, das heißt, die machen mehr als nur Lobbying. Die machen Veranstaltungen, sind auch im kulturellen Bereich tätig. Wir machen hier zum Beispiel Ausstellungen. Ich glaube, neben diesen strengen Lobbyingaufgaben, über die wir bis eben gesprochen haben, nehmen die Büros auch noch andere Aufgaben wahr. Öffentlichkeitsarbeit und zwar nicht nur im politischen Sinne. Bonn war gemütlich und klein, das ist in Berlin anders. Das Publikum ist hier vielschichtiger, ist vielleicht kulturell nicht interessierter, das wäre falsch, aber es ist schlicht und einfach so, dass eine 300.000 Einwohner Stadt nicht die Möglichkeiten hat, die eine 3,5 Millionen Einwohner Stadt hat. Und dadurch ist es für die Unternehmen auch wichtiger geworden, schlicht und einfach da zu sein. Unabhängig mal von den Aufgaben, die man dann verantwortet, wahrnimmt, oder meint, wahrnehmen zu müssen. Das hat, glaube ich, schon was mit Berlin zu tun, Bonn war da einfach gemütlicher, kleiner. Und da hatten viele Unternehmen offenbar nicht das Gefühl, unbedingt präsent sein zu müssen. Das reine Lobbying konnte man vom Headquarter aus machen. Aber das Repräsentieren, das war dann schon schwieriger. Und das wollte man in Berlin; das hat auch was mit der Hauptstadt Berlin zu tun: mit der Hauptstadtaufgabe. Eine Hauptstadt hat auch etwas mit dem Zentrum des Landes zu tun und das war Bonn nicht, war auch nie gewollt. Das ist in Berlin anders. Berlin ist da ein bisschen, im positiven Sinne, protziger. Und das führt dazu, dass auch die Unternehmen da sein wollen.

Leinert: Das heißt, kurz zusammengefasst, über dieses reine Lobbying hinaus, gibt es das Bedürfnis auf Seiten der Unternehmen zu Repräsentieren und die Firma, zum Beispiel mit einem repräsentativen Gebäude, als „Good Corporate Citizen" in der Wahrnehmung der Menschen zu etablieren.

Timmerherm: Nicht nur! Wir betreiben auch Sponsoring von Veranstaltungen. Die BMW Group unterstützt das Young Euro Classic zum Beispiel [zweiwöchiges alljährliches Festival mit internationalen Jugendorchestern. Anm. d. Red.] Das sponsern wir, das haben wir mit aufgebaut. Das ist Corporate Citizenship, nicht nur Repräsentanz durch ein Gebäude, weil Sie eben das Stichwort sagten, sondern einfach auch der Hauptstadtauftritt eines Unternehmens. Und das ist eben nicht nur Lobbying, sondern das ist vieles andere. Das läuft auch nicht alles nur über mein Büro, sondern da sind natürlich die Kollegen in München, die mehr für den kulturellen Bereich zuständig sind, auch alle tätig. Der Hauptstadtauftritt ist der Gesamtauftrag des Unternehmens. Ich gehe davon aus, dass andere Unternehmen das genauso sehen.

Leinert: Wenn ich da kurz einhaken darf: Sie sagten, dass es auch Aufgabe von Abteilungen in München ist, diese Veranstaltungen zu unterstützen oder vorzubereiten. Wie sehen denn generell die Verbindungen Ihres Konzernbüros mit, zum Beispiel, der PR-Abteilung der Zentrale aus?

Timmerherm: Die sind sehr eng. Viele Dinge laufen auch bei mir auf, die vielleicht zuständigkeitshalber viel mehr in München liegen. Da bin ich manchmal der Briefkasten für solche Dinge. Wir sprechen dann gemeinsam ab, was wir unterstützen möchten. Die Ressourcen sind auch eben nur beschränkt. Es kommt auch dazu, dass das, was unterstützt wird, zum Unternehmen passen muss, zur Marke passen muss. Da suchen wir schon die Dinge aus, die wir für richtig halten, wo wir sagen, das passt zu uns.

Leinert: Wie viele Mitarbeiter haben Sie hier im Konzernbüro?

Timmerherm: Mit mir zusammen vier.

Leinert: Und das sind Personen, die auch ähnliche Aufgaben erfüllen wie Sie?

Timmerherm: Nein, die anderen drei Personen haben alle ihre Entwicklung im Unternehmen gemacht. Die beiden Damen haben eine Lehre bei der BMW Group gemacht, eine hier in Berlin, die andere in München. Dann haben wir noch einen Referenten, der mehrere Positionen in München innehatte. Die anderen haben also mehr den Unternehmenshintergrund, während ich eher den politischen Hintergrund habe.

Leinert: Ist das fruchtbar für Ihre Arbeit, dass Ihre Mitarbeiter einen so anderen Hintergrund haben als Sie? Macht sich das bemerkbar?

Timmerherm: Ja, natürlich. Wenn man von außen in ein Unternehmen kommt und dann auch noch in einer Außenstelle ist, ist die Vernetzung mit dem Unternehmen selber natürlich immer etwas problematisch. Da ist es natürlich sehr hilfreich, wenn man Mitarbeiter hat, die diese Vernetzung zum Unternehmen schon mitbringen. Insofern halte ich es fast für eine ideale Konstellation, dass ich die Vernetzung zu unseren Gesprächspartnern in der Politik hatte und sie haben die Vernetzung im Unternehmen, so dass wir ein ganz gutes Team sind.

Leinert: Bezüglich der firmeninternen „Lobbyarbeit": wie läuft die Kommunikation nach innen? Wie kommunizieren Sie Ihre Arbeit? Ist das ein laufender Prozess oder erstatten Sie Bericht zu bestimmten Themen zu bestimmten Zeitpunkten? Wie dürfen wir uns das vorstellen?

Timmerherm: Beides natürlich. Bei sehr speziellen Sachthemen, ist der Kontakt sehr sachbezogen und findet statt, wenn das Problem gerade da ist. Das heißt ein Thema kommt auf, wird dann vielleicht ein Vierteljahr, ein Halbjahr, oder vielleicht auch nur zwei Tage lang bearbeitet, je nachdem, wie die Ergebnisse sind. Dann ist das Thema durch und der Kontakt zu dieser Person oder dieser Abteilung ruht. Es gibt natürlich auch generelle politische Themen: Wie ist die politische Lage insgesamt? Die Berichterstattung darüber ist natürlich ein kontinuierlicher Prozess. Ich bin alle zwei Wochen zu mehreren Jour Fixen in München, wo wir zusammenkommen im Kommunikationsbereich und jeder aus seinem Bereich berichtet. Dort werden auch Entscheidungen gefällt. Es gibt natürlich auch die Möglichkeit, die ich auch wahrnehme, in sinnvoller (zeitlicher) Reihenfolge, sagen wir mal wöchentlich oder monatlich, einen kurzen Bericht nach München zu schicken Bei einem monatlichen Bericht, geht man vielleicht mehr ins Generelle. Wenn es ein wichtiges Thema ist, muss kurzfristig informiert werden. Bei Ereignissen, die vielleicht einmal in der Legislaturperiode passieren, da muss man natürlich in dem Augenblick möglichst schnell informieren und auch Hintergrundwissen geben.

Leinert: Inwiefern ist in dem Zusammenhang für Sie wichtig oder vielleicht sogar notwendig für erfolgreiche Lobbyarbeit, dass Sie Bevollmächtigter des Vorstandes sind, dass Sie also innerhalb der Firmenhierachie eine relativ hohe Stellung einnehmen?

Timmerherm: Das ist insofern wichtig, dass auch die andere Seite, also die politische, weiß, hier ist jemand, der in der Firmenhierachie hoch angebunden ist, der Zugang zum Vorstand hat. Damit bin ich als Ansprechpartner interessant. Wie gesagt, das ist keine Einbahnstraße. Wenn jemand aus dem politischen Bereich etwas von der BMW Group möchte, ist es gut für die Leute zu wissen, hier ist jemand, den wir ansprechen können, der die Zuständigkeit, aber auch die Kompetenz hat.

Leinert: Vielleicht können Sie uns mal ganz kurz beschreiben, wie ein typischer Tagesablauf bei Ihnen aussieht.

Timmerherm: Die Frage kommt oft, aber den typischen Tagesablauf gibt es halt nicht. Der kann sehr unterschiedlich sein. Sicherlich gehören dazu Bürotätigkeiten und Telefonate. Dazu gehört sich selber erst einmal schlau zu machen. Die Themen, die aus den Unternehmen an mich herangetragen werden, damit ich sie an die Politik herantrage, sind oft sehr komplexe, sehr schwierige Themen, da muss ich mich erstmal reinarbeiten. Aber das ist halt jeden Tag ein etwas anderes Geschäft, so dass ich die Frage, wie ein typischer Tag aussieht, eigentlich nicht beantworten kann, weil es den typischen Tag für mich nicht gibt. Ich kann sagen, mit welchen Tools wir arbeiten. Da ist natürlich manchmal die Abstimmung mit den Kollegen der Wettbewerber, also mit der Automobilindustrie, wenn es um Automobilfragen geht. Da haben wir oft die gleichen Interessen. Das ist auch die Abstimmung mit Unternehmen anderer Branchen. Ich habe eben schon beispielsweise die Lohnnebenkosten erwähnt, das interessiert natürlich ein Unternehmen einer anderen Branche genauso. Mich mit denen abzustimmen, dafür gibt es Runden, zu denen man sich regelmäßig trifft oder man nutzt Gelegenheiten bei Veranstaltungen, die Parteien machen, die Stiftungen der Parteien machen, die verschiedene Agenturen organisieren. Da kann man im Gespräch Auge in Auge vieles einfach mal durchspielen und sich erkundigen, ob andere ähnliche Probleme haben. Ein Einstieg für ein Gespräch ist oft der Satz ‚Hast Du schon mal was davon gehört?' Dann gibt es natürlich auch den Besuch im Büro eines Abgeordneten oder im Fachreferat eines Ministeriums und da sind die Türen auch offen, um das noch mal deutlich zu sagen. Die Gegenseite ist auch daran interessiert, was die BMW Group dazu denkt. Das sind so die Möglichkeiten: auf Veranstaltungen Leute anzusprechen, bei konkreten Themen Leute direkt anzurufen und einen Termin vereinbaren, die Abstimmung mit dem eigenen Unternehmen. Das sind Dinge, die anfallen, aber die müssen nicht alle an einem typischen Tag anfallen. Heute spreche ich mit Ihnen, das ist auch nicht typisch.

Leinert: Aber es gibt bestimmte Elemente...

Timmerherm: Es gibt bestimmte Elemente, mit denen man arbeitet, die man verwendet, die sich als wirksam für die Informationsbeschaffung und -weitergabe herauskristallisiert haben. Es gehört natürlich auch E-mails lesen dazu. Es gibt viele Informationen, die Abgeordnete automatisch versenden. Der Abgeordnete will ja auch in seiner Arbeit transparent sein: das wurde früher stärker über Presseerklärungen gemacht, heute gibt es eben noch mehr Möglichkeiten, diese Meinungen, diese Auffassungen nach außen zu kommunizieren.

Leinert: Das heißt, Sie würden generell dem Gespräch als solchem, als Tool Ihrer Arbeit, einen sehr hohen Stellenwert einräumen?

Timmerherm: Also ich persönlich ja, ganz eindeutig. Ich weiß, dass andere auch anders arbeiten, aber einfach nur einen Brief schreiben und dann gucken, was passiert, damit ist es nicht getan.

Greiner: Sie sind eben schon mal eingegangen auf Strukturen unter den Unternehmen und branchenintern: Inwieweit arbeiten Sie mit anderen Unternehmen und eben auch Verbänden branchenintern und auch branchenübergreifend zusammen zum Erreichen eines Zieles?

Timmerherm: Da ist schon eine enge Vernetzung da. Die ist, glaube ich, auch wichtig, weil viele Probleme betreffen einen nicht allein als Unternehmen, sondern das betrifft andere Unternehmen auch, manchmal branchenspezifisch, manchmal auch andere Branchen. Da macht es durchaus Sinn, sich abzustimmen, aber, das muss man dazu sagen, das ist nicht unbedingt direkte Aufgabe der Konzernbüros oder der Repräsentanzen, sondern da gibt es ja auch noch Verbände. Wir sind nicht in Konkurrenz zu den Verbänden, sondern wir arbeiten auch mit den Verbänden zusammen. Sicherlich gibt es da Schnittmengen, aber ansonsten sind die Verbände schon diejenigen, die eben die Interessen einer Branche, oder wenn ich den BDI nehme, der gesamten Industrie, nach außen vertreten. Da halten wir Konzernbüros uns dann auch raus. Schwieriger wird es, wenn wir eine andere Auffassung haben als der Verband. Dann muss man miteinander sprechen und sagen, dass wir uns da nicht unter dieser Verbandsmeinung, die oft auch ein Kompromiss ist, wiederfinden können. Dann müssen wir halt alleine marschieren.

Greiner: Sie sagten es gerade, „alleine marschieren", das heißt also, Sie würden schon dem zustimmen, dass Sie gelegentlich, mit Verbänden zusammenarbeiten, aber eben sonst durchaus auch alleine aktiv sind. Herr Dr. Zumpfort (TUI AG) hat mal gesagt, was die Zusammenarbeit mit den Verbänden angeht, „getrennt marschieren, vereint schlagen."[2]

Timmerherm: Es kann auch sein, dass ein Verband weniger Interesse an einer bestimmten Sache hat, weil der Verband immer Vertreter einer großen Anzahl von Mitgliedern ist. Es gibt auch Themen oder Probleme, die nur das eine Unternehmen betreffen. Und da ist es für die Verbände dann schwierig, für dieses eine Unternehmen als Vertreter aufzutreten. Da muss man dann alleine agieren. Es ist aber auch durchaus üblich, dass die politischen Entscheider daran interessiert sind, zu erfahren, was der Verband und was die einzelnen Unternehmen sagen. Die prüfen schon, ob der Verband die Interessen der Unternehmen vertritt, indem sie einfach die Unternehmen fragen. Das ist auch das, was man vom Abgeordneten, zum Beispiel eben erwartet, dass er, ich will nicht sagen den Wahrheitsgehalt, den muss er auch überprüfen, aber auch die Gewichtung überprüft.

Greiner: Zum Jahreswechsel haben Sie den Vorsitz im Collegium übernommen. Welche Bedeutung hat das Collegium für Ihre Arbeit?

Timmerherm: Ja, das Collegium ist ein lockerer Zusammenschluss. Da treffen sich Kollegen, die sich einfach, ohne Satzung, zusammengeschlossen haben und sich einmal im Monat treffen. Wir laden einen ‚high- ranking' Politiker für ein Hintergrundgespräch ein, bei dem wir einfach diskutieren über bestimmte Themen aber wir treten als Collegium nicht wie ein Verband auf. Wir sind kein Verband. Das heißt, wir alle sind Angestellte unserer Unternehmen und nur unserem eigenen Unternehmen verantwortlich in unserer Tätigkeit.

Leinert: Das heißt, diese Gespräche dienen, erstens zum Austausch von Informationen, sei es mit dem Gast, den Sie einladen, aber auch untereinander, dann gleichermaßen zur Vertrauensbildung durch die persönlichen Gespräche und sind im Prinzip...

---

[2] Leif, Thomas und Rudolf Speth (Hrsg.), 2003: *Die stille Macht: Lobbyismus in Deutschland*, Wiesbaden, S. 85

Timmerherm: ...oder zum Kennen lernen auch. Es gibt auch Gastreferenten, die einen relativ speziellen Themenbereich bearbeiten, in dem viele Unternehmen nicht involviert sind und deswegen diesen Gastreferenten auch nicht gut kennen. Das ist dann auch die Möglichkeit, ihn kennen zu lernen, oder auch für den Referenten, meine Kolleginnen und Kollegen kennen zu lernen. Dieses Collegium bietet also im Grunde ein Forum, sich kennen zu lernen, zu diskutieren mit Referenten. Wir können nichts beschließen, von daher siedle ich die Bedeutung relativ niedrig an. Andererseits sind im Collegium rund dreiviertel der DAX Unternehmen vertreten und einige ausländische Unternehmen. Dort ist also ein unwahrscheinlich hoher Sachverstand versammelt. Das macht uns auch für die politische Seite interessant und deswegen kommen die Gastreferenten auch gerne zu uns. Das Collegium ist also ganz locker organisiert, durch den hohen Sachverstand kommt ihm jedoch eine große Bedeutung zu.

Greiner: Wie ich gerade schon sagte haben Sie zurzeit den Vorsitz. Inwieweit wirkt sich diese Funktion innerhalb des Collegiums auf Ihre Tätigkeit für das Konzernbüro aus? Bringt es zusätzliche Vorteile?

Timmerherm: Das würde ich nicht sagen. Der Vorsitz wechselt nach einem Jahr turnusgemäß. Die Möglichkeit der Wiederwahl besteht nicht. Was die Bedeutung angeht, so bin ich natürlich schon für dieses Jahr der Ansprechpartner, aber einen Vorteil bringt das nicht mit sich. Im Gegenteil: ich habe Arbeit damit, denn es ist in erster Linie eine dienende Funktion innerhalb des Collegiums. Ich muss mich zum Beispiel um die Referenten kümmern. Ich würde sagen, es ist mehr Aufwand, als dass man irgendeinen Vorteil hat.

Greiner: Kommt es dennoch vor, dass sich auch Vertreter der Politik direkt an Sie wenden oder an den jeweils Vorsitzenden, mit der Bitte, im Collegium referieren zu können?

Timmerherm: Das ist eigentlich unüblich. Ich habe es noch nicht erlebt und habe auch von früher noch nicht davon gehört. Es kommt vor, dass ein Kollege sagt, derjenige oder diejenige hat Interesse, bei uns zu referieren, und wir sollten einmal eine Einladung aussprechen. Aber wie dann dieser Kontakt im Detail zustande gekommen ist, wer wen angesprochen hat, weiß ich nicht. Aber dass jemand direkt anruft und sagt, er möchte zu uns kommen, ist nicht der Fall. Das ist auch nicht Sinn der Sache. Wir wollen schon das Handeln selber in der Hand haben.

Greiner: Viele Lobbyisten arbeiten trotz der Vorzüge nach dem „Einzelkämp-ferprinzip." Noch mal allgemeiner gefragt: Welche Bedeutung haben solche Vereinigungen von Lobbyisten für die alltägliche Arbeit?

Timmerherm: Sie sind für den Informationsaustausch von Bedeutung. Es ist schon wichtig, die Auffassungen und Beurteilungen der politischen Entwicklung miteinander abzustimmen. Da hilft die Diskussion mit Kollegen. Insofern ist ein Kontakt zu solch einem Kreis oder gar die Mitgliedschaft auch für jemanden, der neu in der Branche ist, sehr sehr wichtig, und jeder hat irgendwann einmal ange-fangen. Ich habe es zumindest als sehr hilfreich empfunden, die Kollegen damals bei einem Vorgänger des Collegiums einmal persönlich kennen gelernt zu haben. Das heutige Collegium ist ja aus zwei Kreisen zusammengeschlossen worden. Wir tauschen uns auch untereinander über unsere Unternehmen aus, beispiels-weise, wenn irgendwo eine Hauptversammlung war. Es gibt Unternehmen, die sehr erfolgreich sind und welche, die weniger erfolgreich sind, aber in zwei Jah-ren kann das wieder umgekehrt sein. Da ist es schon interessant, zu hören, wie die Unternehmen auf bestimmte Impulse reagieren, auf den Markt, auf die Be-dingungen in der Welt und so weiter. Da habe ich viel in den Jahren seit 1996 gelernt, seit ich dabei bin.

Leinert: Das liegt wahrscheinlich auch an diesem relativ informellen Charakter. Ich gehe davon aus, dass Sie in diesen Gesprächen weniger darauf achten müs-sen was Sie sagen, wie Sie es sagen?

Timmerherm: Sicherlich herrscht dort eine relativ lockere Atmosphäre, aber es gibt gewisse Regeln. Es sind zwar nicht immer alle 45 Kollegen da, aber wenn vielleicht 35 Kollegen zusammen sitzen, braucht man, zum Beispiel, schon eine Rednerreihenfolge.

Außerhalb der regulären Sitzungen kann man manchmal einen Kollegen telefonisch fragen oder wenn man einfach mal zusammensteht bei irgendwelchen Veranstaltungen, bei denen beispielsweise ein Vortrag gehalten wird und dann anschließend immer noch ein „get together" stattfindet. Dort werden ja auch Informationen ausgetauscht. Dafür opfert man auch gerne den einen oder ande-ren Abend. Aber das ist ja gerade unser Problem. Man ist ja drei oder vier Aben-de in der Woche unterwegs. Übrigens immer mehr am Wochenende. Das ist auch anders als in Bonn. Da war das Wochenende heilig. Inzwischen wird auch frei-tags abends eingeladen, obwohl die Abgeordneten freitags in ihren Wahlkreisen sein müssen, was ja auch wichtig ist. Montage sind auch noch so ein bisschen vage, weil in Sitzungswochen dann erst angereist wird. Es bleiben Dienstag, Mittwoch und Donnerstag für Veranstaltungen. Aber dadurch, dass sich das in Berlin so ausgedehnt hat, ist dann erst der Montagabend mit hinzugekommen und inzwischen kommt der Freitagabend auch immer mehr dazu. Kürzlich hat zum Beispiel eine große Firma an einem Freitagabend zu einer Repräsentanzeröffnung eingeladen. Da wird jeder alterfahrene Lobbyist sagen, das darfst du nicht machen, Freitagabend kommt keiner.

Leinert: Ist dem auch so? Kommt da keiner?

Timmerherm: Das ist hier in Berlin anders geworden. In Bonn hätte man mit ziemlicher Sicherheit sagen können, dass da keiner kommt. Aber das wächst so langsam. Die ersten trauen sich schon, auch am Freitag einzuladen. Nun warten wir die Entwicklung mal ab. Wenn Sie mich in drei Jahren fragen, kann ich Ihnen sagen, ob es keine Einladungen mehr freitags gibt. Dann hätte sich erwiesen, dass der Freitag nicht durchsetzbar ist. Aber das kann man im Augenblick noch nicht sagen. Mir fiel nur auf, dass immer mehr auf andere Tage ausgewichen wird, weil Dienstag, Mittwoch und Donnerstag überbesetzt sind, vor allen Dingen in Sitzungswochen. Und man will ja auch noch die Abgeordneten erreichen. Auch die Frage, zu welcher Uhrzeit man zu einer Veranstaltung einlädt, ist inzwischen wichtig. Ob ich mit der Veranstaltung um 18 oder um 20 Uhr anfange, muss ich schon genau überlegen. Ich muss fragen, wie verhalten sich die Abgeordneten oder die anderen eingeladenen Gäste, was ist für die attraktiver. Wenn ich dienstags in einer Sitzungswoche zu 16 Uhr einlade, wäre das zum Beispiel ein Fehler, denn da laufen die Fraktionssitzungen.

Greiner: Da zeigt sich dann doch die harte Konkurrenz?

Timmerherm: Ja, da kann eine Veranstaltung noch so attraktiv sein. Die Fraktionssitzung ist eine Pflichtveranstaltung für die Abgeordneten. Aber wann fange ich dann am Dienstag mit einer Veranstaltung an? Ist 17 Uhr richtig, ist 18 Uhr richtig, ist 20 Uhr richtig? Da kann man keine grundsätzliche Antwort drauf finden. Es kann auch eine Rolle spielen, wohin Sie einladen.

Leinert: Erneut zu zwei Zitaten, diesmal aus der Frankfurter Allgemeinen Sonntagszeitung. Die Zitate beschreiben ein bisschen zwei entgegenliegende Enden der Skala. Zum einen werden Sie zitiert mit den Worten „Wir sind firmenspezifische Interessenvertreter mit dem Ziel, die Spielräume für die wirtschaftliche Betätigung von der BMW Group zu sichern und zu erweitern" und zum anderen: „Die Politik kommt auf uns zu und fragt."[3] Ich sagte bereits, dass sind durchaus unterschiedliche Enden derselben Skala. Einmal ist es eine sehr

---

[3] Germis, Carsten und Georg Meck. Wo Wirtschaft und Politik miteinander flirten, in: Frankfurter Allgemeine am Sonntag, 09.11.2003, Nr. 45, S. 38

aktive Interessenvertretung und zum anderen eine doch eher passive Rolle. In welcher Rolle finden Sie sich denn häufiger wieder?

Timmerherm: Schon in der aktiven Rolle. Aber wie ich vorhin bereits sagte, ist das keine Einbahnstrasse. Die Abgeordneten sind auch an uns interessiert, an unserem Fachwissen und Informationswissen, nicht an meinem persönlichen, aber an dem des Unternehmens. Da sind wir der Flaschenhals. Durch uns fließen Informationen von der Politik ins Unternehmen und vom Unternehmen in die Politik. Wir sind der Transporteur, der Carrier von Informationen in beiden Richtungen. Das wird in der Öffentlichkeit manchmal falsch beurteilt.

Leinert: Denken Sie, dass aus dieser möglicherweise falschen Einschätzung der Öffentlichkeit auch dieses durchaus in vielen Kreisen schlechte Bild der Lobbyisten herrührt?

Timmerherm: Wir haben bisher von einem seriösen Lobbyismus gesprochen, wie ich ihn einmal nennen will, Lobbyismus, wie er sein sollte und richtig ist. Aber wie überall gibt es auch hier den einen oder anderen Ausreißer. Solche Ausreißer sind zwar nicht die Regel, aber sie führen zu einem schlechten Bild in der Öffentlichkeit. Ich halte das immer für problematisch. Beispielsweise an der Gesundheitsreform haben viele Akteure ein Interesse. Da gibt es Patienten, Ärzte, Apotheken und die pharmazeutische Industrie, etc., also unwahrscheinlich viele Player. Da ist es natürlich für die Politik extrem schwer, ein rundes Bild hinzukriegen, eine runde Lösung zu schaffen, zumal wenn dann irgendwann Kostenfragen und anderes eine Rolle spielen. Daher hat es in der Vergangenheit auch derart viele Gesundheitsreformen gegeben. Aber da gibt es auch Verantwortlichkeiten. Man hilft der Republik überhaupt nicht, wenn man nach dem Zustandekommen einer Gesundheitsreform sagt, die Lobbyisten hätten alles verhindert. Das ist dann eine böse Meinungsbildung, die da stattfindet. Das ist schon fast undemokratisch, dass dann derjenige, dem das Ergebnis nicht passt, sagt, die Lobbyisten hätten alles verhindert. Die Lobbyisten sind ja nicht für die Entscheidung verantwortlich. Die haben diese Entscheidung beeinflusst, aber die politischen Entscheider selber haben immer noch die letzte Verantwortung. Der Lobbyist sitzt nicht im Parlament, da hat er zumindest nicht zu sitzen. Es gibt einige, die dort sitzen, aber ein paar kann ein Parlament mit 600 Mitgliedern auch vertragen. Aber ansonsten wird im Parlament entschieden und nicht unter den Lobbyisten.

Leinert: Dadurch wird aber möglicherweise auch ein bisschen ein falscher Eindruck vermittelt in der Öffentlichkeit, was den Einfluss der Lobbyisten an Gesetzesänderungen oder neuen Gesetzesentwürfen angeht. Denken Sie, es wird insgesamt aber dennoch realistisch eingeschätzt, wie viel Einfluss den Lobbyisten zukommt?

Timmerherm: Wenn der Lobbyist gute Argumente hat, dann hat er großen Einfluss und den muss er auch haben, das ist richtig. Wenn etwas sachlich richtig ist, dann ist es doch wichtig, dass der Entscheider diese sachlich richtigen Dinge mit in seinen Entscheidungsprozess einbaut. Wenn der Lobbyist schlechte Argumente hat, wird er auch keinen Erfolg haben.

Leinert: Das heißt, es geht in erster Linie um die Sachargumentation und erst in zweiter Linie darum, von welchem Unternehmen Sie kommen? Damit meine ich nicht den Namen, sondern die Gewichtung des Unternehmens. Wenn Sie ein großer Arbeitgeber sind, haben Sie dann mehr Einfluss oder geht es in erster Linie dennoch um die Sachargumente?

Timmerherm: Ich gehe mal davon aus, dass die Politik daran interessiert ist, dass es große Arbeitgeber gibt und dass es Arbeitsplätze gibt. Wenn es um Arbeitsplätze geht, muss man darüber reden können. Wenn die großen Arbeitgeber viele Arbeitsplätze schaffen, dann sollen sie auch den Einfluss haben, diese Arbeitsplätze schaffen zu können und die Rahmenbedingungen dahingehend zu beeinflussen, damit man die Arbeitsplätze schaffen kann. Ich weiß gar nicht, wo da ein Problem ist.

Leinert: Es ging mir darum hervorzuheben, dass sicherlich die Sachargumente entscheidend sind und dass Sie als Unternehmen vielleicht auch in vielen Fällen die besseren Argumente haben, weil Sie diese ausgewogen darstellen können, die Informationen dazu vorliegen haben und dann die wirtschaftliche Stärke haben, um das nach außen zu präsentieren.

Timmerherm: Natürlich, das ist so. Wenn Sie so wollen, vertrete ich ein Unternehmen mit 80.000 Mitarbeitern. Warum soll ich nicht den entsprechenden Einfluss haben? Da sehe ich kein Problem. Wer mehr Arbeitsplätze schafft oder schaffen kann, hat natürlich auch einen größeren Einfluss. Wenn die Politik falsche Entscheidungen trifft, weil man die Information nicht herübergebracht hat und hinterher ein Unternehmen zum Beispiel sagt, wir verlagern Unternehmensteile woanders hin, dann ist der Politik doch überhaupt nicht geholfen, weil sie die Rahmenbedingungen falsch gesetzt hat, weil sie es nicht besser wusste. Wenn ein Unternehmen gesagt hat, ich habe daran kein Interesse, ich mache kein Lobbying, dann ist das verantwortungslos. Wir haben als Unternehmen auch eine Verantwortung. Ich hatte das Steuerbeispiel erwähnt: Immer nur Steuersenkungen und gleichzeitige Infrastrukturinvestitionen zu fordern, kann es nicht sein.

Beides passt nicht zusammen. Da muss ich auch die Verantwortung haben, zu sagen, der Staat braucht sein Geld. Wenn ich das eine fordere, muss ich ihm andererseits natürlich auch die Mittel zugestehen. Verantwortliches Lobbying heißt also auch, damit umgehen zu können und nicht nur zu sagen, „ich will" und alles andere interessiert mich nicht. Es gibt gesamtstaatliche Verantwortung auch für Unternehmen und damit für den Vertreter hier in Berlin.

Greiner: Immer häufiger ist die Rede von einer Professionalisierung der Politikberatung und davon, dass gute Kontakte allein nicht reichen oder nicht mehr reichen. Könnten Sie diesen Wandel aus Ihrer Erfahrung heraus bestätigen?

Timmerherm: Das kann ich nicht bestätigen. Die Kontakte sind wichtig. Aber die Kontakte müssen Sie seriös machen. Die Argumente müssen stimmen. Sie sind als Lobbyist sofort weg vom Fenster, wenn Sie einmal einen reingelegt hätten und womöglich auch noch erfolgreich reingelegt hätten. Das erkennen die Leute früher oder später. Dann wären Sie als Ansprechpartner verbrannt. Seriosität steht nicht in irgendeinem Gegensatz oder einer Gewichtung zu Kontakten. Das gehört eng zusammen, das heißt, wenn Sie auftreten gegenüber Politikern oder Beamten, dann müssen Sie seriös sein, dann müssen Sie eine Vertrauensbasis aufbauen. Das kommt mit der Zeit. Alleine an der Tatsache, dass hier immer mehr Büros aufmachen, kann man ablesen, wie wichtig die Unternehmen generell den persönlichen Kontakt nehmen. Immer mehr Unternehmen kommen zu der Erkenntnis, dass man das nicht vom jeweiligen Standort aus machen kann. Die Kontakte sind also wichtig, aber die sind natürlich seriös zu führen.

Leinert: Sie sprechen gerade selber die Bedeutung eines seriösen Auftritts und generell einer seriösen Arbeitsweise an. Sie artikulieren Interessen. Wie weit darf dieser „Dienst an der Demokratie" gehen? Wie weit darf das gehen, um noch seriös zu sein? Wo würden Sie die Grenzen ziehen?

Timmerherm: Ich würde erstens die Grenze da ziehen, wo die Fakten nicht stimmen. Zweitens muss die Argumentation ausgewogen sein. Fehlt diese ausgewogene Abwägung, fehlen also Aspekte in ihrer Argumentation, die auch gegen ihre Forderung sprechen, so wird es schnell unseriös. Wollen Sie seriös bleiben, müssen Sie sich auch mit den Argumenten der Gegenseite beschäftigen.

Leinert: Das heißt eine ausgewogene Darstellung?

Timmerherm: Ja. Letztendlich muss natürlich der Entscheider abwägen. Ich kann natürlich auch für mich oder für das Unternehmen ein Ergebnis artikulieren. Wenn dieses Ergebnis immer mathematisch berechenbar wäre, müsste es im

Bundestag nur einstimmige Entscheidungen geben. Aber da wir über die Zukunft spekulieren - politische Entscheidungen sind ja immer auf die Zukunft gerichtet - kann man natürlich unterschiedlicher Auffassung sein, wie sich die Entscheidungen auswirken. Und so habe ich mir meine Meinung gebildet und so hat sich das Unternehmen seine Meinung gebildet, die Meinung, die ich ja vertrete. Es kann natürlich sein, dass die andere Seite zu einem anderen Ergebnis kommt in der Abwägung der Argumente und der Spekulationen um die Zukunft.

Leinert: Das heißt, eine ausgewogene Darstellung und dann daraufhin fordern Sie ein, dass die betreffende Person, an die Sie sich gewandt haben, dies abwägt und ....

Timmerherm: ...das abwägt natürlich, aber ich bringe die Argumente, setze mich mit den Argumenten, die dagegen sprechen, auseinander und komme zu einem Ergebnis. Und dies trage ich an den Politiker heran. Und erwarte von den Politikern, dass sie sich mit diesen Argumenten auch auseinandersetzen, und zu einem eigenen Urteil kommen. Ich hoffe, dass es das gleiche Urteil ist, wie ich es habe.

Greiner: Wir haben bisher über die Anforderungen an Ihre Tätigkeit gesprochen. Wenn wir mal auf persönliche Anforderungen kommen. Was halten Sie für die wesentlichen Schlüsselqualifikationen, die einen guten Lobbyisten auszeichnen?

Timmerherm: Das ist einmal natürlich das Fachliche. Er muss in der Sache, für die er sich einsetzt, Bescheid wissen, er muss sich also schlau machen und er muss die Prozessabläufe in der Politik kennen. Was aber auch wichtig ist, ist natürlich die Persönlichkeit. Die eigene Persönlichkeit.

Greiner: Welche Bedeutung messen Sie – gerade hier an der Nahtstelle zur Politik – einem juristischen Studium bei?

Timmerherm: Relativ wenig Bedeutung. Vom Fachwissen her relativ wenig. Man muss kein Jurist sein. Sie könnten auch eine wirtschaftliche Ausbildung haben als Betriebswirt oder Volkswirt. Das wäre hilfreich, aber auch nicht entscheidend. Wenn Sie schauen, was die Kollegen so gemacht haben, finden Sie ein relativ weites Spektrum an Ausbildungen. Es gibt ja kein Ausbildungsberuf Lobbyist. Die Lebenserfahrung, ich hatte es eben Persönlichkeit genannt, halte ich eigentlich für viel wichtiger. Ich glaube, eine gute Voraussetzung ist, wenn man vorher schon ein paar andere Stationen innerhalb eines Unternehmens oder eben auch bei verschiedenen Unternehmen, Behörden oder allgemein Einrichtungen kennen gelernt hat. Diese Grundlage sollte man haben, sollte die Welt etwas breiter sehen können als nur mit einem ganz bestimmten Fachwissen. Wie wollen Sie die Verantwortung auch für andere Dinge übernehmen, wenn Sie bisher Ihre Lebenserfahrung nur in einem engen Arbeitsfeld gesammelt haben? Die politischen wie die Unternehmensführungen müssen hinterher mit allen gesellschaftlichen Gruppen arbeiten. Der Vorstand eines Unternehmens oder auch die Geschäftsführung eines kleineren Unternehmens müssen mit den Gewerkschaften oder mit dem kulturellen Bereich arbeiten können. Wir hatten vorhin beispielsweise über Sponsoring gesprochen. Und das können Sie wahrscheinlich nur, wenn Sie schon mehr Erfahrung gesammelt haben auch in unterschiedlichen Aufgabenbereichen, ob als Hauptverantwortlicher oder als Zuarbeiter.

Greiner: Blicken wir einmal in die Zukunft und betrachten das Bild von Lobbyismus in der Öffentlichkeit. Was glauben Sie, wie lässt sich dieses Bild in der Zukunft verbessern? Und welche Funktion kommt dabei möglicherweise den Medien zu?

Timmerherm: Verbessern lässt sich das mit seriöser Arbeit. Das Problem ist ja die große Zahl der Interessenvertreter hier in Berlin von Verbänden und Unternehmensvertretern über Agenturen bis hin zu Rechtsanwaltbüros. Ich weiß nicht wie viele davon zum engeren Kreis der Lobbyisten gehören, vielleicht 3000 - 5000 Leute. Bei dieser Zahl kann man nie absolute Seriosität garantieren. Da wird es immer, wie in allen anderen Berufen und anderen Bereichen auch Leute geben, die unseriös sind. Die Frage ist, wie man diese Zahl der Fehltritte möglichst klein halten kann. Das kann man mit Regeln machen. Da gibt es ganz allgemeine Regeln. Korruption ist zum Beispiel so ein Thema. Korruption ist strafbar. Dafür brauchen sich Lobbyisten nicht separate Regeln zu geben. Das ist längst geregelt. Dennoch haben sich die Unternehmen in weiten Teilen Regeln gegeben, beispielsweise im Bereich der Öffentlichkeitsarbeit. Da ist festgelegt, wie man mit der Öffentlichkeit umgeht. Auch die BMW Group hat sich solche Regeln gegeben. Das alles sind Mittel und Möglichkeiten, die Aufgabe seriös zu gestalten. Man hat damit einen Rahmen, in dem man sich bewegen darf und über den man nicht hinaus darf. Schwieriger ist es für die Bereiche, die sich prinzipiell selber organisieren, wie zum Beispiel Agenturen. Die müssen selber wissen, wie sie einen seriösen Ruf bekommen. Rechtsanwälte haben ganz bestimmte Regeln, denen sie ohnehin unterliegen. Die sind nicht immer mit den heute diskutierten Anforderungen an Lobbying in Einklang zu bringen. Rechtsanwälte sind an eine Schweigepflicht gebunden, die sich aus ihrer Tätigkeit und aus ihrem Berufsethos ergibt. Dies verträgt sich nicht immer mit der Forderung nach Transparenz. Es muss also eine Regelung gefunden werden, die dem Erfordernis der Transparenz gerecht wird gegenüber den Regeln der Rechtsanwälte. Es muss darauf geachtet werden, dass kein falsches Bild von der speziellen Lobbying-Tätigkeit als Rechtsanwalt entsteht. In USA gibt es übrigens dahingehend sehr gute Regeln. Aber es muss differenziert sein. Man kann nicht Lobbying als solches regeln, sondern muss zwischen Verbänden, Unternehmen, Rechtsanwälten, etc. unterscheiden. Bei einem Unternehmen ist die Transparenzfrage relativ einfach. Man tritt unter dem Namen des Unternehmens auf. Da ist Transparenz gewährleistet. Bei Verbänden ist es auch unproblematisch, aber bei Agenturen ist es schon schwieriger. Da muss klar sein, wer der Auftraggeber ist.

Greiner: Sie sehen auch sehr ausgewogen die andere Seite. Sie würden also schon sagen, dass es nicht so einfach ist, wie zumeist nach Krisen, wenn gerade wieder der vielleicht schon populistisch überzogene Ruf nach mehr Transparenz aufkeimt. Mit Transparenz allein ist es nicht getan?

Timmerherm: Mit Sicherheit nicht. Da sollte man immer vorsichtig sein. Wenn irgendetwas passiert zu glauben, man müsse jetzt alles regeln, ist sicherlich falsch. Das gilt aber für alle Bereiche, nicht nur fürs Lobbying. Da hat auch jeder eine eigene Verantwortung. Ich als Lobbyist habe eine Verantwortung, wie ich der anderen Seite gegenüber auftrete und die andere Seite hat auch eine Verantwortung, mit wem sie spricht oder wie. Wenn diese gegenseitige Verantwortung wahrgenommen würde, gäbe es eigentlich kein Problem. Es bleibt aber die Frage, was machen wir mit den Ausreißern? Die Menschen sind natürlich geschickt. Es wird immer welche geben, die nicht alle Regeln einhalten, egal ob sie geschrieben sind oder ungeschrieben. Das heißt, die Regeln aufzuschreiben, ist alleine nicht ausreichend. Das hält vielleicht den einen oder anderen ab, die Regeln zu überschreiten, löst jedoch das Problem nicht. Wenn das funktionieren würde, bräuchten wir keine Strafgerichte mehr. Das ist auch eine Frage der Kontrolle und da sehe ich schon große Schwierigkeiten das sauber zu trennen.

Greiner: Kommen wir in diesem Zusammenhang noch einmal kurz auf das Collegium zurück. Gesetzt den Fall, es würde ein Mitglied des Collegiums deutlich diese ethischen Regeln verletzen?

Timmerherm: Das wäre ein Thema im Collegium, bis hin zum Ausschluss. Das kann ich eindeutig und klar sagen. Wir haben ja keine Satzung, aber wir würden darüber im Collegium reden und dann schon eine Reaktion zeigen. Ich habe es noch nicht erlebt, deswegen kann ich das jetzt nicht definitiv sagen, aber letztendlich würden wir sagen, „Sie gehören nicht zu unserem Kreis."

Greiner: Was, glauben Sie, sind die wesentlichen Trends, die die Lobbyarbeit in den nächsten Jahren prägen werden?

Timmerherm: Wir haben das Stichwort schon genannt. Es werden mehr Agenturen werden. Rechtsanwaltskanzleien werden sich verstärkt dieses Geschäftsfelds annehmen. Das ist in Brüssel heute schon relativ stark. Ich glaube nicht, dass Lobbying in fünf Jahren völlig anders ablaufen wird. Es gibt einen gewissen Trend, dass auch Jüngere im Lobbying beschäftigt sind. Das war früher mehr eine Sache der älteren Herren. Auch werden mehr Damen in der Branche tätig sein als vielleicht noch vor zehn Jahren, aber das ist eine Normalisierung, ein positiver Trend, auch für das Image des Lobbying.

Greiner: Glauben Sie, dass Ihr Einfluss oder allgemein der Einfluss von Verbänden und Untenehmen auf die Politik in Zukunft zunehmen wird?

Timmerherm: Die Frage ist schwer zu beantworten. Die Welt wird komplexer, sie wird globaler. Von daher ist der Informationsbedarf auf Seiten der Politik größer geworden. Aber es wird natürlich andererseits dann auch die Möglichkeit geben, diese Informationen bereit zu stellen. Lobbyismus wird im Sinne von Beratung bedeutender werden.

Greiner: Darauf wollte ich hinaus. Es wird auch auf der anderen Seite, auf der Seite der Unternehmen, die Bereitschaft steigen, Informationen zur Verfügung zu stellen, weil diese zunehmend ein Interesse daran haben?

Timmerherm: Das mit Sicherheit. Unternehmen denken global. Wir haben Produktionsstätten in anderen Teilen der Welt. Die BMW Group ist noch relativ deutsch. Wir haben 80% unserer Mitarbeiter in Deutschland, 20% im Ausland. Beim Absatz ist es übrigens eher umgekehrt. Andere Unternehmen haben viele Mitarbeiter und viele Produktionsstätten im Ausland. Dadurch, dass wir im Vertrieb auch global sind, denken wir natürlich global. Wir müssen in China wettbewerbsfähig sein oder in Australien oder in Südafrika oder in anderen Regionen der Welt. Von daher glaube ich schon, dass das Interesse dieser auch gerade global tätigen Unternehmen, die Politik zu informieren, größer werden wird. Aber die Politik weiß ja auch, dass Deutschland kein „closed shop" ist. Wir sind ein exportorientiertes Land. Eigentlich waren wir nie ein „closed shop". Aber der zunehmende Wettbewerb ist ja auch ein Thema in den letzten Jahren. Sind wir wettbewerbsfähig? Wie viele Produktionsstätten sind abgewandert in den letzten Jahren? Vor kurzem habe ich ein Interview in der Financial Times gelesen. Daraus ging hervor, dass inzwischen schon Entwicklungsabteilungen in das Ausland verlagert werden. Das ist die nächste Ebene. Da kann die Politik doch nicht ruhig

zugucken, wenn Unternehmen so reagieren, weil der Markt oder die Globalisierung es so erfordert. Ich kann die Globalisierung nicht abschaffen. Ich kann nicht
sagen, wir sind ein exportorientiertes Land, aber wir wollen keine Globalisierung. Das passt doch auch nicht zusammen. Wir sind im Augenblick in einer
unglaublich gestalterischen Zeit, die wir übrigens richtig gestalten müssen. In 10
oder 15 Jahren werden wir wissen, ob wir das als Gesellschaft richtig gemacht
haben.

Leinert: Schließe ich daraus richtig, dass sich Lobbyarbeit in Zukunft nicht
mehr nur auf Deutschland konzentrieren wird, sondern – das sieht man ja auch
schon an der Existenz verschiedener Konzernbüros in verschiedenen Hauptstäd-
ten dieser Welt – dass es sich einfach auffächern wird, wegen der verschiedenen
Tätigkeitsfelder des Unternehmens und verschiedene Länder oder Regionen, in
denen das Unternehmen tätig ist?

Timmerherm: Die großen Unternehmen sind inzwischen alle in Brüssel vertreten. Selbst die deutschen Bundesländer haben Vertretungen in Brüssel. Brüssel
hat eine besondere Bedeutung, weil vieles, was heute national umgesetzt wird, in
Brüssel beschlossen worden ist. Hier wird dann nur umgesetzt. In Brüssel wird
der Anfang gemacht. Hier ist dann manchmal nicht mehr viel zu bewegen, weil
der Rahmen in Brüssel schon so eng gesteckt worden ist. Das Gleiche gilt auch
für die USA. Unternehmen, für die der US- Markt wichtig ist, haben auch in
Washington ein Büro. USA ist inzwischen für die BMW Group vom Absatz her
ein größerer Markt als Deutschland. Wir haben im letzten Jahr in USA mehr
Autos verkauft als in Deutschland. Das heißt, wir können die USA nicht ver-
nachlässigen. Wir müssen schauen, wo unsere Interessen liegen. Entsprechendes
gilt für andere Regionen. China wird zum Beispiel immer interessanter.

Leinert: Das bedeutet sozusagen auch eine Internationalisierung der Lobbyarbeit?

Timmerherm: Ja. Wo Märkte internationalisiert werden, wird das Lobbying der
Entwicklung folgen. Lobbying stellt sich, glaube ich, immer automatisch darauf
ein, wie die Gegebenheiten auf politischer Seite sind. So einflussreich sind wir
nicht, dass sich die Politik nach uns richtet. Wir müssen da schon aktiv werden.
Aber nach den jeweils nationalen Gegebenheiten. Und dabei spielt wieder die
Nähe eine Rolle. Sie können das Lobbying in einem Land auf der anderen Seite
der Welt nicht von München aus oder von Berlin aus machen. Da muss man halt
auch vor Ort sein. Das ist dann wieder eine Frage der Kontakte. Wie wollen Sie
das sonst machen? Je größer die Entfernung wird, desto schwieriger werden

Kontakte, also müssen Sie vor Ort sein. Kontakte sind schon ein mitentscheidender Punkt. Darum dreht es sich im Lobbying.

Leinert: Das ist ein schönes Schlusswort.

Greiner: Vielen Dank für das Gespräch!

Das Interview führten Kirsten Leinert und Christoph Greiner am 17. März 2004 in Berlin.

Anforderungen und Instrumente für eine erfolgreiche Interessenvertretung für die Landwirtschaft

Helmut Born / Anton Blöth

Es ist schon eigenartig: Alljährlich dokumentiert das Statistische Bundesamt den weiteren Rückgang der landwirtschaftlichen Betriebe und liefert damit den „Nährboden" für die These von der Landwirtschaft als „schrumpfender Wirtschaftsbereich". Gleichzeitig bescheinigen uns Medienvertreter in oftmals auch argwöhnischen Kommentaren sowie Wissenschafter und Kenner der politischen Szene: „Der Deutsche Bauernverband gilt als eine der mächtigsten Interessenorganisationen hierzulande." Das ehrt uns.

Doch woher kommt diese Einschätzung? Im Folgenden sei auf diese Fragen eingegangen, ohne auszublenden, dass auch die landwirtschaftliche Interessenvertretung vor großen Herausforderungen steht. Eines sei vorausgeschickt: mit dem Umzug nach Berlin und dem „neuen politischen Berlin" haben diese Herausforderungen nichts oder nur sehr wenig zu tun. Darauf wollen wir in einem Nachtrag eingehen.

Der Deutsche Bauernverband und seine Strukturen

Der Deutsche Bauernverband (DBV) nimmt für sich in Anspruch, die berufsständische Vertretung der in der Land- und Forstwirtschaft tätigen Menschen in der Bundesrepublik Deutschland zu sein. Der Bauernverband ist ein „Verband der Verbände" und vertritt über seine 18 Landesbauernverbände mehr als 400.000 landwirtschaftliche Betriebe in Deutschland, die in rund 350 Kreisverbänden organisiert sind. Weitere ordentliche Mitglieder des DBV sind der Deutsche Raiffeisenverband und der Bund der Deutschen Landjugend sowie der Bundesverband der Landwirtschaftlichen Fachschulabsolventen. Darüber hinaus sind über 40 Verbände und Institutionen assoziierte Mitglieder des DBV.

Der sehr hohe Organisationsgrad – 90 % der Bauern sind freiwilliges Mitglied – wird von vielen Seiten als wesentliche Basis für sein politisches Gewicht betrachtet. Damit war und ist es möglich als „Stimme aller Landwirte" aufzutreten. Den landwirtschaftlichen Berufsstand in einem Einheitsverband zu vereinigen, war bereits 1948 Intention der Gründerväter des Deutschen Bauernverbandes. Bis heute hat sich diese Ausrichtung bewährt, weil es dadurch möglich ist, unabhängig von politischen Färbungen, konfessionellen Bindungen, aber auch Betriebsgrößen in der Landwirtschaft zu agieren.

Die Dezentralität des Verbandsaufbaus, die sich insbesondere in selbstständigen Landesorganisationen äußert, erlaubt es dem DBV auf allen politischen Ebenen präsent zu sein. Dies erfordert zwar einen hohen Kommunikations- und Abstimmungsbedarf, schafft aber nicht nur Freiräume für die originäre Arbeit auf Bundes- und europäischer Ebene, sondern auch ein weit verzweigtes Frühwarn- und Informationssystem, das gerade in der politischen Arbeit unerlässlich ist. Föderaler und subsidiärer Aufbau sind des Weiteren Garant dafür, die unterschiedlichen Regionen und Produktbereiche in der bundesrepublikanischen Landwirtschaft „unter einen Hut" zu bekommen. Mit seinen Geschäftsstellen vor Ort ist der Bauernverband auch Dienstleister und Beratungsunternehmen für die landwirtschaftlichen Betriebe. Er bietet seinen Mitgliedern zahlreiche Serviceleistungen an und unterstützt sie bei der Führung ihres Betriebes und im Umgang mit Behörden. Dies gewährleistet ebenso – neben der nicht unwichtigen Erschließung zusätzlicher Einnahmen – den ständigen Kontakt zu den Mitgliedern und ein hohes Maß an Mitgliederbindung.

In seinem Beitrag für die Festschrift anlässlich der Verabschiedung des langjährigen DBV-Präsidenten Constantin Freiherr Heereman betont Prof. Dr. Christian Otto Schlecht, ehemaliger Staatssekretär im Bundeswirtschaftsministerium, neben dem hohen Organisationsgrad einen weiteren Grund für den politischen Einfluss des Deutschen Bauernverbandes. Dieser liege, so Prof. Dr. Schlecht, in der „personalpolitischen Kontinuität". In der Tat, mit Gerd Sonnleitner steht erst der vierte Präsident seit Gründung des Deutschen Bauernverbandes an der Spitze des Verbandes. Im Übrigen setzt sich diese Kontinuität auch in der hauptamtlichen Führung des Verbandes fort. Dies ermöglicht Konstanz und Konsistenz in der verbandlichen Arbeit und befördert Verlässlichkeit und Vertrauen auch und gerade bei den politischen und ministeriellen Gesprächspartnern.

Selbstverständnis und Arbeitsweisen

Glaubwürdigkeit und Authentizität – getragen von hoher fachlicher Kompetenz - sind die Grundvoraussetzungen für eine nachhaltige Interessenvertretung. So lassen sich die Aussagen von führenden Vertretern aus Spitzenverbänden und Parlament anlässlich eines Perspektivforums „Moderne Verbandsarbeit" des Deutschen Bauernverbandes im März 2004 zusammenfassen. Diese Maximen gelten selbstredend auch für die Lobbyarbeit des Deutschen Bauernverbandes. Der DBV hat deshalb von jeher auf ein starkes und tatsächlich „führendes" Ehrenamt Wert gelegt. Die systematische Schulung hat dabei lange Tradition und macht einen wesentlichen Pfeiler der Stabilität des Berufsstandes aus. Die kontinuierliche berufsbegleitende Aus- und Weiterbildung des Hauptamtes in Fragen des Verbandsmanagement sowie der Persönlichkeitsbildung und Kommunikation ist allerdings erst in den letzten Jahren entwickelt worden. Indem beim Bauernverband „leibhaftige Bauern" die Politik und Außendarstellung des Verbandes bestimmen ist es möglich, sowohl „mit diskretem Charme" als auch mit „wüsten Drohungen" politische Entscheidungen zu beeinflussen, wie der Publizist Horst Stern so trefflich die Arbeit des DBV beschrieben hat.

Dabei sieht sich der DBV mehr und mehr als Dienstleister und Berater der Politik und Ministerien in allen Fragen der Landwirtschaft und des ländlichen Raumes. Je größer der Abstand weiter Bevölkerungsschichten – und damit auch der Politik und Medien - von Land und Landwirtschaft, umso mehr steigt der Bedarf nach fachlicher Expertise und verständlicher Darstellung der mehr als komplex gewordenen Zusammenhänge in der Ernährungsbranche und –politik. Heute hat der DBV oftmals zeitnähere und authentischere Informationen über die Landwirtschaft als die staatliche Administration, wofür z.B. die alljährlichen Erntemeldungen stehen.

Wir geben gerne zu, dass das „agrarpolitische Latein" selbst für Experten manchmal zur schwer verständlichen Fremdsprache wird. Deshalb gilt es gerade auch in der politischen Arbeit, mit Methoden der modernen PR-Arbeit, mit eiserner Disziplin zu Kürze und Verständlichkeit sowie durch häufige Vor-Ort-Termine politischen Entscheidungsträgern und weiteren Meinungsführern Probleme und Positionen der Landwirtschaft zu vermitteln. Diese eher informative Arbeit, die natürlich immer im Dunstkreis konkret anstehender politischer Entscheidungen läuft, äußert sich auch in der deutlichen Zunahme der Hintergrundgespräche im kleinen Kreis mit Fachexperten der Fraktionen, aber auch der intensiveren Begleitung der Mitarbeiter der Abgeordneten. Sie äußert sich ebenso in der gezielten Ansprache des Parlaments über die so genannte „DBV-Depesche" sowie in neuen politischen Veranstaltungsformen wie den „DBV-Perspektivforen".

Die wesentlichste Dienstleistung, die der Deutsche Bauernverband den politischen Entscheidungsträgern anbietet, ist nach wie vor der Konsens, die abgestimmte Position. Zwei Positionen sind eine zuviel! Im Wissen um diese politische Notwendigkeit und Erforderlichkeit ist es den Verantwortlichen im Bauernverband stets gelungen, sich auf eine konsensfähige Forderung an die Politik zu einigen. Man spürt es gleichsam bei den monatlich stattfindenden Gremiensitzungen: Die Forderungen und Vorstellungen aus den Regionen können noch so weit auseinander liegen, am Ende obsiegt der Wille zum Kompromiss, die Überzeugung, dadurch die politische Kreditwürdigkeit des Verbandes zu festigen.

Ein Grund für die nach wie vor hohe Wertschätzung der Arbeit des landwirtschaftlichen Berufsstandes liegt darin, dass er dem Staat bzw. der Politik hilft, einmal getroffene Entscheidungen nach unten zu tragen – ganz gleich ob über Konflikt oder Konsens zustande gekommen. Die Umsetzung der EU-Agrarreform aus dem Jahr 2003 (mit dem Kern der Entkopplung der Ausgleichzahlungen an die Landwirte von der Produktion) ist wahrlich kein Gegenstand, der im Einvernehmen zwischen Politik und Bauernverband derzeit entschieden wird. Gleichwohl sind es die Verbandsexperten auf Bundes-, Landes- und Kreisebene, die bereits in statu nascendi viele Hunderte von Bauernversammlungen und Informationsveranstaltungen durchführen, um die Landwirte auf diese weitere große Reform der Landwirtschaftspolitik ab dem Jahr 2005 vorzubereiten.

Diese Entlastungsfunktion, die Verbände wie den Deutschen Bauernverband zum unentbehrlichen Partner jeder staatlichen Verwaltung und Regierung werden lässt, zeigte sich nicht zuletzt auch bei der katastrophalen Flut des Jahres 2002. Ohne die koordinierende und Krisen managende Arbeit der Kreis- und Landesbauernverbände, ohne die Mobilisierung von solidarischer Hilfe unter Berufskollegen – von Futtermittel- und Tiertransporten bis hin zur Rekordspendensumme in Höhe von rd. 4 Mio. Euro, die der DBV in den eigenen Reihen eingesammelt hat – wäre der Staat mit der Bewältigung überfordert gewesen.

Den Verbandsmitgliedern fällt es oft nicht leicht, auch Grenzen des politischen Einflusses zu sehen bzw. anzuerkennen. Die Grenzen liegen dort, wo die Politik in ihrer Entscheidungsfunktion gefragt ist. Verbände machen keine Politik bzw. erlassen keine Gesetze. Sie sind bis zu einem gewissen Stadium daran beteiligt und können durch Sachinformation oder manchmal auch öffentlichkeitswirksame Aktionen den Gang der Dinge beeinflussen. Es gibt aber Logiken und Mechanismen im politischen Entscheidungsprozess einer Partei oder Fraktion, die oft anders gelagert sind und nicht zu den Ergebnissen führen, wie man sich dies als Interessenvertreter wünscht.

Herausforderungen für die Lobbyarbeit von morgen

Zu akzeptieren hat der Deutsche Bauernverband, dass mit dem Fortschreiten des Strukturwandels in der Landwirtschaft sein politisches Gewicht in Fragen der allgemeinen Gesellschafts- und Wirtschaftspolitik abgenommen hat. Gleichwohl ist der Bauernverband, wie es Präsident Sonnleitner erst kürzlich formuliert hat, keine „Ein-Thema- Organisation", sondern versteht sich als Unternehmerverband mit gesellschaftlicher und wirtschaftlicher Verantwortung für und in den ländlichen Räumen. Vor dem Hintergrund dieser Ausrichtung und Aufgabe werden die Themen und Einflussmöglichkeiten des DBV auch in Zukunft nicht geringer werden.

Dieser Aufgabe kann sich der DBV aber nicht alleine stellen; schon allein mangels (finanzieller) Masse nicht. Mehr als in der Vergangenheit ist er deshalb darauf angewiesen, Bündnisse zu schließen, Koalitionen einzugehen und Netzwerke zu pflegen. Dies gilt gerade für Gruppierungen und Organisationen, die der Landwirtschaft mit wenig Verständnis oder gar feindselig gegenüber stehen.

Das gilt nach wie vor für Akteure aus den vor- und nachgelagerten Wirtschafts-bereichen. Das gilt ebenso für die beiden großen Kirchen, Gewerkschaften, Handwerk und Industrie.

So entstand z.b. im Vorfeld des ökumenischen Kirchentages 2003 eine ge-meinsame Erklärung mit Umwelt-, Entwicklungs- und kirchlichen Organisatio-nen zu den WTO-Agrarverhandlungen 2003. Unterschiedlicher konnten die Ausgangspositionen der Unterzeichner dieses viel beachteten Papiers zur Agrar- und Handelspolitik nicht sein. Dennoch gelang es bis an die Schmerzgrenze der Beteiligten zu gehen, erfüllt von der Überzeugung: besser miteinander reden, als übereinander! Wenn man miterleben durfte, wie viel die Akteure an Zeit, Geduld und Vertrauen investiert haben, dann bringen einen Überschriften, wie die des Tagesspiegel: „Globalisierungsgegner helfen Bauernverband" in Verlegenheit. Mittlerweile hat sich aus diesem Aktionsbündnis ein kontinuierlicher Gesprächs-kreis entwickelt, der „sensible" Themen gerade der Umwelt- und Naturschutz-politik aufgreift und ergebnisoffen Positionen und Standpunkte austauschen lässt.

Ähnlich wie neue Bündnisse und Kommunikationsformen mit Akteuren au-ßerhalb der Landwirtschaft gefunden werden müssen, müssen auch innerhalb der Land- und Ernährungswirtschaft, auch innerhalb des Verbandes, neue Strukturen und Kommunikationsformen etabliert werden. Mit dem Wachsen der Betriebe, der zunehmenden Spezialisierung sowie der Professionalisierung der Betriebs-leiter ändern sich die Ansprüche an den Verband, werden mehr denn je „knall-harte", auf den eigenen Betrieb bezogen Leistungen und Vorteile erwartet. Man kann sich vorstellen, dass die Anliegen der Milchbauern nicht immer denen der Obst- und Gemüsebauern entsprechen, jeder aber für seinen Bereich die beste Interessenvertretung, Beratung und Dienstleistung erwartet. Dieser „schleichende Entsolidarisierung", wie man sie auch in der Gesellschaft beobachtet, adäquate Strukturen und Instrumente entgegenzusetzen, ist eine der wesentlichen Heraus-forderungen für die Zukunft des Bauernverbandes. Denn nach wie vor wird und muss gelten, dass nur ein geschlossener landwirtschaftlicher Berufstand Gestal-tungsmöglichkeiten behält.

Eine Herausforderung, mit der der Deutsche Bauernverband schon länger als die meisten anderen Interessenvertretungen in Deutschland konfrontiert ist, ist die Europäisierung, also der Verlagerung von politischer Regelungs- und Entscheidungskompetenz auf die Brüsseler Ebene. Im Jahr 1962 wurde die ge-meinsame Markt- und Agrarpolitik in Europa geschaffen. Seitdem werden dort der agrarpolitische und später dann auch der umwelt- und verbraucherpolitische Takt angegeben. So gehört es seit dieser Zeit zu den Kernaufgaben der haupt- und ehrenamtlichen Experten und Führungskräfte des Verbandes, in Brüssel präsent und eingebunden zu sein. Dies geschieht in aller erster Linie durch die intensive Mitarbeit der Vertreter des Deutschen Bauernverbandes in den Gremien des Europäischen Bauernverbandes COPA sowie der Europäischen Kommission. Seit 1997 unterhält der Deutsche Bauernverband zudem eine eigenständige Repräsentanz in Brüssel, um beständig den Europäischen Institutionen, mehr und mehr auch den Abgeordneten des Europäischen Parlaments als Ansprechpartner zur Verfügung zu stehen.

Mit der Erweiterung der Europäischen Union zum 01. Mai 2004 stehen nicht nur die Europäischen Institutionen, sondern auch die Verbände vor neuen, insbesondere organisatorischen und strukturellen Herausforderungen. In den Gremien von COPA arbeiten bereits seit letztem Jahr die Bauernverbände aus den Beitrittsstaaten mit. Dabei erweist sich die Zersplitterung des landwirtschaftlichen Berufsstandes in diesen Ländern - was sich in mehreren COPA-Mitgliedsverbänden je Land äußert - neben der Sprachenvielfalt als besonderes Problem. Die Konsensfindung auf europäischer Ebene wird dadurch nicht leichter. Mit effizienteren Entscheidungsstrukturen wird innerhalb des Europäischen Bauernverbandes darauf reagiert.

Nachtrag: Ein Blick auf die Lobbying- Szene im politischen Berlin

Der Deutsche Bauernverband ist mittlerweile mit starker Mannschaft in Berlin vertreten. Ende des Jahres 2005 wird der Umzug der Geschäftsstelle von Bonn nach Berlin komplett vollzogen sein. Es wird ein „Haus der grünen Verbände" geben, in dem sich dann zahlreiche land- und ernährungswirtschaftliche Organisationen in der Nähe des Friedrichstadt-Palastes zusammentun. Bewusst ist ein ruhiger und grüner Ort für dieses Domizil ausgesucht worden, denn die Hektik und Aufgeregtheit hat zweifellos zugenommen im politischen Berlin. Wir beobachten auch, dass sich außerhalb der klassischen Verbandsszene mehr und mehr Agenturen, Berater, Spin Doctors und Unternehmenslobbyisten hier auf dem Markt zeigen. „Politische Kommunikation" heißt das neue Zauberwort, um das sich Weiterbildungsveranstaltungen, Kongresse und gar neue Berufsverbände scharen.

Dies ist sicherlich eine Bereicherung, auch und gerade weil sich ein neues Selbstverständnis und Selbstbewusstsein der oftmals gescholtenen „Lobbyisten" herauskristallisiert. Zweifellos hat auch eine Professionalisierung, aber auch Kommerzialisierung in der Lobbyarbeit und Politikberatung stattgefunden, wie immer man dazu stehen mag. Von daher ist es glanzvoller und bunter geworden, ein Top-Event jagt das andere im Kampf um die Aufmerksamkeit und Anwesenheit von Politik, Medien und Meinungsmachern. Der Deutsche Bauernverband wird sich diesem „Event- und Glamour- Lobbying" stellen, ohne aber seine - im wohlverstandenen Sinne - konservativ-bäuerliche Linie in der Verbandsarbeit aufzugeben.

Von Amerika lernen heißt Siegen lernen?
Wie kleine Parteien in Zukunft Wahlkämpfe planen

Cornelis Stettner / Rudi Hoogvliet

„Was sagen Sie denn zur zunehmenden Amerikanisierung im Wahlkampf?" Eine auch vor der Europawahl oft und gerne gestellte Frage. Gemeint ist damit, wie der geneigte Wahlkampfmanager, Spitzenkandidat oder wer auch immer mit dieser Frage konfrontiert wird, zum Instrument der Inszenierung im Wahlkampf steht. Diese Frage wäre berechtigt, die Formulierung dergleichen allerdings ist unzutreffend. Denn „Inszenierung" ist – wie die Spitze des Eisbergs - nur der sichtbare Bruchteil dessen, was man mit dem Schlagwort Amerikanisierung von Wahlkämpfen wissentlich oder unwissentlich umreißt. Und es ist mit Sicherheit nicht der relevanteste Teil dessen, was mittlerweile alle Parteien in Deutschland in unterschiedlicher Intensität aus den angelsächsischen Regionen übernommen haben.

Das Wichtigste, was alle in den letzten acht bis zehn Jahren aus Übersee, sei es über den großen Teich oder nur über den Kanal, für ihre Wahlkämpfe mitgenommen haben, ist ein verstärktes Maß an Professionalität und kalkulierte Vorbereitung von Wahlkämpfen. Dazu gehört zu allererst der Einsatz und die intensive Nutzung von Research und Marktforschung. Denn hüben wie drüben gilt die Maxime: Knappe Ressourcen müssen möglichst effektiv eingesetzt werden. Und auch wenn allerorts an den Stamm- und Redaktionstischen die millionenschweren Wahlkampfetats insbesondere der größeren Parteien als pure Geldverschwendung kritisiert werden, klar ist für alle direkt Beteiligten: Geld und engagiertes Personal sind weiß Gott knappe Güter, von denen man nie genug hat. Also gilt es herauszufinden, wie diese möglichst gewinn- und das heißt im Wahlkampf Prozent bringend eingesetzt werden können: Welche Zielgruppen spricht die Partei an; wo setzt sie geografische Schwerpunkte? Mit welcher Botschaft, mit welchen Themen geht sie auf die Menschen zu und in welcher Tonalität? Zu wissen, was man macht, und wohin man geht im Wahlkampf, heißt auch immer zu wissen, was man nicht macht, auf welche Zielgruppen man nicht zugeht und welche Regionen vernachlässigt werden. „Targeting is getting rid of people" heißt ein Lehrsatz der US-Wahlkämpfer: um alle, von denen du weißt, dass sie dich eh nicht wählen, brauchst du dich nicht zu kümmern. Damit kosten die schon kein Geld, das dann für andere Prozent bringende Maßnahmen ausgegeben werden kann.

Die Sammlung von Daten und Erkenntnissen ist demnach der erste wichtige Schritt. Daraus müssen dann aber die richtigen Schlüsse gezogen werden; daraus

muss die richtige Aufstellung der Partei, die richtige Strategie für den Wahlkampf entwickelt werden. Was schon bedeutend schwieriger wird. Nicht weil
dazu die Kompetenz in den Wahlkampfzentralen fehlen würde. Nein, vielmehr
hat man zu kämpfen mit fest gefügten Meinungen, z.b. auf der politischen Ebene, die im Zweifel Marktforschungsdaten nur dann akzeptiert, wenn sie ins eigene Konzept passen. Soviel Geld auszugeben für ein bisschen Selbstbestätigung
ist allerdings sehr viel verlangt. Der Umkehrschluss aber, den Tabellenband des
Marktforschungsinstitutes zur heiligen Schrift zu erklären, wäre eben so falsch.
Das genau dosierte Zusammenspiel von Daten und Erkenntnissen, zusammen
mit politischer Erfahrung und ja, auch Intuition führt zu einer verlässlichen
Grundlage für eine zielgerichtete Strategie. Hat man die Strategie, droht schon
die nächste Klippe. Denn die beste Strategie ist das Notebook auf dem sie geschrieben wurde nicht wert, wenn sie nicht geschlossen und konsequent umgesetzt wird. Zur Professionalisierung à l'americaine gehört ein weiterer Lehrsatz:
„Wahlkampf ist Diktatur auf Zeit". Das heißt nichts anderes, als das die Rahmenbedingungen des Wahlkampfs zentral im kleinen informierten Kreis aufge-
stellt werden und die ganze Partei, vom MdB bis zum Ortsverbandsvorsitzenden
sich bitte schön daran zu halten hat. Das allerdings geht nicht per Befehl. Wir
sind ja schließlich nicht bei der Bundeswehr sondern arbeiten in und mit einer
politischen Partei, die auch noch wie bei uns zwei Autoren Bündnis 90/Die Grünen heißt. Eine Partei mit durchweg sehr engagierten, einigermaßen gut gebilde-
ten und höchst individualistischen Mitgliedern. Und die alle für sich und jederzeit bereit sind, sich zu einem x-beliebigen Thema, vom Sympathieplakat bis
zum außenpolitischen Konflikt eine fundierte und bisweilen sehr eigenwillige
Meinung zu bilden und diese zu jeder passenden und unpassenden Gelegenheit
zu äußern. Dieses wirklich liebenswerte – denn nirgendwo macht Politik und
Wahlkampf mehr Spaß und ist die Arbeit, wenn sie mal läuft, so effektiv - grüne
Völkchen auf eine Linie zu bringen und dort auch zu halten, geht nur mit Überzeugungskraft. Mit reden, reden, reden: Die parteiinterne Kommunikation ist die
wichtige andere Seite der Medaille, die es erst ermöglicht, dass im Wahlkampf
zentral im kleinen Kreis die Beschlüsse gefasst werden können.

Research und Zielgruppenbestimmung, Analyse und Strategieentwicklung,
die Bestimmung der Tonalität des Wahlkampfes und die Entwicklung und intensive Nutzung der Instrumente innerparteilicher Kommunikation, das sind die
wesentlichen – nicht sichtbaren - Aspekte der Amerikanisierung des Wahlkampfes, die im Übrigen auch weitgehend im „alten Europa" eingesetzt werden können (Abstriche sind da bestenfalls bei der Verortung interessanter Wählergruppen zu machen, verfügen wir in Deutschland doch nicht über eine offene Wäh-
lerregistrierung, wie in den vereinigten Staaten). Auch, wenn die deutlich gerin-
gere finanzielle Grundlage der hiesigen Parteien natürlich nur ein kleiner Teil

dessen zulässt, was in den großen Wahlkämpfen in den USA beispielsweise für Research ausgegeben wird.

Der sichtbare Teil, die Inszenierung, hingegen ist eher mit Vorsicht zu genießen, denn da spielen kulturelle Faktoren eine erhebliche Rolle. Wir unsererseits sind damit im Bundestagswahlkampf 2002 und in den erfolgreichen Landtagswahlkämpfen 2003/2004 eher zurückhaltend umgegangen. Dafür sind zwei Gründe anzuführen. Die Grünen sind dem Parteiwesen nach eine Programmpartei. Für uns, wie für die Mehrzahl unserer Wählerinnen und Wähler ist Wahlkampf weiterhin und vordergründig ein Ringen um die besten politischen Konzepte und Ideen. Inszenierungen und Dramaturgien jeglicher Art haben nur Bestand, wenn sie Mittel zu diesem Zweck bleiben. Inszenierung der Inszenierung wegen, wie es die FDP 2002 – offensichtlich ohne Erfolg - exerziert hat, wäre bei uns zum Glück von vornherein ein Ding der Unmöglichkeiten. Der zweite Grund ist mehr situativ, weniger grundsätzlich: Mit den Terroranschlägen des 11. September 2001 war es zwar nicht vorbei mit der Spaßgesellschaft, wie immer die genau definiert wird, aber es kehrte doch spürbar eine Ernsthaftigkeit in die Politik zurück. Genauer gesagt, es wurden aus der Gesellschaft heraus wieder vermehrt ernsthafte Anforderungen an die Politik gestellt. Da war für zu viel und zu offensichtliche Inszenierung kein Raum mehr vorhanden. Diese gesellschaftliche Grundhaltung mag nicht in allen Phasen des Wahlkampfs so sehr ins Gewicht gefallen sein. Aber je mehr der Wahltermin näher rückte und die Menschen sich allmählich ernsthafter mit der Frage auseinandersetzen mussten, wen sie diesmal wählen sollen, umso mehr spielte die ernsthafte Grundhaltung und die Reflektion auf die Parteien eine Rolle.

Die Trägheit der Masse

Professionelles Wahlkampfmanagement ist kein besonderes Merkmal großer Parteien mit starken Ressourcen. Auch die kleinen Parteien arbeiten mit hoher Effizienz auf diesem Gebiet. Allerdings wird sich für sie in naher Zukunft der Wettbewerb verschärfen. Denn schon jetzt fehlt das Geld dazu, das oben skizzierte ABC des Wahlkampfes rundherum und in der gewünschten Ausführlichkeit anzuwenden. Müsste Dick Morris einen Wahlkampf der Grünen managen, er wäre in höchstem Maße irritiert und erstmal ratlos ob des geringen Etats, stünde er doch für amerikanische Verhältnisse vor einer „Mission Impossible". Die relevant größeren Wahlkampfetats der beiden Volksparteien CDU und SPD führen natürlich zu einem erheblichen Startvorteil: sie können sowohl das bessere (Daten-)Fundament gießen als auch die parteiinterne Kommunikation intensiver pflegen und auch die Präsenz in den Medien über Anzeigen und Spots deutlich steigern. Da fühlt man sich bei einer kleineren Partei im Wahlkampf doch bisweilen mit einem Bundesligaeffekt konfrontiert; gegen die millionenschweren Klubs, die national und international alles aufkaufen, was halbwegs geradeaus gegen einen Ball treten kann, haben die kleinen Vereine kaum eine Chance... wenn sie keine anderen Wege einschlagen. Denn sogar in der Bundesliga gibt es immer wieder Vereine, die diese scheinbare Gesetzmäßigkeit durchbrechen und mit wenig Geld oben mitmischen. Das jüngste Beispiel der VfB Stuttgart, der 2003 ohne Geld aber mit Felix Magaths jungen Wilden Furore machte und bis dato (Mai 2004) macht.

Während der Fußballverein das Fehlen eines fetten Bankkontos zum Beispiel durch eine herausragende Nachwuchsarbeit ausgleichen kann, sollten sich kleinere Parteien auf ihre politischen Vorzüge und Möglichkeiten besinnen. Damit sie nicht das Schicksal vieler Bundesliga-Rebellen teilen, die nach einer oder zwei starken Spielzeiten das Niveau nicht halten konnten und sich aus der Eliteklasse wieder verabschiedeten. Der sympathische SC Freiburg mit seinem studentischen Öko-Image lässt grüßen...

Mit großen finanziellen Ressourcen in den Wahlkampf zu gehen, bringt nicht nur Vorteile für die Reichen, es bringt auch einen gehörigen Innovationsdruck für die „armen" Parteien mit sich: Sie müssen die finanziellen Nachteile anderweitig aufwiegen. Und das ist möglich: Viel mehr als die großen Parteien haben die kleineren durchaus mehr und bessere Optionen, mit gewagteren Formen der Kommunikation zu ihren WählerInnen durchzudringen. Müssen die größeren Parteien eine ganze Bandbreite von unterschiedlichen Zielgruppen zufrieden stellen und wird die politische Position deshalb in vielen Fällen bis zur Unkenntlichkeit weichgespült, so genießen die kleineren Parteien, wie die Grünen in dieser Hinsicht deutlich mehr Freiheiten. Im Gegensatz zu den beiden Volksparteien haben sie keinen großen Parteiapparat zu befriedigen, leiden also auch nicht unter der Trägheit der großen Masse. Die kommunikativen Bewegungen können flexibler ausfallen. Die Zielgruppen sind erstens klarer definiert und vertragen, wie im grünen Fall, auch Deftigeres. Damit ist der Weg frei für die Losung: Fehlende Finanzen wettmachen durch ein erhöhtes Maß an Kreativität. Oder: Wenn ich schon keine Geld habe für Anzeigen, haue ich derart auf den Busch, dass ich im redaktionellen Teil der Medien erwähnt werde - ist besser und es macht außerdem mehr Spaß.

Leicht gesagt, aber es braucht dazu ein paar Voraussetzungen, die keineswegs selbstverständlich sind:

- Mut bei den Entscheidern, bis an den Rand des politisch Tolerablen zu gehen und die entschiedene Bereitschaft, die Prügel in Kauf zu nehmen, wenn man trotz aller Bemühungen die Grenze überschritten und ins Klo gegriffen hat,

- Offenheit und ständige Innovationsfähigkeit, was regelmäßige Inputs „von außen" bedingt. So ein institutionalisierter Blick (z.B. durch die engagierte Agentur) über den Tellerrand der Partei hinaus hilft, die gefürchtete „In-Crew"-Sicht zu vermeiden. Denn bewegt man sich zu lange nur im Partei-sumpf, erstickt alles Neue,
- Ein stabiles und verinnerlichtes Wertefundament, welches es den Machern und Entscheidern ermöglicht zu prüfen, inwiefern eine kreative und zuge-spitzte kommunikative Übersetzung zur Grundhaltung der Partei passt oder dagegen verstößt. Und dadurch unweigerlich zu Mitgliederprotesten führen würde,
- Ständige Fortentwicklung der Parteistrukturen, die mit der Professionalisie-rung der Bundesebene „mithalten" müssen,
- Die Herausbildung eines Profikaders in den Schaltzentralen der Landes-und Kreisverbände, die, einem Schneeballeffekt vergleichbar, den Kern der Botschaften und kommunikativen Initiativen in die Partei und zu den Men-schen trägt,
- Und natürlich weiterhin ein gewisses finanzielles Polster, das zumindest ausreicht die Mindestanforderungen an Wahlkampfvoraussetzungen einkau-fen und bereitstellen zu können.

Die konkrete Kampagnenplanung

Wenn diese Grundvoraussetzungen auf der Parteiseite erfüllt sind, ist die Basis für eine gute Kampagne allerdings noch nicht erstellt. Vor dem Beginn der ge-meinsamen Kampagnenplanung muss die Zusammenarbeit zwischen Agentur und Partei eingeordnet werden.

Dazu gehört die klare Absprache, wer wann Entscheidungen zu treffen hat und wo diese im Vorfeld besprochen werden. Grundsätzlich gilt hier: Je weniger Entscheider desto enger zusammenarbeiten, umso besser die interne Kommuni-kation. Wünschenswert ist eine Beteiligung von Agenturvertretern an Debatten und auch an politischen Sitzungen. Das fördert das gegenseitige Verständnis und die Fähigkeit der Agentur, die jeweiligen Inhalte dem Wähler auch genau zu vermitteln.

Wenn das geklärt ist, gilt es die Zielgruppe exakt wie möglich zu evaluie-ren, denn bevor eine Kampagne entwickelt wird, muss klar sein wer ihr Adressat ist. Und das sind bei kleineren Parteien naturgemäß weniger, als bei Volkspartei-en. Je genauer die Zielgruppe bestimmbar ist, desto stärker kann die Kampagne speziell auf sie zugeschnitten werden. Alles, was über das Wählerpotential hi-nausgeht, kann dann getrost ignoriert werden – diese Menschen sind für die Kommunikation der Partei sowieso nicht empfänglich. Dass bei der Definition der Zielgruppe extreme Sorgfalt angewendet werden muss, empfiehlt sich von selbst. Wenn man hier bestimmte Segmente übersieht, die eigentlich erreichbar wären, wird es schwer werden, sie im Verlauf der Kampagne doch noch zu erreichen.

Das Agenda Setting ist ein weiterer Knackpunkt der Strategieentwicklung. Natürlich hat eine Partei in der Regel mehr als eine Handvoll Themen im Angebot für den Wähler. Und meistens gibt es verschiedene Strömungen und Personen, die die verschiedenen Themen unterschiedlich gewichten und pushen. Der Wähler ist aber nicht für alle Themen im gleichen Maße zu begeistern. Nur für welche? Aus der „In-Crew-Sicht" der Partei ist aber genau das schwer abzuschätzen. Und selbst wenn man das als Entscheider kann, so werden mit Sicherheit die Vertreter der Themen, die nicht in dem Maße relevant für den Wähler sind, nicht einfach sagen: „Okay, dann lass mal mein Schwerpunktgebiet aus der Kampagne raus, das passt schon." Eher das Gegenteil ist wahrscheinlich. Um Streit aus dem Wege zu gehen und besonders um Sicherheit zu gewinnen, wird eine Themenabfrage über Focus-Gruppen aus dem Wählerpotential der Partei in Zukunft zum Standart-Repertoire der Kampagnenplanung gehören.

Aus den Ergebnissen der Focusgruppen lassen sich aber auch andere Schlüsse ziehen: In welchem Maße die Inszenierung der Themen erfolgen kann. Und in welchem nicht. Für die Inszenierung eines Wahlkampfes gilt zumindest eins: Politik ist kein lustiges Geschäft. Für die Akteure, Journalisten und das übrige Umfeld bei der täglichen Arbeit vielleicht schon, aber nicht für den Wähler. Natürlich kann und soll Politik nicht bierernst und trocken verkauft werden, ein deftiges Auftreten oder (selbst)ironisches, freches Augenzwinkern ist je nach Zielgruppe sinnvoll. Aber es geht dem Wähler trotzdem bei seiner Entscheidung auch um die Gestaltung seiner Zukunft. Und da neigen die Deutschen dazu, doch mit bedeutend weniger Humor an die Sache heran zu gehen, als an die Kaufentscheidung über den Neuerwerb eines Schokoriegels. Ob mit Humor oder ohne: Die Inszenierung der Botschaft und der Themen darf nicht ohne enge Kopplung an die Inhalte erfolgen. Man kann darüber streiten, ob der Wähler mehr oder weniger von Politik weiß, als der Politiker denkt. Das dürfte je nach Zielgruppe verschieden sein. Auf jeden Fall spürt der Wähler mehr, als der Politiker ahnt. Wahlkämpfe werden immer inszenatorische Elemente haben, das wird sich auch in der Zukunft sicherlich eher verstärken. Eine überzeichnete Inszenierung aber, die die inhaltliche Basis überlagert, fällt beim Wähler durch.

Die Zielrichtung der Inszenierung ist zweigeteilt: Zum einen wendet sie sich direkt an den Wähler, zum anderen soll sie über Bande an den Wähler gehen. Diese Bande sind die Medien, die über besondere Inszenierungen (ob gut oder schlecht) gerne berichten. Media um jeden Preis ist allerdings kontraproduktiv. Natürlich braucht jede Partei viel und gute PR. Trotzdem kann man es auch in der PR-Arbeit übertreiben. Deshalb muss auch in der Wahlkampfstrategie das

Verhältnis von Show und den politischen Inhalten ausgewogen definiert sein. Die Presse darf sich nicht als reiner PR-Weiterleiter benutzt fühlen. Ansonsten steigt die negative Gestimmtheit der Journalisten und kann in eine tendenziös kritische Berichterstattung übergehen. Oder noch schlimmer: sie berichten gar nicht mehr und die Partei versinkt im medialen Loch.

Wenn man sich in der strategischen Planungsphase Gedanken über die Inszenierung des eigenen Wahlkampfes und den Umgang mit dem politischen Gegner macht, sollte man sich bewusst sein, dass auf der Gegenseite ein paar Leute genau das Gleiche tun – nur eben für die Konkurrenzpartei. Da schadet es nichts, zu versuchen sich in diese Köpfe hinein zu versetzen. Und wie geht man mit dem Gegner um? Setzt man auf ‚Negative Campaigning' und wie kommt das bei der eigenen Zielgruppe und der eigenen Basis an? Und wie wird der Gegner reagieren, bzw. wie wird er agieren? Was hat die eigene Partei von allen Seiten zu erwarten und wie wird dann darauf reagiert? Teilweise lassen sich diese Fragen, besonders die nach Aktion und Reaktion des politischen Gegners natürlich erst im Wahlkampf beantworten – trotzdem ist es gut, alle Szenarien zumindest einmal bereits durchgespielt zu haben. Das erleichtert dann zu treffende Entscheidungen und verkürzt die Reaktionszeit.

Was aber komplett vor dem offiziellen Start der Kampagne sicher gestellt sein muss, ist die positive Gestimmtheit der Parteibasis für die Kampagne. Es muss gewährleistet sein, dass die eigene Parteibasis mit der Kampagne vertraut ist und sie auch annimmt. Wenn die Erwartungen der Partei an den Wahlkampf in entscheidenden Punkten konträr sind zu denen der Kampagnenmacher, ist das Projekt zum Scheitern verurteilt: Die Basis wäre nicht ausreichend für den Wahlkampf zu motivieren. Und ohne die Parteibasis, die die Kampagne an die Stände, Bäume und Laternen bringt, ist ein Wahlkampf nicht erfolgreich zu beenden.

Wenn es nicht gelingt, die Basis mit zu nehmen, hat die Strategie aus einem weiteren Grund keine Chance mehr: Die ausgewählte Strategie muss normativ sein für alle im Wahlkampf handelnden Akteure – sie darf aber zugleich die Flexibilität und Handlungsfähigkeit nicht einengen. Wenn die Gliederungen der Partei aber davon nicht überzeugt sind, ist die Kampagne am Ende – sie lebt schließlich für und von der Geschlossenheit der Partei oder zumindest dem geschlossenen Auftreten nach außen hin.

Potentiale der kleinen Parteien für die Zukunft

Es gibt Ereignisse, die man nicht planen kann, die eine Kampagne aber völlig auf den Kopf stellen können. Unsteuerbare Ereignisse, die Massen bewegen, kann man nicht fest in eine Kampagne einplanen. Man kann sie manchmal antizipieren, gewonnene Fußballweltmeisterschaften der Deutschen Nationalmannschaft, Terroranschläge, Flutkatastrophen oder Parteispendenskandale aber sind im Vorfeld in keine Kampagne einzubauen.

An unplanbaren Ereignissen kann man scheitern, an selbst verursachten allerdings sollte man das nicht tun. Denn natürlich können auch eigenen Fehler eine Strategie killen. Eine Kampagne kann scheitern, wenn der Mut zum Durchsetzen der gewählten Strategie und der Mut, diese Strategie mit hoher kreativer Schlagzahl durchzuziehen, fehlt. Ebenso kann plötzlich einsetzendes Sperrfeuer die Kampagne kippen, wenn die Partei-Basis, den Sieg vor Augen, kurz vor Toresschluss der Wahllokale die Chance wittert, nicht zielgruppenkompatible Positionen medial zu pushen. Den Grünen hätten die Magdeburger 5-DM-pro-Liter-Benzin-Beschlüsse vor 4 Jahren in letzter Minute fast noch die Regierungsbeteiligung gekostet.

Aber es muss nicht die ganze Basis sein, die die gute Arbeit der Strategen zerstört. Es reicht manchmal schon ein einzelner Landesvorsitzender, der konträr zur Kampagne eigene Ziele ohne Rücksicht auf Verluste durchzusetzen möchte und mindestens das geschlossene Bild der Partei sprengt.

Creative Planning, Guerilla-Marketing, Negative Campaining, Targeting, Marktforschung, exakte Inhaltsvermittlung, eine Inszenierung basierend auf dem Wertefundament der Partei – solche und andere Tools müssen bei der Strategie- und Kampagnenplanung überdacht und gegebenenfalls eingebaut werden. Und: auch in Zukunft müssen alle kommunikativen Maßnahmen auf den Inhalten der Partei gründen, die sie vermitteln will. Denn besonders bei den grünen Wählern und Sympathisanten gilt: Content is King. Die Verpackung des Contents kann von Fall zu Fall bunt, schrill, exaltiert, humorig sein – je nach Anlass. Was aber transportiert werden muss, ist die inhaltliche Position. Auch wenn es auf der Hand liegt, dass manchmal die gute Verpackung schon ausreichen würde, um bestimmte Wählergruppen zu überzeugen, sollten sich Agentur und Partei hüten, der Verlockung nachzugeben und den schönen Schein über das manchmal schlichtere politische Sein zu stellen.

Auch an der strategischen Arbeit im Vorfeld muss und wird sich einiges verändern. Trends und Potentiale für die Zukunft zeichnen sich bereits jetzt ab. So ist aufgrund fehlender finanzieller Ressourcen gezieltes ‚Targeting' von Wählergruppen für kleinere Parteien (noch) nicht möglich. Deshalb wird gerade bei den kleineren Parteien immer noch mit grober Munition auf kleine Ziele geschossen. Was teuer ist. Und effektiver sein könnte. Die Streuung in der Zielgruppenansprache ist zu groß. Um eine bessere Datenbasis zu erhalten wird zukünftig das Direkt-Marketing wichtiger werden und dadurch eine Verfeinerung der Ansprache bewirken. So lässt sich beispielsweise in Mailings eine Verknüpfung lokaler Themen mit den großen Kampagnenthemen erreichen. Im Grünen-Wahlkampf haben wir bereits durch spezielle Ansprache-Tools wie dem

Erstwählerbrief, der Kooperation mit u-boot.com und einer speziellen Studentenkarte an den Unis eine Kanalisierung unser Botschaften vorgenommen. Die klassische Werbung wird aber weiter wichtig bleiben. Je ausgefeilter das Direkt-Marketing auch werden mag, die Botschaft muss weiterhin kreativ im Kampagnen-Stil umgesetzt sein. Allerdings werden sich im Umfeld der Agenturen oder in den Agenturen am veränderten Anspruch ausgerichtete Verränderungen ergeben. Auf diese gehen wir in einem gesonderten Punkt am Ende dieses Kapitels ein.

Verbesserungspotentiale in der Arbeit der Parteien ergeben sich dadurch besonders beim Schnittstellen-Management der Kampagne. Die stärkere Ausdifferenzierung der Politikberatung in Lobbyarbeit, PR, strategische Beratung, Online-Kommunikation, strategische Forschung, Fundraising und allgemeiner Kampagnenberatung und klassischer Werbung wird kommen. Das erfordert in zunehmenden Maße hochkompetente Schnittstellen-Arbeit in der Partei. Das Management dieser Maßnahmen entscheidet über das Gelingen der Kampagne. Gleiches gilt für das Krisenmanagement. In einer Kampagne geht nie alles glatt, Fehler und unerwartete Ereignisse werden passieren. Für diesen Fall muss bereits ein zumindest theoretischer Ablaufplan mit klar verteilten Kompetenzen erarbeitet sein.

Alle Parteien werden sich in Zukunft auf den permanenten Wahlkampf einstellen. Deshalb sind Bündnis 90/DIE GRÜNEN mit ihrer Wahlkampf-Agentur Zum goldenen Hirschen Berlin auch eine langfristige Beziehung eingegangen. Da die bisherige Zusammenarbeit auf allen Ebenen erfolgreich war, man sich gegenseitig schätzt und kennt und um Synergien zu nutzen betreut die Agentur den Bundesverband als Lead-Agency komplett bis zur Bundestagswahl 2006. Side-by-Side-Kampagnen und den Europa-Wahlkampf inklusive. Zusätzlich bestehen Verträge mit einzelnen Landesverbänden für die jeweilige Landtagswahlkampf-Betreuung, im Jahr 2003 Niedersachsen, Bremen und Bayern.

Sinnvoll ist es, als Basis für alle Wahlkämpfe eine langfristige Kampagnen-CI zu entwickeln, die in allen Wahlen von der Bundestagswahl über die Landtagswahlen, Europawahlen und Kommunalwahlen Verwendung findet. Dadurch wird in unserem Fall die Identifizierbarkeit der Marke „Grün" erhöht, eine Qualitätsgrenze gezogen und, stets wichtig, Kosten gespart. Als Resultat dieser Erkenntnis empfiehlt es sich, Jungwählerkampagnen und Neumitgliederkampagnen zwischen den großen Wahlen zu platzieren. Quasi als ‚Teaser-Kampagnen' bringen sie neben der Erfüllung ihrer eigentlichen Aufgaben einen profimäßigen Auftritt zwischen den großen Kampagnen und schaffen Synergieeffekte mit den immer stattfindenden Landtags- und Kommunalwahlkämpfen.

In den Kampagnen ist es ratsam, neue Wege gehen. Je überraschender Ort und Art des Parteiauftritts sind, desto größer ist die Wirksamkeit. Wahrscheinlich wird der Anteil der Standard A1-Plakate an den Bäumen abnehmen und

stattdessen der Anteil von alternativen Kommunikationskanälen wie z.B. mobile
Großflächen und personalisierte Mailings mit lokalem Bezug usw. zunehmen.
Wichtig ist es auch, bereits weit vor dem Kampagnenstart für eine Veranke-
rung der Partei in den betreffenden kulturellen Milieus ihrer Wähler zu sorgen,
am besten in einem permanenten Prozess. Denn während der Kampagne ist das
viel schwerer zu verwirklichen. Dies gilt besonders für eine Partei wie Bündnis
90/Die Grünen, die sowohl in Osten als auch im Westen aus subkulturellen Bewegungen heraus gegründet wurden. Diese kulturellen Wurzeln haben die Grünen in den Neunzigern aus verschiedenen Gründen vernachlässigt und zusätzlich
den Fehler begangen, die Vernetzung in neu entstehende Subkulturen hinein
nicht zu forcieren. Dabei wären und waren diese den Grünen von Grund auf
positiver eingestellt, als den anderen etablierten Parteien. Ein Teil der Arbeit der
nächsten Jahre wird es sein, sich dieses Potential wieder zu Eigen zu machen.
Denn nach wie vor sind die Grünen auch nach dem Marsch durch die Institutionen keine angepasste und stromlinienförmige Partei.

Ein weiteres Defizit besonders der kleinen Parteien ist der geringe Professi-
onalisierungsgrad jenseits der Bundesebene. Bei allem Einsatz der vielen freiwilligen Helfer, ohne die die Parteien Wahlkämpfe ohnehin nicht stemmen
könnten, ist der langfristige Aufbau modernerer und arbeitserleichternder Strukturen erforderlich. Ein Beispiel für gute Strukturen ist die Nähe von Agentur und
politischen Entscheidern. Ein dichter Kontakt und flache Hierarchien sind sehr
wichtig. Das gilt auch für die Landesverbandsebene.

Diese Potentiale auszuschöpfen, kostet Arbeitsaufwand, Zeit und vor allen
Dingen: Geld. Wenngleich niemals genug Geld vorhanden sein wird – ein professionelles Fundraising ist dringend geraten. Und zwar permanent und nicht nur
in den Wahlkampfmonaten. Denn: Ohne Geld sind die besten Ideen nichts wert.

Politik und Werbung – Quo vadis?

„Warum seid ihr kein Schoko-Riegel" titelte eine Agentur ihre Präsentation für
den Bundestagswahlkampf der Grünen. Ein so ehrlicher wie zutreffender Hilfe-
ruf eines Reklamebüros, das sich normalerweise mit Markenführung und –werbung befasst. Nicht, dass das politische Produkt Partei nicht auch als Marke
gesehen und geführt werden kann. Es ist nur bedeutend schwieriger. Das Produkt
selbst ist nicht mit einem Satz zu umreißen; verschiedene Akteure definieren
bisweilen das Produkt durchaus unterschiedlich; die Entscheidungsstrukturen
sind, allen Bemühungen zum trotz, doch langwieriger und zugleich sind die
vorhandenen Zeitfenster, um das Produktprofil zu platzieren, kleiner und der
vorhandene Werbe-Etat geringer als bei einem größeren Unternehmen. Außerdem ist der Themenkanon um vieles weiter. Dazu kommt, dass bei einem Unter-

nehmen nur in den seltensten Fällen das mittlere Management und normale Angestellte Interviews und Statements zu einem Thema oft völlig konträrer Art
geben. Bei einer Partei und besonders bei den manchmal liebenswert streitbaren
Grünen muss man damit immer rechnen.

Trotzdem gilt: Eine Partei ist eine Marke, auch wenn ihr Markenkern nicht
so kompakt ist, wie bei einer Konsummarke, die Positionierung vielleicht öfter
(zu oft?) gewechselt wird und der (Wähler)Markt immer volatiler wird. Gerade
deshalb muss die Agentur ihren politischen Kunden genau kennen, um Kommunikationsformen zu finden, die der Partei angemessen sind. Wenn eine Partei zur
Marke geworden ist, sollte mit dem Kern der Marke behutsam umgegangen
werden. Die Marke „Grün" ist zwar nicht der dickste Dampfer in der stürmi-
schen politischen See, aber dafür wendig, schnell und gut gerüstet für die kommenden Schlechtwetterfronten. Das negative Beispiel zur Thematik Markenführung bei Parteien stellt zur Zeit die FDP dar, deren Sprung von Kohls drögem
Juniorpartner zur neoliberalen Volks- und Spaßpartei mit anschließender Volte
zum ernsthaften Gewerkschaftsfresser vom Wähler nicht belohnt wurde. Vielleicht hätte die FDP lieber ihren eigentlichen Kern, den Liberalismus, in den
letzten Jahren pflegen sollen.

Konzepte der Markenführung, des Themenmanagements und der Parteipo-
sitionierung lassen sich am besten von Politik und Beratung gemeinsam bzw. auf
einander gestützt erarbeiten. Dieser Bedarf ist vorhanden. Aber auch wenn die
politischen Parteien seit vielen Wahlkämpfen zunehmend professionelle (Wahl-
kampf-)Hilfe in Anspruch nehmen, gibt es immer noch wenige Agenturen, die
auf diesem Gebiet Kompetenzen vorzuweisen haben. Der Markt ist dafür wohl
immer noch zu klein und wird, so unsere These, in Deutschland nie so groß werden, dass sich voll spezialisierte Politikberatungsagenturen erfolgreich etablieren
könnten.

Nur Werbung und nur im Wahlkampf allerdings ist entschieden zu wenig.
Eine ständige Kooperation mit einer politikerfahrenen Kommunikationsagentur
muss her, mit einer Agentur, die zudem nicht nur die klassischen Formen der
Werbung und Kommunikation beherrscht, sondern auch Research und Mei-
nungsumfrage in ihrem Repertoire hat oder zumindest in einem Verbund mit
einem entsprechenden Institut steht. Nur so ist eine ständige Aktualisierung der
Daten und zugleich auch eine regelmäßige Überprüfung und, falls nötig, eine
Korrektur des politischen Marketings möglich.

Idealerweise steht so eine Agentur dann nicht nur dem Bundesverband zur
Verfügung, sondern auch den anderen Gliederungen der Partei, damit die Kom-
munikationsmaßnahmen „aus einem Guss" erscheinen und der Wiedererken-
nungseffekt bei den verschiedensten Aktivitäten und den unterschiedlichen
Wahlkämpfen maßgeblich erhöht wird.

Die Zusammenarbeit von Werbeagentur und Partei: In der kontinuierlichen Kommunikation zwischen Agentur und Partei werden neue Schwerpunkte gesetzt werden. Neben den klassischen Feldern der Werbung wird der Anteil an Research und Marktforschungs-Analyse innerhalb der Agenturen zunehmen – der Trend geht zur Full-Service-Politik-Agentur bzw. zu Agenturnetzwerken, die sowohl die kreative Planung als auch Trendchecks, Erfolgskontrolle und Themen-Tests übernehmen können. Und so dem Innovationsdruck des großen Geldes standhalten. Was mit „Amerikanisierung" nicht mehr viel zu tun hat, es sei denn, man nimmt das Schlagwort als Synonym für die fällige Professionalisierung.

Unternehmenslobbying: Politik informieren – Interessen kommunizieren

Wolf-Dieter Zumpfort

Einleitung

Unternehmenslobbying, das ist kein kurzlebiger Managementtrend sondern eine Notwendigkeit für eine jede Firma, um den Unternehmenszweck in einem politischen Umfeld optimal zu positionieren.

Was Unternehmenslobbying wirklich ist und welches Potential in ihm steckt, ist oftmals nicht bewusst. Im Gegenteil: Der Begriff ist manchmal noch mit einem negativen Beigeschmack belastet. Dabei handelt es sich um einen legitimen Vorgang der Interessenvertretung, wie wir es von den Gewerkschaften oder den Unternehmensverbänden her kennen. Dies ist unter anderem eine Folge der unzureichenden Kenntnis über die Inhalt und Wirkungsweise sowie der Bewertung der Tätigkeit eines Unternehmenslobbyisten. Direkt absatzfördernde Maßnahmen eines Verkäufers lassen sich vielfach eher quantifizieren in Umsatzsteigerung und Ertrag, als dies bei der Informations- und Kommunikationsarbeit des Lobbyisten der Fall ist. Bezogen auf den Informationsservice eines Lobbybüros heißt das, dass die Schnelligkeit und die Zuverlässigkeit der Informationsübermittlung, die Dauerhaftigkeit des Informationsflusses sowie die Werthaltigkeit der Information Kriterien sind, nach denen eine Tätigkeit des Lobbyisten bewertet werden kann. Ferner ist die Qualität des Kommunikationsnetzwerkes und die Entscheidungskompetenz der vermittelten Gesprächspartner Maßstab für die Effizienz eines Lobbybüros.

Zusammengefasst kann man sagen: Unternehmenslobbying ist gezielte, systematische Informations- und Kommunikationsarbeit zwischen Wirtschaft und Politik und setzt bestimmte formelle und personelle Merkmale voraus. Welche das sind und was Unternehmenslobbying konkret ist bzw. wie es funktioniert, soll nachfolgend dargestellt werden

Definitionen: Lobbying als Teil von Public Affairs

Unter Public Affairs versteht man allgemein die Gestaltung der externen Beziehungen von Institutionen und Firmen zur politischen und gesellschaftlichen Umwelt. Im Prinzip handelt es sich bei Public Affairs um einen Informations- und einen Kommunikationsprozess. Public Affairs organisiert durch Information und Kommunikation den Dialog von Unternehmen und Organisationen mit der Politik, mit der Wirtschaft und der Gesellschaft mit dem Ziel der Mitgestaltung der politischen Entscheidungsprozesse und der Entscheidungen. Unter diese Definition von Public Affairs fallen solche Tätigkeiten wie:

- das Gestalten von Regierungsbeziehungen,
- das Gestalten von Beziehungen zu non-governmental Organizations (NGOs),
- der Einsatz von Medien
- die Gestaltung der gesellschaftlichen und politischen Umwelt und auch
- Lobbying.

Von diesem Begriff Public Affairs abgesetzt gibt es den Begriff der Public Relations, der nach außen gerichteten in der Regel immer einseitigen Kommunikation. Darunter kann man das Management von Kommunikation verstehen. Public Relations plant und steuert also die Kommunikationsprozesse für Personen, Organisationen, Institutionen und Firmen mit deren Beziehungsgruppen in der Öffentlichkeit. Im Prinzip erfasst Public Relations alle so genannten „Stakeholder" mit Anteil an einem Thema und gestaltet somit gesellschaftlich relevante Themen.

Lobbying ist Teil von Public Affairs. Lobbying wirkt auf Entscheidungsprozesse von Politik und Verwaltung durch Information und Kommunikation ein. Akteure des Lobbying sind Firmen, Verbände, Consultants oder auch Politikberater. Ihre Tätigkeiten bestehen unter anderem im Aufbau von Netzwerken, im ständigen Dialog mit Entscheidungsträgern und Vorbereitern und aus der Präsentation der eigenen Position.

Manchmal wird der Begriff des Lobbying auch noch für die interessengeleitete Kontaktpflege zu weiteren Stakeholdern, wie Medien der Öffentlichkeit, verwendet, um diese im Sinne des jeweiligen Unternehmens oder einer Organisation zielgerichtet zu beeinflussen. Nachfolgend wird aber immer von politischem Lobbying gesprochen. Der Begriff wird also politisch verstanden. Aus der Politik stammt auch der eigentliche Begriff des Lobbying, denn Lobby ist der englische Begriff für die Vorhalle zum Parlament. In dieser Vorhalle trafen sich in früheren Zeiten, als eine andere Kommunikation über Handys oder Telefon usw. noch auf Grund der technischen Entwicklungen nicht gegeben waren, die Interessenvertreter mit den politischen Entscheidungsträgern, also die Abgeordneten oder der Regierung, um vor der Entscheidung des Parlamentes oder der Regierung die eigenen Interessen noch einbringen zu können.

Abgrenzungen: Unternehmenslobbying

Unter Unternehmenslobbying in einer Regierungshauptstadt kann man die firmenspezifische Interessenvertretung einer Firma[1] gegenüber der Politik und der politischen Öffentlichkeit sowie Politikgestaltung verstehen, mit dem Ziel die von der Politik gesetzten Rahmenbedingungen für die wirtschaftliche Bestätigung des Unternehmens zu sichern und zu erweitern, in dem der administrative und politische Entscheidungsprozess unterstützt wird.

Gezieltes Unternehmenslobbying versucht also überall dort, wo Gesetze und Verordnungen sowie andere staatliche Tätigkeiten die Rahmenbedingungen für die ökonomischen Aktivitäten der Firma festlegen und Verbände mit deren allgemeinen Zielsetzungen die firmenspezifischen und zum Teil konkurrierenden Anliegen der Firmen nicht mitvertreten können, diese Rahmenbedingungen im Firmeninteresse zu beeinflussen.

Im Gegensatz zu Verbänden, die sich registrieren lassen müssen beim Deutschen Bundestag, wenn sie parlamentarisch als Lobbyisten anerkannt sein wollen, gibt es eine solche Registrierungspflicht für die Unternehmenslobbyisten nicht. Daher ist die Zahl der Unternehmenslobbyisten früher in Bonn oder jetzt in Berlin nicht genau bekannt.

Da die Organisation mit Kosten, wie Büro, Sekretärin, repräsentative Ausstattung des Büros und mindestens einer Person als Firmenrepräsentant, einhergeht, können sich in der Regel nur größere Firmen eine solche Vertretung in Berlin erlauben. Es gibt nur wenige Indizien, aus denen man die Zahl der Firmen, welche solche Dienststellen in der Regierungshauptstadt unterhalten, abschätzen kann. Ein solches Merkmal ist z.B. die Zugehörigkeit zum Collegium, dem Zusammenschluss der Unternehmenslobbyisten in Bonn. Im Jahre 2004 ist die aktuelle Firmenliste wie folgt:

---

[1] Firma oder Unternehmen wird im Nachfolgenden synonym verwendet.

Abbildung 1:

Adam Opel AG	HDW-
Alcatel Deutschland GmbH	Howaldtswerke-Deutsche Werft AG
Allianz Group	Hewlett-Packard GmbH
ALSTOM GmbH	IBM Deutschland GmbH
Altana AG	Infenion Technologies AG
Babcock Borsig Power Systems GmbH	MAN Aktiengesellschaft
BASF AG	Microsoft Deutschland GmbH
BAYER AG	MTU Friedrichshafen GmbH
Bayerische Motoren Werke AG	Philips Beteiligungs-GmbH
Commerzbank AG	RAG Aktiengesellschaft
DaimlerChrysler AG	Robert Bosch GmbH
DEKRA AG	Rolls-Royce Deutschland Ltd.
Der Grüne Punkt -Duales System	& Co KG
Deutschland AG	Rolls-Royce International Ltd
Deutsche Bank AG	RWE AG
Deutsche Leasing AG	Siemens AG
Deutsche Lufthansa AG	Thales International Deutschland GmbH
Deutsche Post AG	ThyssenKrupp AG
Deutsche Telekom AG	TUI AG
E.ON AG	Vodafone
Ford-Werke AG	Volkswagen AG
	Westdeutsche Landesbank AG

Merkmale des Unternehmenslobbyings

Die Unternehmenslobbyisten in Berlin und früher in Bonn haben in der Regel gleiche Merkmale. Dazu gehören vor allem die direkte Vorstandszuordnung, das Firmenbüro, die Residenzpflicht am Regierungssitz, der Repräsentantenstatus und die Mitwirkung in der ‚political community'.

Die Unternehmenslobbyisten[2] müssen eine direkte Vorstandszuordnung haben. Ihre Dienststellen heißen in der Regel Repräsentanzen, Verbindungsstelle oder Vertretung oder Außenstelle Berlin oder Direktionsbüro oder einfach Büro Berlin. Im Organisationsschema ihres Unternehmens sind die Leiter dieser Büros entweder unmittelbar dem Vorstand und der Geschäftsleitung oder einer Hauptabteilung beim Vorstand zugeordnet. Auf ihrer Visitenkarte steht Direktor, Generalbevollmächtigter, Beauftragter oder Bevollmächtigter des Vorstands in Berlin oder Leiter des Büros Berlin. Neben der Vorstandszuordnung und dem Firmenbüro, ist die Residenzpflicht am Regierungssitz unmittelbare Vorausset-

---

[2] Im Folgenden auch Firmenlobbyist oder einfach nur Lobbyist genannt.

zung für einen Unternehmenslobbyisten in Berlin. Der Lobbyist muss Teil der sogenannten „political community" sein und in ihr anerkannt mitwirken.

Die hochrangige hierarchische Einordnung des Lobbyisten in sein Unternehmen ist für ihn und ebenso für seine Firma sehr wichtig. Seine Bezugspersonen in Berlin erfahren dadurch, dass er Informationen aus erster Hand bringt und unmittelbare Kontakte herstellen kann mit den entscheidenden Stellen seines Unternehmens. Der Verbindungsmann in Berlin muss also stets erste Adresse sein und nicht Briefträger für Informationen.

Die Organisation und personelle Besetzung einer solchen Verbindungsstelle zwischen dem Unternehmen und der Politik richtet sich nach den Aufgaben, also welche politische Interessenvertretung wahrzunehmen ist, z.B. ob Mittel für staatliche Förderungen eingeworben oder gesucht werden, ob in Berlin Service für das Auslandsgeschäft geleistet werden sollen. Dabei wird in der Regel in den Firmenbüros nicht zwischen kommerzieller und politischer Lobby unterschieden und organisatorisch oder personell getrennt.

Für das Unternehmenslobbying gibt es keine Ausbildung und für den Lobbyisten auch keinen Berufsbild. Lobbyisten kommen auch aus unterschiedlichen Tätigkeitsbereichen. Man kann sie grob unterscheiden: aus der Wirtschaft d. h. aus der Firma, dem Verband der Presse u.a. kommend, also z.B. ökonomisches Wissen und unternehmerische Kenntnisse mitbringend und damit in die Politik hineingehend oder aus der Politik und der Verwaltung kommend und die Mechanismen der Politik kennend und dann dieses Wissen als Unternehmenslobbyist für die Firma nutzbringend einsetzend.

Unternehmenslobbying versus Verbandslobbying

Eine Unternehmung kann sich entscheiden, Lobbying über einen Firmenvertreter oder über Verbände oder aber auch über Consultants zu betreiben. Was ist nun der Unterschied zwischen solchem Unternehmenslobbying zum Verbandslobbying?

Ein Unternehmenslobbyist wird immer nur und ausschließlich die Interessen seiner eigenen Firma vertreten. Ein Verbandslobbyist dagegen muss die gesamte Branche, in der auch die Firma des Lobbyisten Mitglied sein kann, kennen. Er bildet somit nicht nur die Interessen einer einzelnen Firma ab, sondern muss versuchen, aus der gesamten Branche ein Meinungsbild zu einem bestimmten Thema zu erhalten und dafür Lobby machen. Damit ist manchmal der Verbandsvertreter schlagkräftiger, weil er gegenüber den politischen Entscheidungsträgern mit der geballten Macht bzw. als Sprecher aller Firmen auftreten kann.

Abbildung 2:

Unternehmenslobbying versus Verbandslobbying

Unternehmenslobbying	Verbandslobbying
▪ Unternehmensbezogen	▪ Branchen- o. Wirtschaftsbezogen
▪ Projektbezogen	▪ Themenbezogen
▪ Einzelinteresse	▪ Gesamtinteressen
▪ Allianzen mit anderen Firmen	▪ Konkurrierende Firmen innerhalb des Verbands
▪ Ohne eigenständige Öffentlichkeitsarbeit	▪ Mit Öffentlichkeitsarbeit und Kampagnen
▪ Kleine Büroorganisation	▪ Große Organisationsstrukturen

Die verschiedenen Einzelinteressen einer Firma werden durch den Verband gebündelt. Der Verband vertritt sozusagen die Gesamtinteressen und es kommt darauf an, dass er damit nicht nur den kleinsten gemeinsamen Nenner, sondern möglichst viele Interessen erfassen kann. Vielfach ist ein Verband jedoch nicht in der Lage, auf die spezifischen Einzelinteressen einer einzelnen Firma gesondert einzugehen. Vor diesem Hintergrund ist der Unternehmenslobbyist aufgerufen, bei einem Branchenthema die besonderen Interessen der einzelnen Firma gegenüber der Politik gezielt deutlich zu machen.

Der Vorteil des Unternehmenslobbyisten besteht auch darin, dass er seine Einzelinteressen mit bestimmten Firmen einer anderen Branche in einer Allianz vortragen kann. Innerhalb eines Verbands gibt es dagegen konkurrierende Firmen, die durch den Verband dennoch von außen gemeinsam vertreten werden sollen.

Während ein Unternehmenslobbyist in seiner Tätigkeit in der Regel ohne parallele Öffentlichkeitsarbeit vorgeht, um sein Thema durchzusetzen und auch seine Tätigkeit von der Kommunikations-/Presseabteilung eines Unternehmens abgetrennt ist, versuchen Verbände ihre Themen mit Öffentlichkeitsarbeit und mit Kampagnen durchzusetzen. Während also die Kraft des Lobbyisten in der Regel nur aus dem Gespräch und aus der schriftlichen oder mündlichen Information bestehen kann, haben die Verbände noch zusätzliche Plattformen, um Druck von außen auf die Politik auszuüben. (Beispielhaft kann hier die Kampagne des BDI im Jahr 2003 genannt werden „Fesseln sprengen - Freiheit wagen", mit der die Agenda 2010 der Bundesregierung unterstützt werden sollte.)

Merkmale des Verbandslobbying darüber hinaus sind natürlich, dass sie große Organisationsstrukturen besitzen, während ein Unternehmenslobbyist in der Regel nur über ein Büro mit Sekretärin und evtl. einem Assistenten verfügt. Um diese Organisationsstrukturen zu rechtfertigen, besteht natürlich ein großer Legitimationsdruck gegenüber den Mitgliedern. Deswegen werden Verbände alles versuchen, ihren Status als Lobbyist für die Unternehmen nach außen so gut wie möglich zu verkaufen und auch dafür Werbung machen. Über die Zahl der Verbände kann man am Besten einen Überblick bekommen, wenn man das Register des Deutschen Bundestags einsieht. Alle Verbände, die parlamentarisch angehört werden wollen, müssen sich beim Bundestagspräsidenten in ein solches Register eintragen.

Gut geführte Unternehmen werden bei ihrer Durchsetzung politischer Ziele einen kombinierten Auftritt planen, d.h. sie werden über den Unternehmenslobbyisten und über den Verband bei den politischen Entscheidungsträgern tätig werden. Dies nach dem Motto „Einzellauftritt, wo notwendig - Gemeinsamkeit dort, wo es sinnvoll ist". Man kann es aber auch mit einem anderen Satz beschreiben: „Getrennt marschieren - vereint schlagen".

Unternehmenslobbying versus Consultants

Neben den Unternehmenslobbyisten und den Verbänden gibt es eine noch viel größere Zahl von Politikberatern, die zwischen Unternehmen oder Nichtregierungsinstitutionen auf der einen Seite und der Politik und deren verschiedenen Entscheidungsträgern lobbyieren. Dazu gehören Consultants, Public Affairs Büros, Anwaltskanzleien, externe Berater usw. Die verschiedenen Unterscheidungsmerkmale sind nachfolgende aufgeführt.

Abbildung 3:

Unternehmenslobbyist versus Consultant	
Unternehmenslobbyist	Consultant
▪ Repräsentant der Firma	▪ Repräsentant der Agentur/ Kanzlei oder selbständig
▪ Firmentransparenz	▪ Auftraggeber nicht sofort erkennbar
▪ Dauerhafte Tätigkeit	▪ Zeitlich befristeter Auftrag
▪ Alleinstellungsmerkmal	▪ Oftmals für mehrere Auftraggeber zugleich tätig
▪ Ohne allgemeine Öffentlichkeit	▪ Müssen werben
▪ Unmittelbares Auftreten	▪ Vermittler

Der Lobbyist ist immer Repräsentant seiner Firma. Er hat sozusagen das Firmenlogo auf der Stirn stehen. Ein Consultant, d.h. der angestellte oder selbständige Inhaber von einer Agentur, Kanzlei usw., vertritt einen Kunden, der einen zeitlich und inhaltlich befristeten Auftrag gegeben hat.

Die Firmentransparenz eines Unternehmenslobbyisten ist immer erkennbar. Wenn jedoch der Consultant sich meldet, weiß der anzusprechende Beamte oder Politiker zuerst einmal nicht, in welchem Auftrag der Consultant nun tätig wird. Grundsätzlich steht zwischen der Firma und der Politik, auf den sie Einfluss nehmen will, ein Consultant als Vermittler. Aus der zeitlich befristeten Auftraggebung für den Consultant spricht auch im Gegensatz dazu die dauerhafte Tätigkeit als Merkmal für den Unternehmenslobbyisten.

In der Regel hat der Unternehmenslobbyist ein Alleinstellungsmerkmal. Dieses ist durch sein Büro bzw. durch seinen Titel, wie oben dargestellt, kenntlich gemacht. Der Consultant hingegen, der für mehrere Auftraggeber zugleich tätig ist, kann solches Alleinstellungsmerkmal nicht aufweisen.

Wie schon vorne dargestellt, ist der Unternehmenslobbyist ohne Öffentlichkeitsarbeit tätig. Der Consultant allerdings muss werben für das, was er tut, um Kunden zu bekommen. Vielfach gibt er in seiner Werbebroschüre auch Referenzen an, d.h. also Firmennamen, für die er in der Vergangenheit erfolgreich tätig geworden ist. Dies ist damit ein weiteres Unterscheidungskriterium zum Unternehmenslobbyisten, der nur für die Interessen seiner Firma wirbt. Der Consultant wirbt dagegen in zwei Richtungen: einmal gegenüber einem Kunden, den er zu gewinnen sucht und gegenüber der Politik, der er die Interessen des geworbenen Kunden deutlich macht. Vor diesem Hintergrund ist auch das Auftreten des Unternehmenslobbyisten ein unmittelbares, direktes, während der Consultant nur als Vermittler tätig werden kann.

Natürlich gibt es Fälle, wo sich die Aktivitäten von beiden mischen. So kann die Tätigkeit eines Unternehmenslobbyisten nicht nur durch die Aktivitäten eines Verbands unterstützt werden, sondern auch dadurch, dass ein Consultant mit Spezialaufträgen, für die er sich besser eignet als ein Firmen oder Verbandsvertreter, Interessenwirkung zu erzielen versucht. Für den Firmenlobbyisten gilt jedoch: persönliche Kontakte kann man nicht delegieren. Vor diesem Hintergrund wird er grundsätzlich immer zuerst versuchen, ohne Consultants und ohne Verbände für seine Firma wirken zu können.

Allerdings ändert die Szene sich ständig. So scheint in letzte Zeit ein zunehmender Trend zu Public Affairs Agenturen in Berlin wahrnehmbar zu sein, auf den insbesondere die Politik selber Zugriff nimmt.

Bestimmungsfaktoren des Unternehmenslobbyings

Die Tätigkeit eines Firmenlobbyisten wird unter anderem bestimmt durch die Legislative, also die gesetzgeberische Arbeit und das Informationsbedürfnis des Bundestags und des Europäischen Parlaments und auf der anderen Seite durch die Arbeit der Exekutive, also der Regierung und deren Informationsbedürfnis.

Auf der anderen Seite wird die Tätigkeit des Lobbyisten bestimmt durch die Aktivitäten einer Firma, und durch das, was die Verbände an Engagement in der jeweiligen Sache zeigen sowie natürlich auch durch bestimmte gesellschaftliche Entwicklungen. Grundsätzlich kann auch von der Politik ein Interesse an eine Firma herangetragen werden. Vor diesem Hintergrund ist der Unternehmenslobbyist ein Interessenmakler zwischen der Politik und der Firma. Die Adressaten seines Lobbying sind daher Institutionen wie das Bundeskanzleramt, die verschiedenen Ministerien, das Parlament, der Bundesrat, die Parteien, politische Organisationen und Stiftungen, Landesvertretungen und diplomatische Vertretungen sowie viele mehr. In diesen Bereichen agiert der Lobbyist gegenüber Personen, die nicht nur Entscheidungsträger, sondern auch Entscheidungsvorbereiter sind oder er sucht sich Multiplikatoren, die für ihn wirksam werden können. Allgemein gilt, dass der Lobbyist die gesamte Palette der Personen, die in einem Entscheidungsprozess aktiv sind, betreuen muss.

Externes Lobbying

Der Kern der Tätigkeit eines Unternehmenslobbyisten, der für seine Firma Interessen im politischen Umfeld wahrnimmt, besteht darin, ein Informations- und Kommunikationsnetz von Personen und Institutionen aufzubauen bzw. zu pflegen und stets auf dem neuesten Stand zu erhalten. Dazu muss er etwas über die Politik und die politischen Entscheidungsprozesse verstehen, um es gelinde auszudrücken. Darüber hinaus muss er versuchen, stets auf dem neuesten Stand zu sein über die internen Arbeits- und Entscheidungsstrukturen von solchen politischen Institutionen, d.h. er muss versuchen, solche Kenntnisse zu erlangen bzw. zu verbreitern und die entsprechenden Akteure so zu kennen, dass er mit Ihnen kommunizieren kann.

Das Herstellen des Kontakts zur richtigen Person und Institution auf der richtigen Entscheidungsebene und zum richtigen Zeitpunkt ist das A und O für einen Lobbyisten. Es kommt darauf an, von diesen Personen zum passenden Zeitpunkt die prägnante Information zu bekommen oder in den Entscheidungsprozess einspeisen zu können, damit Entscheidungen nicht gegen die Interessen der Firma ausfallen, bzw. als Ergebnis sich das kleinere oder kleinste von allen Übeln einstellt.

Ein besonderes Merkmal der Tätigkeit des Unternehmenslobbyisten ist die hierarchiefreie Kommunikation. Im ganzen Entscheidungsbaum eines Ministeriums oder einer Institution oder einer Partei muss er in der Lage sein, mit jedem auf allen Ebenen zu sprechen. Vor diesem Hintergrund ist seine unmittelbare Anbindung an den Vorstand des eigenen Unternehmens eine notwendige Voraussetzung dafür, dass er sowohl mit dem Minister oder Staatssekretär als auch mit dem „einfachen" Referenten oder dessen Sekretärin sprechen kann. Lobbying ist keine Einbahnstraße. Es kommt nicht nur darauf an, dass Informationen in den Entscheidungsapparat eingespeist werden, sondern vielfach holt sich ein Entscheidungsvorbereiter aus dem politischen Umfeld die Information auch vom Unternehmenslobbyisten ab. Das bedingt natürlich gegenseitiges Vertrauen und unbedingte Verschwiegenheit. Wenn ein Lobbyist seinen Ansprechpartner im Ministerium oder in den Behörden mit falschen oder unzureichenden Informationen versieht, so ist er „verbrannt", d.h. die Kontaktperson wird sich ungern des gleichen Informationsgebers bedienen. Vor diesem Hintergrund sind die Seriosität und die Zuverlässigkeit ebenso wichtig wie Genauigkeit und Exaktheit der Information.

Im Prinzip kann man jedoch davon ausgehen, dass der Unternehmenslobbyist eine dauerhafte Bringschuld, was Informationen anlangt, gegenüber den Entscheidungsträgern hat. Ebenso wird ihm nicht automatisch eine Information besorgt, sondern er hat auch eine Holschuld im Interesse seines Unternehmens.

Internes Lobbying

Der Unternehmenslobbyist muss auch in seine Firma hineinwirken. Er ist sozusagen eine interne Serviceeinheit, welche die operativen Einheiten des Unternehmens bei der Erreichung ihrer Ziele unterstützt. Seine Aufgabe ist es also, für eine kontinuierliche Informationsbeschaffung und das Monitoring firmenrelevanter Themen zu sorgen. Darüber hinaus kommt es darauf an, den Entscheidungsträgern seiner Firma die Bedeutung und Wichtigkeit einer Information bzw. die Notwendigkeit einer Kommunikation zwischen den Entscheidenden der Firma und der Politik zu vermitteln. Im Prinzip sollte er dabei regelmäßig und vollständig über alle relevanten Vorgänge in der Firma informiert sein und in alle strategischen Überlegungen einbezogen sein.

Die Merkmale seiner Tätigkeit im internen Lobbying eines Unternehmenslobbyisten bestehen unter anderem in der Schnelligkeit und der Zuverlässigkeit der Informationsübermittlung. Für eine Firma ist auch die Dauerhaftigkeit des Informationsflusses von Wichtigkeit, ebenso wie die Werthaltigkeit und die Qualität der Information. Für eine Firma kommt es darüber hinaus auch darauf an, dass die vom Lobbyisten vermittelten Gesprächspartner in der Politik wirklich Entscheidungskompetenz haben.

Ein grundsätzliches Problem ist die Messbarkeit der Aktivitäten eines Unternehmenslobbyisten. Er produziert ja kein Gut und er verkauft nicht irgendetwas. Wie viel ist eine von ihm beschaffte Information wert, welche man nicht aus der Zeitung entnehmen kann?

In der Regel sind die Gehälter der Unternehmenslobbyisten auf der Ebene eines Abteilungsleiters einer Firma oder eines Geschäftsführers angesiedelt. Wie gut oder wie schlecht allerdings ein Lobbyist ist, das hängt beispielsweise davon ab, ob er alle Entscheidungsträger und Strukturen kennt, ob er mit Ihnen gesprochen hat, ob er eine Kommunikation zwischen dem Unternehmen und diesen Personen, Institutionen hergestellt hat, ob er seine Termine einhält und ob er letztlich auch langfristig Erfolg in seiner Aktivität hat.

Lobby-Informationsstrukturen

Interessenvertretung in Berlin und Brüssel als Lobbyist geschieht vor allem durch Informationstransaktion. Informationen werden aufgenommen, bewertet, verwertet und weitergegeben. Die Informationsbeschaffung und -bearbeitung wird unter dem Begriff Monitoring gefasst, während die Informationsweitergabe dann das aktive Bemühen um Einflussnahme darstellt. Um über die Monitoringfunktion hinaus Informationen weitergeben zu können und auf die verschiedenen Institutionen einwirken zu können, ist es notwendig, in den meisten Bereichen mindestens den selben Informationsstand wie die zuständigen Bearbeiter zu besitzen, dies gilt intern und extern, und in den betreffenden Fragen mehr Expertise bieten zu können.

Konkret heißt das, täglich sämtliche sich bietenden Informationsquellen selektiv nach Neuigkeiten abzusuchen. Dazu gehören an erster Stelle allgemeine Informationsdienste sowie Zeitungen, Fernsehen und Rundfunk aber auch die Web-Seiten der Institutionen selbst. Der kaum zu überblickende Wust von Nachrichten wird von einer Reihe in Brüssel oder Berlin ansässiger Think Tanks und Presseagenturen aufbereitet. Sie stellen also eine weitere Informationsquelle dar. Seminare und Briefings von verschiedensten Veranstaltern ergänzen die Basisinformationen um vertiefende Einblicke.

Für einen Firmenlobbyisten kommt es aber auch darauf an, Kontakte zu den Informationsquellen in den Ministerien, den Ämtern, Parlamenten und Ausschüssen zu besitzen. Da er aber nicht überall gezielt persönlich vor Ort sein kann, ist es nützlich, wenn er auch zu Informationssammelstellen Kontakt hat, die ihm ein Teil der Informationssuche und -verarbeitung abnehmen können. Dazu gehören die entsprechenden Verbände, Landesvertretungen, Presse- und Öffentlichkeitsabteilungen der Ministerien oder die Pressebüros. Es ist also sinnvoll, nicht nur auf den Entscheidungs- und Arbeitsebenen die entsprechenden Personen, wie Minister, Staatssekretäre, Vorsitzende der Ausschüsse, Leiter von Fraktionsarbeitskreisen zu kennen, sondern auch die Schlüsselpersonen, die schließlich die Entscheidungen oder Informationen vorbereiten, wie Bürovorsteher, persönliche Referenten, Geschäftsführer der Ausschüsse, Obleute und Sprecher oder die Journalisten selber.

Abbildung 4:

Institutionell		Personell	
Infosammel- stellen	*Infoquellen*	*Schlüssel- personen*	*Entscheidungs- u. Arbeitsebenen*
Verbände	Ministerien	Bürovorsteher	Minister
Landesvertretungen	Ämter	Pers. Referenten	Staatssekretäre
Presse- & ÖA-Abt. der Ministerien	Behörden	Geschäftsführer der Ausschüsse	Behörden-Leiter (AL, UAL, Referate)
Ministerien	Parlamente	Obleute/ Sprecher	
Pressebüros u.a.	Ausschüsse, u.a.	Journalisten u.a.	Vorsitzende der Parlamentsausschüsse Leiter der Fraktionsarbeitskreise u.a.

Lobby-Kommunikationsstrukturen

Das Aufrechterhalten von Netzwerkaktivitäten und die Kontaktpflege zu Kommunikationspersonen kann man nicht am Schreibtisch machen. Zu der Tätigkeit des Lobbyisten gehört es daher, in möglichst viele Gremien eingebunden zu sein, möglichst viele Kommunikationspartner persönlich zu kennen und auf möglichst vielen Veranstaltungen sich und seine Firma darzustellen, um Kommunikationsstrukturen aufbauen, verbessern oder halten zu können.

Hierbei geht die Kontaktpflege einher mit Repräsentationsverpflichtungen des Lobbyisten. Dies kann z.B. in Firmenveranstaltungen geschehen, wo man die interessierten Abgeordneten oder Beamten zu Fachinformationssitzungen einlädt oder im etwas breiteren Rahmen zu parlamentarischen Abenden. Man lädt alle seine Gesprächspartner aus Parlament, Regierung und Ministerien ein Mal im Jahr zu einem gemeinsamen Event mit dem Vorstand und leitenden Mitarbeitern der Firma ein, um damit einen Dank abzustatten für die in der vergangenen Periode davor erzielte gute Zusammenarbeit .

Repräsentationsverpflichtungen, die der Lobbyist unermüdlich auf sich nehmen muss, sind sehr zahlreich. Dazu gehört die Teilnahme an Veranstaltungen aller Art, die im Bereich Kultur, Sport, Kunst und Musik durchgeführt werden, auch Sportveranstaltungen, wie der Meilenlauf um das Parlament, Sommerfeste der Landesvertretungen, Fachveranstaltungen, z.B. des Deutschen Verkehrsforums oder Tagungen, wie die Botschafterkonferenz des Auswärtigen Amts. Zusätzlich muss der Lobbyist in den Fachverbänden und anderen Organisationen seinen Fuß haben, d.h. er muss Mitglied in Ausschüssen oder Gesprächskreisen oder gesellschaftspolitischen Initiativen sein. Unabhängig davon muss er Netzwerkinstitutionen pflegen, wie z.B. den Wirtschaftspolitischen Club oder die Gesellschaft für Strukturpolitische Fragen oder in dem schon oben zitierten Collegium.

Schlussbemerkung

Lobbying ist die Kunst des Einwirkens und verlangt die Fähigkeit, die richtigen Informationen am richtigen Ort von den richtigen Personen zu erlangen und gezielt, d.h. den Interessen des Unternehmens und seiner Mitarbeiter dienlich, einzusetzen.

Somit kann ein Unternehmen frühzeitig und gezielt mit präzisen Informationen über zukünftige Entwicklungen insbesondere auch auf gesetzgeberischer Ebene versorgt werden.

Lobbying ist damit das Radar- und Frühwarnsystem eines Unternehmens, um mit Informationen entscheidende Wettbewerbsvorteile zu erlangen, um den wirtschaftlichen Erfolg sicherstellen zu können. Dabei ist Lobbying keine Einbahnstraße sondern ein wechselseitiger Prozess des Informationsaustausches und der Kommunikation zwischen der Unternehmen und der Politik, der über die Einflussnahme und Wirkungsweise der Tätigkeit von Verbänden im politischen Umfeld im Interesse der Wirtschaft hinausgeht.

Letztlich kommt es darauf an, dafür zu sorgen, dass ein Unternehmen auf nationaler oder europäischer Ebene nicht von veränderten politischen Rahmenbedingungen überrascht wird, sondern auf sie einwirken kann. Wenn das erreicht ist, handelt es sich um gutes Unternehmenslobbying.

Dieser Beitrag ist der ausformulierte Text einer Präsentation auf dem Politikkongress 2003 am 24./25. November 2003 in Berlin.

Politikberatung als Lobbying

Rudolf Speth

Einleitung

In den unübersichtlichen Markt der Politikberatung ist Bewegung und Konkurrenz gekommen. Lobbyisten, PR-Agenturen und Anwaltsbüros möchten sich als Politikberater verstanden wissen. Aber auch die großen Unternehmensberatungsfirmen wittern lukrative Aufträge. Die jüngste Diskussion um die Berater und ihre wertlosen Gutachten zeigt, wie weit sich die Politik von den Beratern abhängig gemacht hat, die mit ihrem Rat häufig auch Lobbyinteressen transportieren. Die Politik möchte sich allzu oft hinter den Beratern verstecken und die Lobbyisten geben sich als die neutralen Berater.

Politikberatung ist daher immer mehr ein Etikett für einen ungewissen Inhalt. Politik war schon immer auf das Wissen von Experten, Wissenschaftlern, Beratern, Strategen, Kommunikationsfachleuten und Lobbyisten angewiesen. An dieser Situation hat auch der Aufbau von Ministerialbürokratien, Planungsstäben im Kanzleramt und Ministerien, Parlaments- und Fraktionsbürokratie nichts geändert. Ganz im Gegenteil. Der beamtete Sachverstand gerät immer weiter in Abhängigkeit von den Experten von außen. Die zunehmende Komplexität von Problemlagen, neue Themen wie Gentechnik, Hedgefonds, Bilanzierungsregeln von Unternehmen, neue außenpolitischen Aktivitäten in entfernten Weltregionen erzwingen die Öffnungen gegenüber Experten mit ihrem speziellen Wissen. Hinzu kommt noch die zunehmende Abhängigkeit der Politik bei der Umsetzung der Ergebnisse von den Betroffenen. Regieren vollzieht sich heute zunehmend in netzwerkartigen, dezentralen Organisationsformen, bei denen die klaren Abgrenzungskriterien zwischen dem öffentlichen und privaten Sektor immer mehr verschwimmen. Dies hat zur Folge, dass private Interessengruppen immer stärker in die Konzeption und in die Durchführung der Politik miteinbezogen werden.

Einflussreiche Agenturen wie WMP (Wirtschaft – Medien – Politik) preisen ihre Dienste als Politikberatung an. Doch bei näherem Hinsehen ist WMP ein Lobbyunternehmen, das aufgrund seiner Mitglieder über beste Kontakte in die Politik verfügt. Als Kennzeichen für die Tätigkeit der Agentur wählte WMP Public Affairs. Public Affairs umfasst als strategische Kommunikation mehr als Lobbying. Die direkte Interessenvertretung lässt sich damit leicht hinter Begriffen wie Öffentlichkeitsarbeit, Kommunikation, Image- und Kommunikationsberatung verstecken.

Das Label Politikberatung wird von den Lobbyisten gerne benutzt, um der eigenen Tätigkeit einen gemeinwohlkonformen Anstrich zu geben. Lobbyisten vertreten in der Regel die spezifische Interessen von partikularen, kleinen und gut organisierten Gruppen. Die Interessen der Allgemeinheit, wie sie beispielsweise die wissenschaftliche Politikberatung als Leitlinie hat, sind hingegen schwieriger im politischen Prozess zu vermitteln. Denn der politische Prozess ist so strukturiert, dass allgemeine Interessen oft auf der Strecke bleiben, weil es für Politiker lohnender ist, Partikularinteressen zu befriedigen, um die eigene Wiederwahl sicher zu stellen. Politik und lobbyistische Interessengruppen müssen sich aber legitimieren, deshalb wird die Lobbytätigkeit zu einer neutralen Beratungsleistung stilisiert.

Der Politikprozess

Lobbyistische Politikberatung findet in einer politischen Umwelt statt, in der es eine starke Differenz zwischen demokratischen Gemeinwohlansprüchen und dem tatsächlichen Verhalten der Wähler, Politiker und lobbyistischen Berater gibt. Um das tatsächliche Verhalten und Handeln von Politikern und Wählern zu erklären, wählen Wissenschaftler eine Sichtweise, die von Nutzenüberlegungen der politisch Handelnden ausgeht. Politiker haben zwar den Auftrag, der Allgemeinheit zu dienen und den Willen der Wähler umzusetzen. Doch sie haben dabei einen erheblichen Spielraum und in der Regel können die Wähler die Politiker – sieht man einmal von den turnusmäßigen Wahlen ab – kaum kontrollieren. Das eigeninteressierte Verhalten von Politikern wird geleitet von einer Maximierung von Einkommen, Prestige und Einfluss. Ziel ihre nutzenkalkulatorischen Überlegung ist, die eigene Wiederwahl zu sichern. Um die Wiederwahlchancen zu steigern, bemüht sich jeder Politiker um die Unterstützung von Wählergruppen. Dies gelingt ihm umso mehr, je spezifischer diese Wählergruppen sind. Diffuse Gruppen wie alle Bürger, alle Steuerzahler, alle Verbraucher und nicht- oder schlecht organisierte Gruppen sind wenig interessant, weil sie über wenig Sanktionsdrohungen verfügen oder nicht mit dem Wahlstimmenentzug drohen können. Für die Politiker ist es überlebenswichtig, die eigene Wiederwahl mit Hilfe gezielt anzusprechender Wähler- und Interessengruppen zu organisieren. Sie können daher kaum anders als sich der Unterstützung von Interessen und Wählergruppen zu versichern. Ihr Anliegen ist daher immer, von möglichst vielen Wähler- und Interessengruppen unterstützt zu werden. Für die Politiker gibt es daher einen starken Anreiz, abgegrenzte und mächtige Interessengruppen zu berücksichtigen, denn diese lassen sich gezielt ansprechen und mobilisieren. Während hingegen die allgemeinen Interessen kaum eine Chance haben, weil hier keine politische Unterstützung zu erwarten ist. Gesamtgesell-

schaftliche Interessen und gesamtwirtschaftliche Effizienz sind aus einer nutzenkalkulatorischen Perspektive viel zu diffuse Orientierungsmarken. Das kompli-
zierte Steuersystem kann hier ein Beispiel sein. Die vielen Ausnahmetatbestände
und Sonderregelungen sind das Ergebnis einer Politik, sich spezifischer Wählergruppen zu versichern. Ein einfaches Steuersystem hat daher wenig Chancen auf
Realisierung, weil es wenig politische Unterstützung verspricht.

Neben diesen nutzenkalkulatorischen Überlegungen der Politiker gibt es a-
ber auch noch den Anspruch, dass das Handeln der Politiker, dem Gemeinwohl
oder den Interessen der Allgemeinheit zu dienen habe. Zwischen diesen beiden
Polen vollzieht sich politisches Handeln und an ihnen richtet sich lobbyistische
Politikberatung aus. Da die Interessen der Allgemeinheit schwer zu definieren
sind und Gemeinwohl eher etwas Abstraktes als ein konkretes Programm ist,
werden die Wiederwahlinteressen der Politiker dominieren und die Allgemeininteressen eher rhetorischen Charakter haben.

Wissenschaftliche Politikberatung

Politikberater liefern Wissen und möchten mit diesem Wissen auf politische
Entscheidungen einwirken. Sie tun dies in der Regel indem sie von politischen
Institutionen beauftragt werden. Hat der Sachverständigenrat zur Begutachtung
der gesamtwirtschaftlichen Lage seinen dicken Bericht dem Finanzminister ab-
geliefert, so ist der Auftrag formal erfüllt. Der Bericht enthält aber auch Hand-
lungsanweisungen für die Fiskal- und Wirtschaftspolitik, die von der Regierung
befolgt werden sollen. Insofern hat diese Form der wissenschaftlichen Politikberatung auch ein Interesse daran, nicht nur die wirtschaftliche Lage präzise zu
beschreiben und valide Prognosen über die gesamtwirtschaftliche Entwicklung
abzugeben. Sie will auch, dass sich der Finanzminister an die Ratschläge hält
und politisch entsprechend handelt. In vielen Fällen folgen bei den Wissenschaftlern enttäusche Reaktionen, weil die Politik das Gutachten nur als Bestätigung der eigenen Politik wahrnimmt oder ignoriert. Bei vielen – gerade wissenschaftlichen Beratern – gibt es die Illusion, Politikberatung sei interesselos, sei
etwas anderes als Politik (vgl. dazu: Priddat 2003).

Denn in der Regel ist das Interesse der wissenschaftlichen Politikberatung
ein interessenloses Interesse, das sich an den allgemeinen Interessen orientiert
und nicht an den Wüschen gut organisierter Interessengruppen (vgl. Cassel
2003).

Wissenschaftliche Politikberatungsinstitute werden gewöhnlich von staatlichen Stellen mit einer Grundfinanzierung versorgt. Nach Martin Thunert ist in
„Deutschland und Kontinentaleuropa nach wie vor die Vorstellung vorherr-
schend, dass die Unabhängigkeit von politikberatenden Think Tanks am besten

durch die Bereitstellung staatlicher Grundfinanzierung gewährleistet werden kann" (2003: 34). In den angelsächsischen Ländern gibt es hingegen eine andere Auffassung von Unabhängigkeit, die in der Diversifizierung der Finanzierungsquellen besteht.

Weil Politiker weniger daran interessiert sind, ein irgendwie geartetes Gemeinwohl zu realisieren, das aber die Gutachten der Think Tanks für sich in Anspruch nehmen, ist wissenschaftliche Politikberatung in der Regel erfolglos. Im Grunde genommen hat die wissenschaftliche Politikberatung daher den falschen Adressaten. Für die Politik haben die Beratungsleistungen keinen Nutzen, weil sie keinen Beitrag zur Wiederwahl leisten. Wissenschaftliche Politikberatung müsste sich an die Öffentlichkeit wenden. Doch dafür fehlt ihr die Form, mit der sie die Adressaten erreichen könnte. Die Gutachten sind zu lang und im Wissenschaftschinesisch geschrieben. Und Wissenschaftler verstehen es nur in seltenen Fällen mit den Medien umzugehen. Wissenschaftliche Politikberatung kann aber ein wichtiges Gut für sich in Anspruch nehmen, nämlich gesamtwirtschaftliche Effizienz als Leitlinie und Allgemeininteressen zu vertreten.

Das Selbstverständnis des Lobbyismus

Viele Lobbyisten hüllen sich gerne in den Mantel der interessenlosen Beratung. Damit wird das eigene Betätigungsfeld und die Anliegen der Profession besser kommunizierbar. Reinhold Kopp, Generalbevollmächtigter und Leiter Regierungsbeziehungen der Volkswagen AG, begründet den Wandel der Tätigkeitsbeschreibung mit veränderten Formen der Einflussnahme und mit einem anderen Selbstverständnis der Unternehmen. „Globale Unternehmen befolgen keine der Regeln, die gemeinhin als Kriterien des Lobbyismus beschrieben werden: Priorität der persönlichen Kontakte, Diskretion und Hinterzimmerkommunikation, Vertretung von gesellschaftskritischen Partikularinteressen, unangemessene *Incentives* für Politiker. Das, warum es geht, beschreibt man besser als Politikberatung. Es ist die legitime Teilnahme eines Unternehmens am gesellschaftlichen Diskurs im Sinne eines Corporate Citizen." (2003: 53)

Auch für Karlheinz Maldaner, Cheflobbyist der Deutschen Telekom bis Oktober 2003, ist Politikberatung der treffendere Begriff. Aber er hegt einige Skepsis darüber, ob sich dieser Begriff durchsetzen wird. Treffend sei dieser Begriff, so Maldaner, weil es „einen Bedarf in der Politik für rationale, analytische, und meinetwegen auch interessierte Argumente aus der Wirtschaft" gibt. (Maldaner 2003: 144). Diese Interessenbekundungen seitens der Wirtschaft sind aber an bestimmte Grenzen des Erlaubten und Akzeptierten gebunden. Kopp nennt Corporate Citizenship und Maldaner das Gemeinwohl, zu dem er auch das „Ertragsstreben" (ebd.) als Referenzpunkt rechnet. Innerhalb dieser Zone könne von Politikberatung gesprochen werden. Denn ein Corporate Citizen ist ein ver-antwortungsvolles Unternehmen, das die Belange der gesamten Gesellschaft und der Umwelt im Blick habe.

Offensichtlich möchten die Lobbyisten ihr eigenes Image verbessern und wollen die eigene Tätigkeit eher als am Gemeinwohl orientierte Beratung ver-standen wissen, die mit Geldzahlungen und Geschenken an die Politiker nichts mehr zu tun hat. Dies betrifft auch das sich wandelnde Selbstverständnis der Unternehmen, die sich zunehmend als verantwortungsvoller Teil der Gesell-schaft begreifen. Dahinter steht die Überzeugung, dass Interessen von großen Firmen, wie VW, Deutsche Telekom oder Siemens mit den Interessen des Lan-des oder einer Region verkoppelt sind. Maldaner spricht daher auch von einer „politischen Interessenvertretung" (ebd.) und nicht von einer wirtschaftlichen. Gegenüber diesen Selbstbeschreibungen ist aber ein Trend zu beobachten, wo-nach Interessen immer enger von bestimmten Gruppen formuliert werden und allgemeine Interessen sich kaum mehr durchsetzen können.

Das Selbstbild als Politikberater umfasst auch ihr Gegenüber. Die Politik wird als Partner gesehen und nicht als Gegner oder Feind. Dies setzt voraus, dass gemeinsame Interessen definiert sind und die Beratungsleistungen in einer nicht konflikthaften Atmosphäre erbracht wird. Dieses Selbstbild wird auch dadurch unterstützt, dass viele Lobbyisten heute immer noch aus der Politik kommen. Sie wechseln nur die Seite, nutzen aber jetzt ihre über die Jahre aufgebauten Netz-werke für die Interessen ihrer neuen Auftraggeber. Von daher gibt es lebens-weltliche Gründe für die Charakterisierung des Verhältnisses von lobbyistischen Politikberatern und Politik als partnerschaftlich.

Hinzu kommt, dass Lobbyisten den Eindruck vermitteln, es gebe zwischen ihnen und der Politik in Gestalt von Ministerialbeamten, Fraktionsmitarbeitern, Abgeordneten und politischen Leitungsfiguren eine Interessenidentität. Diese bestehe nach Auffassung von Lobbyisten darin, dass kaum ein Ressort der Re-gierung, keine Fraktion oder Verwaltungseinheit in der Lage ist, komplexe Re-gelungstatbestände zu überschauen und alle Auswirkungen von gesetzlichen Regelungen mit einzukalkulieren. Hier kommt es nach Auskunft der Lobbyisten dazu, dass die Politik sich mit dem Wunsch nach Beratung und Einschätzungen von Regelungsvorhaben an die Lobbyisten wendet. Auch einzelne Abgeordnete tun dies, weil sie mehr Informationen auch gegenüber der Ministerialbürokratie benötigen, um Gesetzesvorlagen bewerten zu können. Die Abgeordneten, insbe-sondere die direkt gewählten, sind für die Lobbyisten von Unternehmen aus ihrem Wahlkreis meist sehr offen, weil damit der Rückhalt im eigenen Wahlkreis verbessert wird.

Die lobbyistischen Politikberater in den Agenturen

Auch die jüngeren Agenturen nutzen zunehmend den Euphemismus Politikberatung, um die eigenen Lobbyaktivitäten zu kaschieren. Denn im Kern geht es auch hier um die Beeinflussung von Politik ohne formal an den Entscheidungen beteiligt zu sein. Diese Agenturen, die sich im Gefolge des Regierungsumzuges nach Berlin neu gründeten, sehen eine wachsende Nachfrage nach Beratung aus der Politik und nach Lobbying von Seiten Dritter. Während die Beratungsnachfrage aus der Politik vor allem die Bereiche Kommunikation, Strategie, Werbung, Kampagnenführung, persönliche Beratung und Coaching betrifft, bieten die Agenturen auch lobbyistische Dienstleistungen für Unternehmen und Interessengruppen an. Letzteres besteht darin, gezielt und erfolgreich auf den politischen Prozess einzuwirken, während die Beratungsleistung im ersten Fall für eine effizientere Kommunikation der Politik nach Außen dient.

Dominik Meier versteht heute Politikberatung als zweidimensionales Geschäft: „Beratung der Politik als auch Beratung Externer über die Politik" (2003: 439) Dies ist aber nicht das Spezifikum der Agenturen, denn auch die klassischen Lobbyisten müssen ihren Unternehmen erklären, wie politische Prozesse funktionieren und warum bestimmte Vorstellungen nicht durchzusetzen sind. Denn in den Unternehmen gibt es zumeist ein geringes Wissen über politische Prozesse und die Eigenheiten von politischen Institutionen.

Die Besonderheit dieser Agenturen liegt darin, dass sie ihre Leistungen als Beratungsleistungen allen anbieten. Und in diesem breiten Angebot findet sich auch Lobbying, das mit anderen Angebotselementen verknüpft werden kann. Die Agenturen bieten ihrem Selbstverständnis nach mehr an als wissenschaftliche Politikberatung, nämlich wissenschaftliche politische Analysefähigkeit und strategische Kompetenz (Meier 2003: 438). Die meisten Agenturen verstehen Politikberatung als Public-Affairs-Beratung und möchten sich damit auch vom Negativ-Image des Lobbying lösen. Denn Public-Affairs ist mehr als Lobbying. Es ist strategisch geplante Kommunikation, die sowohl der Politik wie auch denjenigen, die die politische Entscheidungen beeinflussen wollen, angeboten wird. Der Werkzeugkoffer der Public-Affairs-Berater umfasst daher Elemente der klassischen Werbung, Public Relations und Lobbying. Eine solche Beratung wird Ministerien angeboten, um exekutive Vorhaben den Betroffenen nahe zubringen und die Tätigkeit des Ministeriums sichtbar zu machen. Sie wird aber auch Unternehmen angeboten, um auf die Politik einzuwirken. In diesem Falle ist aber eher von Lobbying zu sprechen.

Ein Zeichen dafür, dass viele Agenturen auf das klassische Lobbying nicht verzichten können, ist die Tatsache, das sie ehemalige Politiker oder Ministeriale in ihren Reihen haben. Denn nur diese können die unentbehrlichen Netzwerkkontakte liefern, die sie über Jahrzehnte aufgebaut haben und das besondere

Wissen über politische Prozesse, das man an keinen Universitäten erwerben kann. Um sie herum gruppieren sich dann jüngere „Berater", die frisch aus den Universitäten ihr erlerntes Wissen anwenden wollen.

Die Besonderheiten lobbyistischer Politikberatung

Auch wenn die Kennzeichnung von Politikberatung immer mehr von den Lobbyisten in Anspruch genommen wird und die Agenturen sich als Berater der Politik und gesellschaftlicher Gruppen verstehen, so ist doch auf Differenzen hinzuweisen, die beide Tätigkeiten unterscheiden.

1. Die „traditionelle" Politikberatung ist ein *öffentliches* Geschäft – Lobbying hingegen geschieht im Verborgenen. Think Tanks, wissenschaftliche Institute, Expertenrunden, Enquête-Kommissionen, Kommissionen und Räte erbringen ihre Leistungen mehr oder minder unter der Beobachtung der Öffentlichkeit. Bereits die Erstellung der Gutachten ist ein halböffentlicher Prozess, bei dem die Beteiligten, trotz vereinbarter Vertraulichkeit, Zwischenergebnisse als Vorabmeldungen an die Presse weiterreichen. Oder der Streit zwischen unterschiedlichen wissenschaftlichen und politischen Richtungen in solchen Gremien wird öffentlich ausgetragen. Das Ergebnis dieser Beratungsleistungen sind meist längere Gutachten, die noch stark wissenschaftlichen Charakter tragen. Dies ist aber auch gleichzeitig das Defizit dieser Form von Politikberatung. Sie wendet sich an die Öffentlichkeit in einem naiven Sinne und verzichtet darauf, die Instrumente von Public Affairs für die Kommunikation der Beratungsergebnisse zu nutzen.

Lobbyistische Politikbeeinflussung kommt ohne die Öffentlichkeit aus. Im Gegenteil, öffentliche Aufmerksamkeit ist für das lobbyistische „Tauschgeschäft" nur störend und sie wird nur gesucht, wenn die klassischen Mittel des Lobbying erfolglos geblieben sind. Die Erfolge muss der Lobbyist im Stillen genießen, denn würde darüber berichtet werden, brächte sich der Lobbyist um seine Kontakte und Einflussmöglichkeiten. Für Klaus Escher gehört es zu den „Erfolgsrezepten" des Lobbying, dass gerade nicht auf öffentliche Wirkung gezielt wird. Deshalb verzichtet die BASF, für die Escher tätig war, „auf die handwerkliche Unterstützung durch sog. Public Affairs Consultants" (2003: 113). Nicht erwünscht ist daher eine Medienberichterstattung über die Veranstaltungen der Hauptstadtrepräsentanz der BASF.

Die lobbyistische Interessenvertretung ist auf mediale Verstärkung nicht angewiesen, weil in der Regel bessere und direktere Kontakte zu den verschiedenen Ebenen des Prozesses der Politikformulierung bestehen. Die mediale Verstärkerfunktion ist beispielsweise bei exzellenten Kontakte zur Arbeitsebene des

Parlaments eher kontraproduktiv. Dies bedeutet aber nicht, dass lobbyistische Akteure das PR-Geschäft nicht verstünden. Als nach der Bundestagswahl 2002 Finanzminister Hans Eichel die Abzugsfähigkeit von Spenden aus dem Einkommenssteuerrecht streichen wollte, hat sich der von Spenden stark abhängige Kulturbereich nicht mehr allein auf das Lobbying verlassen, sondern hat sich mit einer Kampagne gegen die Pläne des Finanzministers direkt an die Öffentlichkeit gewandt. Der Fehler war offensichtlich bereits vorher geschehen, als man dem Thema Spendenabzug keine größere Aufmerksamkeit schenkte. „Going public" war daher nur die letzte Rettungsmöglichkeit, weil die klassischen Mittel versagten oder weil ein Fehler gemacht wurde. Der „Dialog" mit der Politik und die Government Relations werden also nur in wirklichen Notfällen über die Kanäle der Öffentlichkeit geführt.

Trotz dieser Verschwiegenheit ist zu beobachten, dass vielfach das Lobbying für bestimmte Ziele von Kampagnen flankiert wird, die von Initiativen oder den Öffentlichkeitsabteilungen der Verbände initiiert werden. Solche Kampagnen, wie sie beispielsweise von der „Initiative Neue Soziale Marktwirtschaft" ins Leben gerufen wurden, sollen die öffentliche Meinung beeinflussen und damit das Feld für Entscheidungen in eine bestimmte Richtung vorbereiten. Solche Kampagnen zielen auf die Stimmung in der Bevölkerung und sind genau auf die Themen des Politikbetriebs abgestimmt. Sie transportieren keine ökonomischen Argumente, sondern üben indirekt Druck auf die Politik aus.

2. *Monitoring*: Zu den wichtigsten Aufgaben eines Lobbyisten gehört die kontinuierliche Beobachtung der politischen Prozesse. Hier geht es darum, die Logik der Politik und die Wiederwahl- und Machterhaltinteressen der Politiker im Auge zu behalten. Die Aufmerksamkeit muss sich dabei auf die Entwicklung der relevanten Themen richten sowie auf die Akteure, die mit diesen Themen verbunden sind. Hierzu gehört auch die Beobachtung der Themensetzung durch die Medien und die Reaktionen der Öffentlichkeit. Das bedeutet, Entwicklung von Themen bereits im Keim zu erkennen, um zeitnah reagieren zu können. Wenn in Gliederungen der Parteien oder auf den Parteitagen Anträge zu bestimmten Themen kommen, so sind dies wichtige Stimmungsindikatoren, auch wenn diese absehbar noch nicht in eine Gesetzesvorlage münden.

Die Lobbyisten sind daher so etwas wie ein Frühwarnsystem für die Unternehmen und die Konzernzentralen. Der Ex-Telekomlobbyist Karlheinz Maldaner drückt dies so aus: „Wir liefern (…) dem Vorstand einen 'Mehrwert', insofern wird Politik dechiffrierbarer und bewertbarer machen, als das durch normale Zeitungslektüre, zu der auch nicht jedes Vorstandsmitglied immer ausreichend kommt, möglich ist." (2003:145) Voraussetzung hierfür ist, dass die Lobbyisten bewerten können, was für das Unternehmen relevant ist und wie Informationen beschafft werden können. Lobbying, in dieser umfassenden Sichtweise gesehen, ist daher mehr als Beratung der Politik. Die Tätigkeit beginnt mit einer gezielten Sammlung, Aufbereitung und Bewertung der Informationen. Es ist also auch eine Beratung des eigenen Unternehmens oder Auftraggebers, welche Themen anstehen und wie eine geeignete Lobbystrategie des Unternehmens aussehen könnte.

Das Monitoring kann aber nur erfolgreich sein, wenn den Lobbyisten die Eigenheiten und Akteure des Politikprozesses bestens bekannt sind. Deshalb eignen sich als Lobbyisten besonders diejenigen, die den politischen Prozess von innen über Jahre hinweg kennen gelernt haben. Das Wissen über das Verhalten von Politikern und Gruppen in den Parteien, Fraktionen und Regierungen kann nur in der politischen Praxis über die Jahre hin erworben werden. Und Verbandslobbyisten bekommen von den Beamten gerade in den Ministerien auch eher Informationen als Unternehmenslobbyisten, weil sie ein breiteres Interessenspektrum vertreten. Dieses Monitoring ist für die meisten Public Affairs Agenturen sehr aufwändig und wird von keinem Auftraggeber bezahlt. Für die wissenschaftlichen Beratungsinstitutionen steht es erst gar nicht auf der Agenda.

3. *Distanz:* Politikberatung ist weiter von der Politik weg. Die gewöhnliche wissenschaftliche Politikberatung kümmert sich weder um die Feinheiten des politischen Prozesses noch um die besonderen Interessen der relevanten Politiker. Dazu ist sie auch von ihrer professionellen Rolle her nicht in der Lage. Auch die sog. Politikberatung der Wirtschaftsberatungsunternehmen (Roland Berger, McKinsey etc.) ist nicht wirklich nah am Politikprozess dran. Sie wenden vor allem ihr Methodenwissen an und vertrauen auf ihre Datenbanken, gefüllt mit Lösungsbausteinen aus zahllosen Beratungsfällen. Wolf-Dieter Zumpfort fordert von Lobbyisten dagegen einen „politischen Instinkt für Informationsgewinnung" (2003: 94). Dieses Gespür bedeutet, die Abläufe des politischen Geschehens genau zu kennen und ein Sensorium für die Logik des Politikprozesses zu haben.

Eine Distanz gegenüber der Politik ist auch bei den Agenturen festzustellen, die in den Markt der Politikberatung drängen. Diese Agenturen sind durch eine doppelte Distanz ausgezeichnet, Distanz gegenüber den Unternehmen und Distanz gegenüber der Politik. Nicht ohne Grund suchen sich diese Agenturen sogenannte „alte Hasen" aus dem politischen Betrieb, um die sich dann jüngere Kollegen gruppieren, die gerade aus den wissenschaftlichen Ausbildungsstätten kommen. Auch von Seiten der Unternehmen wird die Distanz der Agenturen zur Unternehmensrealität kritisch gesehen. Der Autolobbyist Heinrich Timmerherm von BMW hat deshalb zu Bedenken gegeben, dass man den Vertretern der Agenturen erst 'Benzin ins Blut spritzen' müsse, bevor diese für sein Unternehmen Lobbydienste übernehmen könnten. Auch wenn führende Lobbyisten betonen, die eigentliche Lobbyarbeit bestehe in Information und Kommunikation, so ist doch diese Art der „Politikkommunikation" eine Tauschbeziehung, bei der nicht

Birnen gegen Äpfel getauscht werden. Vielmehr haben die Lobbyisten durch ihre Sozialisation in der Politik und durch ihre langjährige Tätigkeit die Distanz überwunden. Sie kennen die Nöte und Bedürfnisse der Politik und sind ein Teil des Systems geworden.

4. *Tauschbeziehung:* Ein wesentlicher Unterschied zwischen Politikberatung und Lobbying besteht in der Art der Tauschbeziehung. Wenn Politik Beratung auf dem Markt einkauft, so werden via Vertrag die Tauschgüter festgelegt. In der Regel werden die Beratungsleistungen durch Geld entgolten. Alle wissenschaftlichen Politikberatungsinstitutionen und auch die neu entstandenen Agenturen aus dem Public Affairs-Bereich bevorzugen das gängige Tauschmittel, wenngleich es den wissenschaftlichen Beratern auch darum geht, die wissenschaftliche Reputation zu mehren. Beratungsleistungen werden in einem genau definierten Umfang erbracht und die Gegenleistung wird auch genau festgelegt. Auch die Unternehmensberatungsfirmen wie McKinsey, Roland Berger und Ernst & Young erbringen immer mehr Beratungsleistungen für den öffentlichen Sektor. Sie tun dies auf der Grundlage eines vertraglich fixierten Auftrages und erbringen meist Leistungen im Feld der Organisationsberatung und Restrukturierung von Verwaltungen. Doch bereits hier verschwimmen die Grenzen. Berater von McKinsey und Roland Berger saßen in der Hartz-Kommission, einer klassischen Form der Politikberatung, in der die Grundlage für die späteren Berateraufträge gelegt wurden. Hier werden politische und ökonomische Rahmendaten gesetzt, auf die sich die Mitglieder in den Kommissionen besser vorbereiten können als die Konkurrenten. Zudem führen die persönlichen Beziehungen zwischen Auftraggeber und Berater zu Erleichterungen bei der Auftragsvergabe.

Von einer anderen Art Tauschbeziehungen ist das Lobbygeschäft gekennzeichnet. Beratung ist hier metaphorisch zu verstehen. Der Terminus soll die besondere Art des Gebens und Nehmens verdecken oder in einem milderen Licht erscheinen lassen. Diese Tauschbeziehungen sind eingebettet in ein fein gesponnenes Netz von Kontakten und sind wenig formalisiert und schon gar nicht schriftlich fixiert oder rechtlich einklagbar.

Das Lobbying ist aber nur erfolgreich, wenn es der Lobbyist versteht, diese besondere Art der Tauschbeziehung zu erkennen und die Nachfrage von Politik und Verwaltung nach spezieller Expertise schnell und situationsangemessen zu bedienen. Lobbying kann daher auch definiert werden als gezielte Einwirkung auf politischen Entscheidungsträger durch präzise und gut aufbereitete Informationen.

Dieses Verhältnis zwischen interessiertem Sachverstand auf der einen Seite und politische Entscheidungsmacht auf der anderen Seite ist keine Beratungssituation, sondern eine Tauschbeziehung. Der Aufbereitung von Argumenten und Wissen wird auf der Seite der Lobbyisten besondere Sorgfalt gewidmet, weil nur dadurch ihre Interessen wirksam in den politischen Prozess eingespeist werden können. Lobbyisten vermitteln den Entscheidungsträgern in den Ministerien besonderes Wissen aus den Unternehmen, beispielsweise zu bestimmten Auswirkungen in der Umweltgesetzgebung oder bei der Machbarkeit von Rücknahmesystemen beim Dosenpfand. Wenn der Ministerialbürokratie für eine Regelungsmaterie der Sachverstand gänzlich fehlt, so werden, wie dies bei der Gesetzgebung zu den Hedgefonds geschehen ist, Experten der Banken oder anderer Unternehmen für eine bestimmte Zeit in das federführende Ministerium versetzt, um die Gesetzgebung mit auszuarbeiten. Diese besondere Art des Lobbying zeigte sich auch bei den Beratungen zur Gesundheitsreform 2003. Die Kassenärztliche Bundesvereinigung (KBV) hat der Opposition ein Argumentationspapier als Grundlage für die Verhandlungen mit der Bundesregierung überreicht. Die Abgeordnete Annette Widmann-Mauz (CDU/CSU) macht sich die Argumente der Ärztelobby zu eigen und vertrat diese 1 zu 1 in der „großkoalitionären" Verhandlungsrunde.

Ähnliche Argumentationsmacht kann der Verbandslobbyismus aufbieten. Die Verbände können mit ihren Archiven und Experten die Vorhaben einer jeden Regierung relativ rasch bewerten, befördern oder zu Fall bringen. Sie sind das eigentliche Gegenüber der Ministerialbürokratie, nicht das Parlament, das nur über bescheidene Expertisekapazitäten verfügt, vom einzelnen Abgeordneten ganz zu schweigen. Die Argumente der Verbände sind für die Verwaltung und Politik nicht nur „interessant", weil sie wertvollen Sachverstand enthalten, sondern auch deshalb, weil hinter diesen Argumenten die Macht des Verbandes, d.h. ihrer Mitglieder steht. Es geht um politische Unterstützung für die Wiederwahl und Machterhaltinteresse der Politiker. Gleichzeitig sind die Verbände mit einem schweren Handicap belastet. Sie müssen zuerst eine gemeinsame Verbandsmeinung bilden, während der Firmenlobbyist seine themenspezifischen Einzelinteressen schneller und effizienter vorbringen kann. „Lobbyisten haben in der Bundesrepublik Deutschland ein entscheidendes Wort mitzureden", meint der Chef-Lobbyist von TUI Wolf-Dieter Zumpfort (2003:92).

Die spezielle Expertise, die Verbands- und Unternehmenslobbyisten anbieten, ist nicht kostenlos. Sie werden aber nicht wie bestellte Politikberatung entlohnt. Vielmehr etabliert sich ein informelles Geben und Nehmen, bei dem die Lobbyisten auch mit Gegenleistungen rechnen können, mit frühzeitigen Informationen, mit Bewertungen und mit besonderen Kontakten. Und natürlich auch mit Berücksichtigung ihrer Interessen bei der Gesetzgebung.

5. Vernunft- und Effizienzargumente: Berater wollen auf Politik und Verwaltung einwirken. Sie entstammen aber in der Regel dem Bereich der Ökonomie und pflegen mit ökonomischen Modellen und Begriffen zu operieren. Meist sind es ökonomische Effizienzargumente, die von ihnen vorgebracht werden. Kommen die Berater aus der Wissenschaft, so sind es meist Vernunftargumente, die die Politiker in den Gremien und Kommissionen überzeugen sollen. Zwischen Politik, Ökonomie und Wissenschaft gibt es aber systematische Differenzen und unterschiedliche Funktionslogiken. Politiker denken nicht ökonomisch, sondern politisch (vgl. Priddat 2003: 44). Sie können nicht allein wirtschaftliche Konzepte umsetzten, sondern müssen sehen, wie sie dafür Mehrheiten und die Bevölkerung gewinnen. Politiker denken und agieren politisch, d.h. machtstrategisch. Kommunikation und Öffentlichkeitsarbeit spielt hier eine zentrale Rolle, während für die Argumente der Ökonomen und Wissenschaftler der öffentliche Meinungsbildungsprozess eher die Gefahr in sich birgt, dass die eigenen Ideen und Konzepte verwässert werden.

Gegenüber der beklagten Einflusslosigkeit der Berater aus der Wirtschaft und aus der Wissenschaft klagen die Lobbyisten nicht über mangelnden Einfluss. Sie haben sich auf die besondere Funktionslogik der Politik besser eingestellt als die Berater. Dies zeigt sich auch darin, dass es vielfach auch zu den Aufgabe von Lobbyisten gehört, dem eigenen Management zu erklären, wie Politik funktioniert. Der Lobbyist muss auch „Lobbying nach innen" (Jeutter 2003: 179), in die Firma hinein betreiben. Denn der Firmenleitung muss erklärt werden, was geht und warum Entscheidungen so lange dauern. Nach Ansicht von Karlheinz Maldaner ist aus diesem Grund die generelle Entfremdung zwischen Politik und Wirtschaft nicht so leicht zu überwinden (2003:155).

Zu den Aufgaben der Lobbyisten gehört es, für die Politik beim eigenen Unternehmen zu werben, aber gleichzeitig auch die Interessen des Auftraggebers bei der Politik wirkungsvoll zu vertreten. Dies können sie besser als die „Berater", weil sie teilweise jahrelang im politischen Geschäft tätig waren oder sich permanent mit der Politik beschäftigen. Das unerlässliche Netzwerk in die Politik und Verwaltung erleichtert die Kommunikation mit dem System Politik, für das gestandene Manager oft nur Zynismus wegen seiner Langsamkeit und Umständlichkeit aufbringen. Lehrbücher für den werdenden Lobbyisten enthalten deshalb auch Informationen über den Gesetzgebungsprozess, über die Spielregeln des Parlamentsbetriebes und Organigramme von Ministerien. Lobbyisten sind grundsätzliche besser auf den Politikbetrieb eingestellt als Berater und sie können den Erwartungen der Politiker nach „political advice" besser genügen als die Berater, die nur „policy advice" (Heilemann 1988:144) anbieten können. Lobbyisten können sich offensichtlich besser an die Erfordernisse, Sprachregelungen und Gesetzmäßigkeiten der Politik anpassen. Dennoch kaschieren sie diese Anpassungsleistung gerne als Beratung, denn im Kern geht es um die Beeinflussung von politischen Entscheidungen im Sinne des Auftraggebers, so Herrmann Lehning, Geschäftsführer des Verbandes der chemischen Industrie (vgl. 2003:179).

Lobbyisten verlassen sich aber auch nicht allein auf ihre Einflussmöglich-keiten. Ein Themenfeld so früh wie möglich zu besetzen, lautet die Maxime. Dabei geht es um kommunikative Steuerung über politische Kampagnen. Lob-byistische Politikbeeinflussung wird ergänzt durch Kampagnen, wie sie bei-spielsweise die Initiativen „Marke Deutschland", „Neue Soziale Marktwirt-schaft", „BürgerKonvent" oder „Deutschland packt's an" immer wieder initiie-ren. Diese Kampagnen werden von den Interessengruppen unterstützt, weil sie für ihre Tätigkeit des Wirtschaftslobbying den öffentlichen Diskurs positiv be-einflussen.

Fazit

Der Markt der Berater und Lobbyisten wächst. Der öffentliche Sektor fragt im-mer mehr Beratungsleistung nach und öffnet sich Lobbyisten. Im strengen Sinne gibt es keine neutrale Politikberatung. Wo sie neutral ist, ist sie wirkungslos – wie in den meisten Fällen der wissenschaftlichen Politikberatung. Politikbera-tung, die auf Einfluss aus ist, wird immer lobbyistisch auftreten. Dies bedeutet, dass sich die Zahl der Lobbyisten noch vermehren wird und wir es weiter mit der Tarnbezeichnung Politikberatung zu tun haben, während sich der Inhalt längst verändert hat.

Literatur

Cassel, Susanne 2003, Politikberatung und Politikerberatung. Zum Dilemma wissen-schaftlicher Politikberatung, in: Hirscher, Gerhard / Korte, Karl-Rudolf (Hrsg.), In-formation und Entscheidung. Kommunikationsmanagement politischer Führung, Wiesbaden, S. 146-162.

Escher, Klaus 2003: Unternehmenslobbying. Studie zur politischen Kommunikation der BASF, in: Leif, Thomas / Speth, Rudolf (Hrsg.), Die stille Macht. Lobbying in Deutschland, Wiesbaden, S. 98-114.

Heilemann, Ulrich 1998: Politikberater als Mahner und Propheten? Zur Rolle der wissen-schaftlichen Politikberatung in der Demokratie, in: Verein Freiburger Wirtschafts-wissenschaftler (Hrsg.), Offen für Reformen? Institutionelle Voraussetzungen für gesellschaftlichen Wandel im Wohlfahrtsstaat, Baden-Baden.

Jeutter, Peter 2003: „Der Lobbyist will politische Entscheidungen beeinflussen". Fragen an Lobbyisten, in: Leif, Thomas / Speth, Rudolf (Hrsg.), Die stille Macht. Lobbying in Deutschland, Wiesbaden, S. 178-185.

Kopp, Reinhold 2003: Politikberatung der Unternehmen, in: Forschungsjournal Neue Soziale Bewegungen, Heft 3/2003, S. 53-55.

Lehning, Hermann 2003: „Der Lobbyist will politische Entscheidungen beeinflussen". Fragen an Lobbyisten, in: Leif, Thomas / Speth, Rudolf (Hrsg.), Die stille Macht. Lobbying in Deutschland, Wiesbaden, S. 178-185.

Maldaner, Karlheinz 2003: „Lobbyismus ist Politikberatung". Interview, in: Leif, Thomas / Speth, Rudolf (Hrsg.), Die stille Macht. Lobbying in Deutschland, Wiesbaden, S. 43-54.

Meier, Dominik 2003: Professionalisierung der Politikberatung. Plattform für ein neues Berufsbild, in: Althaus, Marco / Cecere, Vito (Hrsg.), Kampagne! 2, Münster, S. 436-447.

Priddat, Birger 2003: Die Lobby der Vernunft. Die Chancen wissenschaftlicher Politikberatung, in: Leif, Thomas / Speth, Rudolf (Hrsg.), Die stille Macht. Lobbying in Deutschland, Wiesbaden, S. 43-54.

Thunert, Martin 2003: Think Tanks in Deutschland – Berater der Politik?, in: Aus Politik und Zeitgeschichte, B51/2003, S. 30-38.

Zumpfort, Wolf-Dieter 2003: „Getrennt marschieren, vereint schlagen". Interview, in: Leif, Thomas / Speth, Rudolf (Hrsg.), Die stille Macht. Lobbying in Deutschland, Wiesbaden, S. 85-97.

Wissenschaftliche Politikberatung in der Bundesrepublik – historische Perspektive

Wilfried Rudloff

Der Begriff Politikberatung umschließt einen Untersuchungsgegenstand von beträchtlichem Variantenreichtum und hoher Komplexität, zu komplex jedenfalls, um ihn hier in all seinen synchronen und diachronen Verästelungen erfassen zu können. Ein historischer Gang durch das Themenfeld kann deshalb nicht mehr leisten, als für die Zeit der „alten" Bundesrepublik einige markante Entwicklungslinien, charakteristische Wegmarken und strukturprägende Konstellationen anzusprechen. Das Augenmerk liegt auf der wissenschaftsgestützten Politikberatung, auch wenn diese nur einen Teilausschnitt aus einem sehr viel weiter gefassten Aktionsfeld abdeckt - mit fließenden Übergängen und zahlreichen Randunschärfen gegenüber vornehmlich interessengeleiteten Konsultationsformen. Zeitlich liegt der Schwerpunkt auf den früheren Jahrzehnten bundesrepublikanischer Geschichte, als ein Großteil der institutionellen Grundlagen geschaffen wurde, auf denen Politikberatung noch immer beruht, und zugleich viele der Fragen erstmals diskutiert wurden, die heute wieder aktuell sind.[1]

Der erste Wissenschaftliche Beirat der westdeutschen Exekutive hatte seine Arbeit bereits aufgenommen, als die Bundesrepublik noch gar nicht bestand. Die Verwaltung für Wirtschaft des Vereinigten Wirtschaftsgebiets der britischen und amerikanischen Besatzungszone rief Anfang 1948 eine Reihe angesehener Hochschullehrer zusammen, um sich mit ihnen über die anstehenden Grundfragen des wirtschaftlichen Wiederaufbaus zu beraten. Ein solcher Beirat - auf Dauer gestellt, rein aus Wissenschaftlern zusammengesetzt und die ganze Breite des Ressorts abdeckend - war nicht nur auf dem Feld der Wirtschaftspolitik ein Novum. Die Wirtschaftsverwaltung, hieß es in einem Einladungsschreiben an den Hamburger Volkswirtschaftsprofessor und späteren SPD-Wirtschaftsminister Karl

---

[1] Auf umfassende Verweise zur einschlägigen Literatur muss im Folgenden verzichtet werden. Um sich in historischer Perspektive einen Überblick zum Thema Politikberatung verschaffen, sind nützlich vor allem Krevert, Peter: Funktionswandel der wissenschaftlichen Politikberatung in der Bundesrepublik Deutschland. Entwicklungslinien, Probleme und Perspektiven im Kooperationsfeld von Politik, Wissenschaft und Öffentlichkeit. Münster / Hamburg 1993; Thunert, Martin: Politikberatung in der Bundesrepublik Deutschland seit 1949, in: Ulrich Willems (Hg.): Demokratie und Politik in der Bundesrepublik 1949-1999, Opladen 2001, S. 223-242; besonders hilfreich, wiewohl stärker gegenwartsbezogen: ders.: Germany, in: Weaver, R. Kent / Stares, Paul B. (Hg.): Guidance for Governance. Comparing Alternative Sources of Public Policy Advice. Tokyo / Washington D.C. 2001, S. 157-206; vgl. auch Fisch, Stefan / Rudloff, Wilfried (Hg.): Experten und Politik: Wissenschaftliche Politikberatung in geschichtlicher Perspektive. Berlin 2004.

Schiller, bedürfe einer grundsätzlichen Orientierung durch die Wissenschaft, einer umfassenden, vielseitigen, möglichst schnellen Erörterung der gegebenen Voraussetzungen für ihr Handeln. „Eine Zusammenarbeit zwischen Hochschule und Verwaltung ist notwendiger als jemals zuvor, da die geistigen Kräfte die einzigen sind, die dem Wiederaufbau der deutschen Volkswirtschaft ohne Einschränkung verfügbar sind." Die überlieferte Form der Aussprache zwischen akademischer Welt und Verwaltung könnte hierfür nicht mehr genügen.[2]

Die Vorstellung, Politik und Verwaltung kämen ohne den Ratschlag externen Sachverstandes kaum mehr aus, sollte sich im politischen Denken der Bundesrepublik immer mehr einnisten. Die wachsende Komplexität staatlichen Handelns, der beschleunigte, gerade durch die Potentiale der Wissenschaften erzeugte und umgekehrt auch nur durch sie zu steuernde gesellschaftliche Wandel, die sich verstärkende Interdependenz der politischen Handlungsbereiche, die zunehmende Unübersichtlichkeit der Voraussetzungen staatlichen Agierens, kurzum: der immens gestiegene Bedarf an Informationen und Orientierungswissen – all dies wurde ins Feld geführt, wenn nun immer öfter davon die Rede war, dass der wissenschaftliche Sachverstand stärker als bisher in die politische Entscheidungsvorbereitung mit einbezogen werden müsse. 1966 hieß es in einem Konzeptpapier aus dem Bundesministerium für wissenschaftliche Forschung, die Verwaltung benötige heute Informationen rascher, in größerem Umfang und sachlich stärker geordnet, um ihre Entscheidungen angemessen vorbereiten zu können: „Die herkömmliche vertikale bürokratische Struktur, in der der Informationsfluss der hierarchischen Organisation folgt, muss daher durch fachliche Beratung auf verschiedenen Ebenen ergänzt werden, etwa durch Beratungsgremien, Einzelberatung und Forschungsaufträge für ad-hoc Aufgaben usw."[3]

Das Beispiel der Verwaltung für Wirtschaft hatte umgehend Schule gemacht. Die Verwaltung für Finanzen stellte sich noch 1948 einen Wissenschaftlichen Beirat zur Seite, Anfang 1949 folgte die Verwaltung für Verkehr.[4] Nach der Gründung der Bundesrepublik richteten fast alle Bundesministerien ähnliche Beratungsgremien ein - mal mit ebenso weitgespanntem, mal mit stärker spezialisiertem Beratungsfeld. Später neu geschaffene Ministerien zögerten nicht lange,

---

[2] Verwaltung für Wirtschaft des Vereinigten Wirtschaftsgebiets, Direktor Semler, an Karl Schiller, 19.12.1947, BArch N 1229/85; vgl. auch die Ausführungen von Semler in der konstituierenden Sitzung, Bericht über die 1. Sitzung des Wissenschaftlichen Beirats bei der Verwaltung für Wirtschaft am 23./24.1.1948, S. 4, BArch B 102/12548/2.
[3] BMwF, Abteilungsleiter II, Scheidemann: Aufzeichnung zur wissenschaftlichen Beratung der Bundesregierung, 18.10.1966, BArch N 1225/157.
[4] Michael Hascher: Vorgeschichte, Entstehung und institutionelle Entwicklung des Wissenschaftlichen Beirats beim Bundesverkehrsministerium, in: 50 Jahre Wissenschaftlicher Beirat beim Bundesministerium für Verkehr, Bau- und Wohnungswesen. Hg. vom BMVBW. Bonn 2002, S. 65-94.

es den anderen gleich zu tun.[5] Einer Erhebung des Bundesinnenministeriums zufolge gab es 1970 bei den Bundesministerien und Bundesoberbehörden 256 Beratungsgremien, von denen gut die Hälfte in den sechziger Jahren, immerhin 30 Prozent aber auch schon im Gründungsjahrfünft der Bundesrepublik errichtet worden waren.[6] Eine neuerliche Zählung kam 1977 sogar auf 358 Beratungsgremien.[7] Das waren indes nur ungefähre Werte, auch nur einen quantitativen Gesamtüberblick über das Beratungswesen zu erlangen, erwies sich für die Bundesregierung als ein äußerst mühsames Unterfangen. Erst recht musste dies aber für eine qualitative Bilanz gelten, für den Nutzen, die Effektivität und den Wirkungsgrad der Beratung durch externe Sachverständige.

Deutlich wurde schon früh, dass Politikberatung keine Domäne der Wissenschaft war. Im Gegenteil, von den 3302 Experten, die eine zudem recht unvollständige Zählung der Beratungsgremien 1969 ermittelt hatte, war nicht einmal ein Drittel Wissenschaftler.[8] Gemischte Beiräte aus Interessenvertretern und wissenschaftlichen Experten waren eher die Regel als die Ausnahme, rein wissenschaftliche Beiräte in der Minderzahl. Tatsächlich flossen in der Gremienberatung drei Entwicklungslinien zusammen, die dazu führten, dass zwischen Wissenschaft und Nicht-Wissenschaft nicht immer scharf geschieden wurde. Denn erstens war Sachverstand, zumal wenn er auf praktische Umsetzung ausgerichtet war, kein Monopol der Wissenschaften. Man traf ihn ebenso in gesellschaftlichen Organisationen an, Interessenvertreter waren - auf ihre Art - eben meist auch Fachleute. Zweitens fiel ins Gewicht, dass die Beratungsgremien keineswegs nur die Funktion besaßen, rares Wissen verfügbar zu machen. Oft ging es ebenso sehr darum, vom vorpolitischen Raum aus Konsenschancen auszuloten und Konsensprozesse anzustoßen. Drittens schließlich beruhte die institutionelle Einbindung der beteiligten Interessen auf einer langen Tradition korporatistischer Aushandlungsmuster, wie sie sich in Deutschland seit dem 19. Jahrhundert herausgebildet hatten. Und da sich Politikberatung nun einmal auf dem Terrain der Politik zu bewegen hatte, Interessenkonflikte hier aber oft ein größeres Ge-

---

[5] Wilhelm, Wendelin: Wissenschaftliche Beratung der Politik in der Bundesrepublik Deutschland. Probleme wissenschaftlicher Beiräte bei Bundesministerien unter besonderer Berücksichtigung des Wohnungswirtschaftlichen Beirats beim Bundeswohnungsministerium. Frankfurt a.M. 1968, S. 22-68.

[6] BMI: Erfassung der bei den Bundesministerien und Bundesoberbehörden bestehenden Beiräte, Ausschüsse, Arbeitskreise, Kommissionen und ähnliche Gremien, 14.5.1970, BArch B 136/5008. Die ältesten Gremien stammten im übrigen aus den Jahren 1900, 1902 und 1919.

[7] Deutscher Bundestag, Drucks. VIII/484: Antwort der Bundesregierung auf die Kleine Anfrage der Fraktion der CDU/CSU, 26.5.1977.

[8] Deutscher Bundestag, Drucks. V/4585: Antwort der Bundesregierung auf die Kleine Anfrage der Abgeordneten Frau Holzmeister, Baier und Genossen betr. Beratungsgremien in und bei den Regierungsressorts, 14.7.1969; vgl. Regierung in Bonn hat 3 000 Experten, in: Frankfurter Allgemeine Zeitung vom 21.8.1969.

wicht besaßen als kognitive Differenzen, war es keineswegs verwunderlich, dass sich die gremieninterne Meinungsbildung in gemischt zusammengesetzten Gremien nicht so sehr an wissenschaftlichen, als vielmehr an interessenpolitischen Rationalitätskriterien orientiert. Für die Selbstwahrnehmung der Wissenschaftler ergaben sich hieraus nahezu zwangsläufig Intra-Rollenkonflikte.[9] Wer einem „Reinheitsgebot" in punkto Unabhängigkeit und Neutralität anhing, dem waren solche Mischformen der Beratung nicht allzu sympathisch. Der Soziologe Helmut Schelsky etwa, dessen Ratschlag eine Zeitlang sehr gefragt war, beteuerte 1966, er werde sich nicht mehr beteiligen, „wo dieser Mischmasch von Interessenvertretern und Wissenschaftlern zu einem Beirat vereinigt ist. Dort besteht keine Möglichkeit, wissenschaftliche Argumente zum Tragen zu bringen."[10]

Was war der Hintergrund für das lange Zeit scheinbar ungebrochene Wachstum der Infrastrukturen sachverständiger Politikberatung? Auch wenn er stets an erster Stelle genannt wurde, war der gesteigerte Orientierungsbedarf der Politik - seinerseits Folge des Umstandes, dass sich die politikrelevanten Wissensgebiete nicht nur permanent ausweiteten, sondern auch mehr und mehr verkomplizierten - nur einer der tragenden Gesichtspunkt. Wo die Beratung durch externe Sachverständige in Anspruch genommen wurde, ging es keineswegs immer nur darum, wissenschaftliche Erkenntnisressourcen verfügbar zu machen, um Entscheidungsunsicherheit zu reduzieren. Hinzu kam, ob explizit ausgesprochen oder auch nur implizit vorausgesetzt, eine ganze Reihe weiterer Funktionen. In Anlehnung an den Politikwissenschaftler Klaus von Beyme lassen sich vier grundlegende Funktionskomplexe unterscheiden. Politikberatung konnte (1) als Frühwarnsystem, Medium der Problemerkennung und Hilfe zur Entscheidungsvorbereitung fungieren, ebenso aber auch (2) als Vermittlungs- und Schlichtungsagentur zwischen auseinanderstrebenden Interessen und Positionen; sie konnte (3) innerhalb von Institutionen zur Kontrolle von Entscheidungen und

---

[9] Vgl. hierzu als erhellende Fallanalyse Hoffmann-Riem, Wolfgang: Sachverstand: Verwendungsuntauglich? Eine Fallanalyse zur Politikberatung im Rahmen der Enquete-Kommission „Neue Informations- und Kommunikationstechniken", in: Grimm, Dieter / Maihofer, Werner (Hg.): Gesetzgebungstheorie und Rechtspolitik (Jahrbuch für Rechtssoziologie und Rechtstheorie Bd. XIII). Opladen 1988, S. 350-402; ders.: Schleichwege zur Nicht-Entscheidung. Fallanalyse zum Scheitern der Enquete-Kommission „Neue Informations- und Kommunikationstechnik", in: Politische Vierteljahresschrift 29 (1988), S. 58-84.

[10] Referat Helmut Schelsky, in: Wissenschaftliche Experten und politische Praxis – Das Problem der Zusammenarbeit in der heutigen Demokratie (Bergedorfer Gesprächskreis zu Fragen der freien industriellen Gesellschaft, Bd. 17). Hamburg / Berlin 1967, S. 9-38, hier S. 25; eine andere Argumentation findet sich etwa bei Brohm Winfried: Sachverständige und Politik, in: Schnur, Roman (Hg.), Festschrift für Ernst Forsthoff zum 70. Geburtstag. München 1972, S. 37-75, hier S. 40f.

Maßnahmen genutzt, aber auch (4) nach außen als Hilfsmittel zur legitimationsstiftenden Ummantelung längst feststehender Absichten eingesetzt werden.[11]
   Weitere Gesichtspunkte ließen sich hinzufügen, taktische Funktionen beispielsweise wie das Vertuschen mangelnder Entscheidungsbereitschaft oder die Schützenhilfe gegenüber anderen Ressorts. Man könnte auch stärker noch zwischen entscheidungsvorbereitenden Funktionen und dem Bereitstellen von problemsondierendem Hintergrundwissen unterscheiden.[12] Solche und ähnliche Differenzierungen bleiben oft jedoch allzu abstrakt. Erst wenn man etwas näher an den Erörterungsgegenstand heranrückt, wird das komplexe Geflecht der Entstehungsgründe hinreichend sichtbar. Zwei prominente Beispiele sollen die Hintergründe und Nutzenserwartungen illustrieren, die bei der Gründung einzelner Beratungsgremien eine Rolle spielen konnten.
   Der Wissenschaftsrat, das wichtigste hochschul- und wissenschaftspolitische Beratungsgremium des Bundes und der Länder, wurde 1957 ins Leben gerufen, um dem Hochschulausbau und der Forschung neuen Auftrieb zu verleihen. Zu diesem Zeitpunkt war der Eindruck weit verbreitet, dass sich die Schere zwischen der Zukunftsbedeutung der Wissenschaft und ihrer tatsächlichen Lage immer mehr öffnete. Dass es in der Hochschul- und Wissenschaftspolitik einer wirksameren Koordination, übergreifender Planungen, vor allem aber einer gesteigerten materiellen Förderung bedurfte, war offenkundig und nahezu unbestritten. Dem stand gegenüber, dass das Vertrauen in die bereits bestehenden Koordinierungs- und Steuerungsinstanzen - insbesondere die Kultusministerkonferenz – nicht sehr groß war. Führende Vertreter der Wissenschaftsorganisationen schlugen deshalb Mitte der fünfziger Jahre Alarm.[13] Die Länder sahen sich an den Grenzen ihrer finanziellen Möglichkeiten angelangt, kulturföderalistische Widerstände gegen eine stärkere Beteiligung des Bundes stellten plötzlich kein

---

[11] Beyme, Klaus von: Politik und wissenschaftliche Information der Politiker in modernen Industriegesellschaften, in: ders. (Hg.): Der Vergleich in der Politikwissenschaft. München 1988, S. 347-368, hier S. 355f.

[12] Das Bundesministerium für Jugend, Familie und Gesundheit unterschied 1976 zwischen einer mehr fachlichen und einer mehr politischen Beratung, um dann stichpunktartig die bekannten Subfunktionen zuzuordnen: Zu den fachlichen Beratungs- und Unterstützungsfunktionen zählte das Ministerium die Aufgaben „Problemhinweis, Problemlösung, Hilfe bei der Durchführung, Evaluation der Wirkung von Maßnahmen", zu den politischen Beratungs- und Unterstützungsfunktionen die „Interessenvertretung, Interessenberücksichtigung, Konsensbildung, Integration von potentiellen Kritikern, Unterstützung des Hauses gegenüber anderen Ressorts und Vertretung von Vorhaben in der Öffentlichkeit"; BMJFG: Auswertung der Studie zum Beratungswesen, Okt. 1976, BArch B 189/35173.

[13] Gerhard Hess, Ein langfristiger Plan für die Wissenschaft, in: Frankfurter Allgemeine Zeitung vom 5.7.1956; vgl. auch die Denkschrift von Helmut Coing: Probleme der deutschen Hochschulen, am 6.12.1956 an Bundeskanzler Adenauer versandt, BArch B 136/6046; zur Entstehungsgeschichte des Wissenschaftsrates auch Thomas Stamm, Zwischen Staat und Selbstverwaltung. Die deutsche Forschung im Wiederaufbau 1945-1965, Köln 1981, S. 202ff.

unüberwindbares Hindernis mehr dar.[14] Mit dem neuen Beratungsgremium verbanden sich somit sehr unterschiedliche Erwartungen. Die Wissenschaftler, die die Initiative ergriffen hatten, drängten auf die Bereitstellung größerer Haushaltsvolumina, auf dass die deutsche Forschung gegenüber dem führenden Ausland nicht noch weiter ins Hintertreffen gerate. Der Bund, der sich an die Initiative anhängte, wollte durch die Einrichtung eines neuen Klammergremiums einen Fuß in die Tür des Kulturföderalismus bekommen.[15] Die Länder wiederum mussten auf den Druck der öffentlichen Meinung reagieren.[16] Die spezifische Formgebung, auf die man sich bei der Errichtung des Wissenschaftsrats schließlich einigte, beruhte auf zwei Grundannahmen. Die eine lautete: Die Wissenschaft weiß selbst am besten, was ihr frommt, also mag man ihr auch die Ausarbeitung der erforderlichen Programme anvertrauen. Das war ein Reflex der ihr zugeschriebenen „geistig-moralischen Autorität",[17] aber auch ein Derivat jenes Leitbegriffs der „Autonomie der Wissenschaften", der von Seiten der Wissenschaften immer dann besonders betont wurde, wenn sie es mit der Politik zu tun hatten.[18] Die andere Grundannahme lautete: Um Sorge zu tragen, dass die Wissenschaftler nicht die Bodenhaftung verlieren und das Wünschenswerte an das Mögliche zurückgebunden bleibt, muss ein Gegengewicht geschaffen werden. Das geschah dadurch, dass im Rahmen des Wissenschaftsrates eine zweite Kammer installiert wurde, in der dann die Vertreter der Exekutive versammelt waren. Nur gemeinsam mit der „Verwaltungskommission" konnte die „Wissenschaftliche Kommission" ihre Empfehlungen verabschieden. An der Wiege des Wissenschaftsrates stand somit ein ganzes Geflecht von sich überschneidenden Motiven und Funktionserwartungen: der Rückgriff auf den Sachverstand der Wissenschaftler, das Angewiesensein auf deren hochschul- und wissenschaftspolitische Binnenautorität, das Bedürfnis nach besonderen Integrationsklammern in der föderalen Mehrebenenpolitik, der Wunsch, stärkeren Nutzen aus der legitimatorischen Ressource Wissenschaft zu ziehen – nicht nur gegenüber der Öffentlichkeit, sondern auch gegenüber den konkurrierenden Interessen anderer Ressorts (wobei nicht übersehen werden darf, dass gerade im Falle des Wissenschaftsrates eine Rollenidentität von Beratern, Interessenten und Entscheidungsbetroffenen vorlag, weswegen von sachbezogener Neutralität der Berater nicht gut die Rede sein konnte).

---

[14] Auszug aus der Niederschrift über die 56. Plenarsitzung der KMK am 13./14.12.56; HStAD NW 144/590.

[15] BMI, Ministerialrat Hagelberg, an Staatssekretär Anders, 18.6.1957, BArch B 138/1518.

[16] Vermerk: Besprechung des Bundeskanzlers mit den Ministerpräsidenten der Länder am 21.3.1957, HHStA 504/5566.

[17] BMI, Leiter Abt. III, an Minister Schröder, 2.5.1957, BArch B 138/1518.

[18] Bundesinnenminister Schröder an Bundeskanzler Adenauer, 29.1.1957, BArch 138/1517.

Einfacher lagen die Dinge bei der Entstehung des Sachverständigenrates zur Begutachtung der gesamtwirtschaftlichen Entwicklung.[19] Dessen Aufgabe, die Beurteilung der konjunkturellen Entwicklung anhand der vorgegebenen Zielgrößen Preisstabilität, hoher Beschäftigungsstand, außenwirtschaftliches Gleichgewicht und stetiges Wachstum, war bei der Gründung 1963 gesetzlich vorgeschrieben worden. Neben der Absicht, die nötigen Prognose- und Analyseinstrumente für eine weitsichtige Konjunkturpolitik zu schaffen, stand für das Bundeswirtschaftsministerium vor allem jedoch eins im Vordergrund: Mit Hilfe der Autorität der Wissenschaften und unter Verweis auf die Neutralität des Sachverstandes sollten die Tarifpartner gebändigt, die Verteilungskämpfe gedämpft und die wirtschaftspolitischen Auseinandersetzungen entpolitisiert werden. Nicht um die Beratung der Regierung gehe es hier, befand das Ministerium, sondern um die der Öffentlichkeit.[20] Als verteilungspolitisches „pouvoir neutre" sollten die „fünf Weisen" die Interessengruppen nach Maßgabe ihrer höheren Sachkenntnis in die Schranken der volkswirtschaftlichen Vernunft verweisen. Ein Ministerialrat erklärte den skeptischen Mitgliedern des Wissenschaftlichen Beirats beim Bundeswirtschaftsministerium, das Gremium stelle „eine Institutionalisierung der Stimme der Wissenschaft und damit der Unabhängigkeit dar", mit ihm solle „neben dem ‚Getöse' der Interessenten sich eine Stimme Gehör verschaffen, der es in erster Linie um Einsichten geht."[21] Dass sich der Sachverständigenrat dann doch weit mehr als kritischer Beobachter der Regierungspolitik, denn als Bändiger der Interessen profilierte, zeigte freilich sehr bald, dass zugedachte und ausgeübte Funktionen nicht unbedingt in einander fallen mussten.[22]

Bei all dem könnte schnell der Eindruck entstehen, die Gremienberatung sei die dominante und wohl auch wichtigste Form der Politikberatung gewesen. Das wäre insgesamt wohl eher ein Trugschluss. Allerdings ist über die anderen Formen der Politikberatung weitaus weniger bekannt. Einige wenige Schlaglichter

---

[19] Nützenadel, Alexander: Wissenschaftliche Politikberatung in der Bundesrepublik. Die Gründung des Sachverständigenrates zur Begutachtung der gesamtwirtschaftlichen Lage [sic] 1963, in: Vierteljahrsschrift für Sozial- und Wirtschaftsgeschichte 89 (2002), S. 288-306; Metzler, Gabriele: Versachlichung statt Interessenpolitik. Der Sachverständigenrat zur Begutachtung der gesamtwirtschaftlichen Entwicklung, in: Fisch / Rudloff, Experten und Politik, S. 127-152.

[20] Vgl. Vermerk BMWi: Aufgaben und Arbeitsweise eines Sachverständigenrates zur Begutachtung der gesamtwirtschaftlichen Entwicklung, 13.3.1962, BArch 102/93226.

[21] BMWi, Ref. I A 1: Teil II des Protokolls der 86. Sitzung des wiss. Beirats am 26./27.10.1962 (Entwurf); BArch B 102/93226; BMWi, Ref. I A 1: Protokoll der 87. Tagung des Wiss. Beirats beim Bundeswirtschaftsministerium am 7./8.12.1962 (Entwurf), ibid.

[22] Aus der Literatur zum Sachverständigenrat sei hier lediglich noch genannt Wegner, Claus: Möglichkeiten und Grenzen wirtschaftswissenschaftlicher Politikberatung durch den Sachverständigenrat zur Begutachtung der gesamtwirtschaftlichen Entwicklung (1963 bis 1974), Diss. Aachen 1974.

müssen deshalb genügen, um wenigstens die groben Umrisse erkennbar zu machen.

An der Spitze der Regierung fand Beratung, anders als etwa im Falle des amerikanischen Präsidenten, nicht durch auf Dauer gestellte wissenschaftliche Beiräte statt, sondern dadurch, dass die Kanzler ad hoc und auf informeller Ebene den Ratschlag von Persönlichkeiten ihres Vertrauens einholten. Soweit er nicht ganz auf seine eigene Urteilskraft oder den Sachverstand des Bundeskanzleramtes baute, maß Konrad Adenauer besonderes Gewicht etwa dem Ratschlag der Bankiers Hermann Josef Abs und Robert Pferdmenges bei. Sein Nachfolger Ludwig Erhard scharte als Kanzler einen kleinen Kreis von Intellektuellen um sich, der ihn in Fragen von grundsätzlicher Natur beraten sollte. Diesem Kreis - Mitglieder waren u.a. der Publizist Rüdiger Altmann, der Rundfunk-Journalist Johannes Groß und der Wahlforscher Rudolf Wildenmann -, entsprang der missverständliche Slogan von der „formierten Gesellschaft", der als nebulöses Leitbild Erhardscher Politik keine sehr glückliche Rolle spielen sollte.[23] Solche Beratergalerien ließen sich in unterschiedlicher Weise auch für die nachfolgenden Kanzler zusammenstellen. Der informelle, oft spontane und selten einmal genauer dokumentierte Charakter dieser Beratungsform macht es freilich besonders schwierig, Näheres über Wirkung und praktischen Niederschlag auszusagen.

Nimmt man den Kostenaufwand zum Maßstab, waren die ehrenamtlichen Beiräte und Kommissionen eine eher unbedeutende Größe, zumal wenn man sie mit den Mitteln verglich, die für Gutachten und Auftragsforschung ausgegeben wurden. Während 1970 für die rund 250 Beratungsgremien der Bundesregierung Unkosten in Höhe von 3,6 Mio. DM entstanden, beliefen sich wenig später allein die Ausgaben, die das Bundesministerium für Forschung und Technologie für wissenschaftliche Untersuchungen tätigte, auf etwa das Zehnfache. Der Förderungskatalog des Ministeriums wies 1974 338 Studien und Gutachten aus, die über mehrere Jahre verteilt Gesamtkosten in Höhe von 95 Mio. DM erwarten ließen.[24] Wie sehr die Regierung selbst über den Kostenaufwand der in Auftrag gegebenen Gutachten im Dunkeln tappte – oder aber ihn bewusst herunterzuspielen suchte – wird ersichtlich, wenn man diesen Zahlen die Auskunft des Parlamentarischen Staatssekretärs im Bundesministerium für Finanzen gegen-

---

[23] Henschel, Volker: Ludwig Erhard. Ein Politikerleben. München / Landsberg am Lech 1996, S. 561f.; Hildebrand, Klaus: Von Erhard zur Großen Koalition 1963-1969. (Geschichte der Bundesrepublik Deutschland, Bd. 4). Stuttgart / Wiesbaden 1984, S. 118ff.
[24] Antwort der Bundesregierung auf die Kleine Anfrage der Abgeordneten Lenzer etc. und der Fraktion der CDU/CSU, Deutscher Bundestag, 7. Wahlperiode, Drucks. 7/4623; massive Kritik an Umfang, Vergabepraxis und Intransparenz des Gutachtenwesens übte die Opposition, vgl. CDU/CSU-Fraktion: Arbeitsgruppe Forschung und Technologie: Dokumentation über Verschwendung von Steuergeldern im Forschungsministerium durch Gutachten und Studien [1974], ACDP VIII-001-305/2.

überstellt, der im selben Jahr im Bundestag erklärte, die Gesamtausgaben der
Bundesregierung für Gutachten würden sich voraussichtlich auf rund 18 Mill.
DM belaufen.[25] Auch wenn die Bundesministerien auf skeptische Fragen, inwiefern denn die vielen - oft nicht eben kostengünstigen - Gutachten für ihr Tun von
Nutzen seien, gemeinhin zu antworteten pflegten, die wissenschaftlichen Zuar-
beiten flössen sehr wohl und auf vielfältige Weise in ihre Arbeit ein, verblieben
solche Aussagen doch stets im Vagen. Die Frage, ob eine konkrete Erfolgs- und
Wirksamkeitskontrolle für möglich erachtet wurde, wurde im Allgemeinen verneint.

Wenig Systematisches ist aus historischer Perspektive auch über die Wirkung einer weiteren Variante von Politikberatung bekannt: Die Rede ist von den
zeitlich befristeten, thematisch auf einen spezifischen Problemkreis hin ausge-
richteten Sachverständigenkommission. Auch unter diesen ad hoc Kommissionen lassen sich Beispiele sowohl für einen hohen wie für einen äußerst begrenzten Wirkungsgrad finden – das letztere in der Summe freilich weit öfter. Erneut
müssen einige wenige Beispiele genügen. 1955 berief der Bundesinnenminister
eine Sachverständigenkommission mit dem Auftrag, Empfehlungen zur rechtlichen Ordnung des Parteiwesens zu entwerfen. In ihr fanden sich ausgesprochen
hochkarätige Vertreter der Rechts-, Geschichts-, Politik- und Sozialwissenschaften versammelt.[26] Der Kommissionsbericht hinterließ deutliche Spuren im
anschließend vorgelegten Regierungsentwurf für ein Parteiengesetz. Da die Parteien jedoch über die gesetzliche Regelung der Parteifinanzierung uneinig waren,
musste noch ein knappes Jahrzehnt auf das vom Grundgesetz eingeforderte Par-
teigesetz gewartet werden. In entscheidenden Punkten ging das Gesetz dann von
deutlich verschobenen Prämissen aus.[27] Etwa zur gleichen Zeit, als das Parteiengesetz verabschiedet wurde, erörterte eine ebenso prominent zusammengesetzte
Kommission die Frage einer Neuordnung des Wahlrechts. Aber obwohl Bundesinnenminister Lücke (CDU) mit dem Ratschlag der Professoren weitgehend
sympathisierte, blieben die Empfehlungen auch hier ohne legislativen Niederschlag, da der Koalitionspartner, die SPD, beim anvisierten Umschalten auf ein
Mehrheitswahlrecht nicht mitziehen wollte.[28] Beide Male hatten sich die Prob-

---

[25] Antwort auf die mündliche Anfrage des Abgeordneten Braun (CDU/CSU), Verhandlungen des
Deutschen Bundestages, 7. Wahlperiode, Sten. Berichte Bd. 86, Bonn 1974, Sitzung vom 16.1.1974,
S. 4536*.
[26] Rechtliche Ordnung des Parteiwesens. Probleme eines Parteiengesetzes. Bericht der vom Bundesminister des Innern eingesetzten Parteirechtskommission. Frankfurt a.M. / Berlin 1957.
[27] Landfried, Christine: Parteifinanzen und politische Macht. Eine vergleichende Studie zur Bundesrepublik Deutschland, zu Italien und den USA. Baden-Baden 1990, S. 30ff.
[28] Freilich war schon die Auswahl der Professoren und der Auftrag an die Kommission von Präferenz
für ein Mehrheitswahlrecht beeinflusst gewesen. Zur verwickelten Konstellation der Wahlrechtsde-
batte während der Großen Koalition von 1966-69 vgl. etwa Bredthauer, Rüdiger: Das Wahlsystem als
Objekt von Politik und Wissenschaft. Die Wahlsystemdiskussion in der BRD 1967/68 als politische

lemlösungsangebote der Sachverständigenkommissionen unter parteipolitischen Gesichtspunkten als nicht passfertig erwiesen. Weitere markante Beispiele für die Erfolg- und Wirkungslosigkeit solcher Gremien liefern zwei Sachverständigenkommissionen, die mit dem Grundgesetzauftrag einer Neugliederung der Länder befasst waren. Sie legten 1955 und 1973 entsprechende Vorschläge vor, ohne politisch irgendeine nennenswerte Spur zu hinterlassen. Hier ist aus der Rückschau unschwer zu erkennen, dass die Verlagerung des Problems auf die Ebene sachverständiger Beratung dilatorischen, wenn nicht gar Alibi-Zwecken diente. Statt die Zahl der Bundesländer auf fünf oder sechs zu reduzieren, wie von der „Ernst-Kommission" 1973 vorgeschlagen, wurde der Neugliederungsauftrag des Grundgesetzes vom Bundestag in eine Kann-Regelung abgeschwächt, womit dann der verfassungsrechtliche Handlungsdruck aus der Welt geschafft war.[29]

Man könnte ebenso gut aber auch die 1970 eingesetzte Studienkommission zur Reform des öffentlichen Dienstrechtes nennen, die zu ihrem Schicksal, nur begrenzte gesetzgeberische Wirkung geweckt zu haben, das Ihre beitrug, indem sie in der zentralen Frage einer Vereinheitlichung des Dienstrechts für die unterschiedlichen Statusgruppen kein geschlossenes Meinungsbild vorzulegen vermochte.[30] Überhaupt war die Frage einer Reform der Verwaltung seit den fünfziger Jahren ein auf Bundes- wie Länderebene in immer wieder neuen Kommissionen verhandelter Problemgegenstand. Das reichte auf der Bundesebene von einer ersten, 1956 eingesetzten Sachverständigenkommission zur Verwaltungsvereinfachung über die 1969 auf dem Höhepunkt der Reformbegeisterung gebildete „Projektgruppe Regierungs- und Verwaltungsreform" bis hin zum Sachverständigenrat „Schlanker Staat" aus dem Jahre 1995. Im Wandel der Problemstellungen, Reformansätze und beteiligten Wissenschaften wurden dabei spezifische Disziplin- und Themenkonjunkturen sichtbar: Von einem primär juristisch geprägten Verwaltungsbegriff führte der Weg über sozialwissenschaftliche Ansätze hin zu betriebswirtschaftlich orientierten Managementkonzepten. Sucht man nach einem gemeinsamen Nenner, könnte man diesen in dem Umstand

---

und wissenschaftliche Auseinandersetzung. Meisenheim am Glan 1975, hier bes. 54f., 63f. und 102ff.; ein knapper Überblick bei Fenske, Hans: Strukturprobleme der deutschen Parteiengeschichte. Wahlrecht und Parteiensystem vom Vormärz bis heute. Frankfurt a.M. 1974, S. 198ff.

[29] Hennings, Almuth: Der unerfüllte Verfassungsauftrag. Die Neugliederung des Bundesgebietes im Spannungsfeld politischer Interessengegensätze. Heidelberg / Hamburg 1983, S. 100ff.; Weniger Länder – mehr Föderalismus? Die Neugliederung des Bundesgebietes im Widerstreit der Meinungen 1948/49-1990. Eine Dokumentation. Bearb. von Reinhard Schiffers. Düsseldorf 1996, hier die Einleitung von Schiffers, S. 11-106, bes. S. 59ff. und 70ff.

[30] Bleek, Wilhelm: Politische Politikberatung in Geschichte und Gegenwart, in: Uwe Jens / Hajo Romahn (Hg.), Der Einfluss der Wissenschaft auf die Politik, Marburg 2002, S. 75-94, hier S. 82; Siedentopf, Heinrich: Abschied von der Dienstrechtsreform? in: Die Verwaltung 12 (1979), S. 457-478.

ausmachen, dass der gesetzgeberische Ertrag meist in einem ungünstigen, oft gar umgekehrten Verhältnis zur Reichweite der ausgesprochenen Empfehlungen stand.[31]

Die Beispiele ließen sich für andere Politikfelder mühelos vermehren. In vielen Fällen bewahrheitete sich also die Beobachtung, die Bundesinnenminister Höcherl schon 1963 angestellt hatte, als er im Bundestag einräumte, dass „die meisten Kommissionen die Aufgabe haben, ein Begräbnis erster Klasse vorzubereiten."[32] Freilich gibt es auch Gegenbeispiele. Höherer Durchschlagskraft besaß etwa die 1964 berufene, gemischt zusammengesetzte Troeger-Kommission zur Finanzreform, deren Empfehlungen deutliche Spuren in der Steuerreform von 1969 hinterließen.[33] Nachhaltige Wirkung zeigte auch die vornehmlich aus reformorientierten Universitätsmedizinern zusammengesetzte Sachverständigenkommission zur Lage der Psychiatrie, deren Bericht aus dem Jahr 1975 auf mitunter sehr verwickelte, letztlich jedoch unübersehbare Weise als Impulsgeber für die nachfolgende Psychiatriereform wirkte.[34] Und auch auf dem Feld der Parteienfinanzierung bewies eine vom Bundespräsidenten eingesetzte Sachverständigenkommission 1983, dass unter anderen Vorzeichen die Empfehlungen externer Experten einen nicht unerheblichen Einfluss auf die nachfolgende gesetzliche Regelung nehmen konnten.[35]

Diese Beispielkette nach beiden Seiten hin fortzuführen, würde hier nicht viel weiterhelfen. Wie könnte eine allgemeine Einschätzung lauten? Der Erfolg der Kommissionsarbeit hing entscheidend von den äußeren Konstellationen ab. Eine wesentliche Voraussetzung war die tatsächliche Reform- und Handlungsbe-

---

[31] Vgl. als Überblick König, Klaus / Füchtner, Natascha: Von der Verwaltungsreform zur Verwaltungsmodernisierung, in: dies. (Hg.): „Schlanker Staat" – Verwaltungsmodernisierung im Bund. Zwischenbericht, Praxisbeiträge, Kommentare. Speyer 1998, S. 3-152, bes. S. 30ff., 43ff., 67ff., 90ff.; Derlien, Hans-Ulrich: Patterns of Postwar Administrative Developments in Germany, in: Benz, Arthur (Hg.): A New German Public sector? Reform, Adaptation and Stability. Aldershot u.a. 1996, S. 27-44.

[32] Zit. nach Morkel, Arnd: Politik und Wissenschaft. Möglichkeiten und Grenzen wissenschaftlicher Beratung in der Politik. Hamburg 1967, S. 79.

[33] Renzsch, Wolfgang: Finanzverfassung und Finanzausgleich. Die Auseinandersetzung um ihre politische Gestaltung in der Bundesrepublik Deutschland zwischen Währungsreform und deutscher Vereinigung (1948-1990), Bonn 1991, S. 213ff. und 257. Von den fünf Mitgliedern der Troeger-Kommission war indes nur eines ein „reiner" Wissenschaftler.

[34] Häfner, H. / Rössler, W.: Die Reform der Versorgung psychisch Kranker in der Bundesrepublik. Versorgungskonzepte und Versorgungsstrategien für psychisch Kranke und Behinderte seit der Veröffentlichung der Enquête 1975, in: Kulenkampff, Caspar / Picard, Walter (Hg.): Fortschritte und Veränderung in der Versorgung psychisch Kranker. Ein internationaler Vergleich. Köln 1989, S. 17-54; 25 Jahre Psychiatrie-Enquete. 2 Bde. Hg. von der Aktion Psychisch Kranke. Bonn 2001.

[35] Vgl. Landfried, Christine: Politikwissenschaft und Politikberatung, in: Beyme, Klaus von (Hg.): Politikwissenschaft in der Bundesrepublik Deutschland. Opladen 1986, 100-115, hier S. 111; hinzu kam in diesem konkreten Fall freilich, dass der gegebene Rat den Parteien sehr entgegen kam und in der Substanz problematisch war, vgl. dies., Parteifinanzen, S. 47ff.

reitschaft der politischen „Paten", bei zugleich geringer Konkurrenz an Wettbewerbern in der Konzeptformulierung. Die politischen Entscheidungsträger durften ihre Positionen noch nicht festgeklopft haben, die Kommissionen durften auch nicht lediglich zu taktischen Zwecken eingesetzt worden sein. Sie mussten darauf hinarbeiten, ein klares, schlüssiges und möglichst einhelliges Meinungsbild zu erstellen, ein den politischen Umsetzungsbedingungen angepasstes realistisches Votum, und dies möglichst in nicht allzu langer Frist, solange nämlich das politische Fenster noch geöffnet blieb. Schließlich mussten sich im Spektrum der maßgeblichen politischen Akteure hinreichend schlagkräftige, mehrheitsfähige und durchsetzungswillige Advokaten finden, welche bereit waren, die ausgesprochenen Empfehlungen nicht nur zu den ihren zu machen, sondern ihnen auch auf der politischen Agenda einen vordringlichen Rang zu verschaffen. Dass es hilfreich war, wenn dabei der Rückenwind der öffentlichen Meinung entfacht werden konnte, war ebenfalls keine ganz untypische Beobachtung, erst recht aber, dass der Widerstand auch nur eines einflussreichen Vetospielers im politischen Konzert schon dazu führen konnte, dass sich dann doch wieder alles im Sande verlief. Bei all dem schien dann noch ein weiteres Dilemma hervor: Ein hoher Grad an Unabhängigkeit der Sachverständigen mochte zwar eine wichtige Voraussetzung für die Qualität der Empfehlungen sein, keineswegs war er dies aber unter Wirksamkeitsgesichtspunkten. Umgekehrt konnte eine stärkere politische Konditionierung der Beratung, durch die parteinahe Auswahl der Sachverständigen etwa oder durch politische Vorgaben zum Beratungsgegenstand, die Wirkungschancen zwar erhöhen, die nötige Unabhängigkeit des Urteils aber auch empfindlich einschränken.

Lässt man die staatlichen Forschungseinrichtungen einmal beiseite, bleibt als wichtiger Bestandteil der bundesdeutschen Beratungskultur noch die wachsende Zahl der „Denkfabriken" zu erwähnen.[36] Unter den Einrichtungen, die zu diesem Typus gezählt werden können, traten früh schon die großen außeruniversitären Wirtschaftsforschungsinstitute in Erscheinung. Ihre Gründung konnte wie im Falle des Hamburger Weltwirtschaftsarchivs oder des Kieler Instituts für Weltwirtschaft bis ins Kaiserreich zurückreichen. Gerade in den frühen Jahren der Bundesrepublik standen sie in einem „lebendigen Kontakt"[37] zum Bundes-

---

[36] Vgl. Gellner, Winand: Ideenagenturen für Politik und Öffentlichkeit. Think Tanks in den USA und in Deutschland. Opladen 1995; ders.: Think tanks in Germany, in: Stone, Diane / Denham, Andrew / Garnett, Mark (Hg.): Think tanks across nations. A comparative approach. Manchester / New York, S. 82-106; Thunert, Martin: Think Tanks als Ressource der Politikberatung. Bundesrepublikanische Rahmenbedingungen und Perspektiven, in: Forschungsjournal Neue Soziale Bewegungen Jg. 12 (1999), S. 10-19.

[37] So Fritz Baade (Direktor des Kieler Instituts für Weltwirtschaft), zit. nach Löffler, Bernhard: Soziale Marktwirtschaft und administrative Praxis. Das Bundeswirtschaftsministerium unter Ludwig Erhard. Wiesbaden 2002, S. 84.

wirtschaftsministerium. Das Ministerium sorgte bei den meisten dieser Institute für eine pauschale Grundfinanzierung. Zeitweilig drängte es auch darauf, Auftragsvergabe und Zusammenarbeit noch stärker abzustimmen als bis dahin der Fall.[38] Auf dem Feld der Außenpolitik, wo die Dinge wieder anders lagen und es lange an ausgebauten Beratungskapazitäten fehlte, trat neben die bereits 1955 gegründete „Deutsche Gesellschaft für Auswärtige Politik" ein Jahrzehnt später, aus dem Etat des Kanzleramts finanziert und mit weitaus größeren Forschungskapazitäten ausgestattet, die „Stiftung Wissenschaft und Politik" in Ebenhausen. Spätestens bei deren Gründung erwies sich dann auch das Beispiel der amerikanischen Think Tanks als ein wichtiger Bezugspunkt - wie überhaupt die Eindrücke und Anstöße aus den USA immer größeres Gewicht erlangten. „Die weitgehende Aussparung der Wissenschaft bei der politischen Urteilsbildung in Deutschland wird von amerikanischer Seite vielfach als Mangel in der Fundierung oder gar als Schwäche seiner Demokratie gewertet", hieß es so in einem Memorandum, mit dem Klaus Ritter, der künftige Leiter der Stiftung Wissenschaft und Politik, die Dringlichkeit des Vorhabens zu verdeutlichen suchte.[39]

Gleichfalls ausgebaut wurden in der Aufschwungphase der bundesdeutschen Politikberatung seit Mitte der sechziger Jahren die von den Parteistiftungen der CDU und SPD unterhaltenen Forschungsinstitute, und auch sie wurden größtenteils aus staatlichen Mitteln finanziert. Viele Denkfabriken spiegelten in Entstehung und Werdegang zeitspezifische Themenkonjunkturen: Das sozialwissenschaftlich ausgerichtete Wissenschaftszentrum Berlin, 1969 errichtet, galt zunächst als eine Art „Parade-Think-Tank der sozialliberalen Planungseuphorie",[40] wandte sich in den 80er Jahren jedoch von der Politikberatung weitgehend wieder ab. Das Freiburger Öko-Institut, 1977 gegründet, erfuhr, zunächst eher bescheiden dimensioniert, nach der Tschernobyl-Katastrophe 1986 eine deutliche Aufwertung. Die 1970 geschaffene Hessische Stiftung für Friedens- und Konfliktforschung musste in den neunziger Jahren, als Friedensforschung nicht mehr allzu groß geschrieben wurde, den Ausstieg des Bundes aus der Finanzierung verkraften.[41]

Damit sind jedoch nur die bekannteren aus einer ungleich größeren Zahl von Einrichtungen genannt (heute wird ihre Zahl nach sachkundiger Schätzung

---

[38] BMWi, Referat I A 1: Sprechzettel für Gespräch mit den Forschungsinstituten am 19.3.1969, BArch B 102/93272.

[39] Stiftung Wissenschaft und Politik: Motive und Absichten, BArch B 136/6080. Zur „Deutschen Gesellschaft für Auswärtige Politik" vgl. Eisermann, Daniel: Außenpolitik und Strategiediskussion. Die Deutsche Gesellschaft für Auswärtige Politik 1955 bis 1972. München 1999.

[40] Gellner, Ideenagenturen, S. 189.

[41] Für die weitere Entwicklung der bundesdeutschen Think Tanks vgl. Thunert, Politikberatung.

auf 80-120 taxiert[42]). Der Markt der Anbieter von Politikberatung hat sich so über die Jahre immer stärker ausgeweitet. Private Forschungsinstitute wie Batelle, Infas, Infratest, Prognos oder Allensbach spielen seit jeher als Mitbewerber eine gewichtige Rolle. Dank ihrer reichen Erfahrung, ihrer größeren Flexibilität und Beweglichkeit und auch aufgrund kürzerer „Lieferfristen" bei der Auftragserledigung besaßen sie, wenn es um die Gutachtenvergabe ging, universitären Mitbewerbern gegenüber nicht selten ein Plus.[43] Heute, da im Zeichen des Umbaus von Staat und Verwaltungen nach betriebswirtschaftlichen Managementkonzepten Ausschau gehalten wird, haben sich private Unternehmensberatungen eine führende Position im Beratungsgeschäft erworben. In der Reduktion von Komplexität erweisen sie sich den wissenschaftlichen Anbietern von Politikberatung gegenüber vielfach als überlegen.

Das Panorama wäre noch immer unvollständig, würde nicht ein weiterer Gesichtspunkt angesprochen. Die bisher skizzierten Beratungsressourcen waren, wie unschwer zu erkennen ist, im politischen Kräfteparallelogramm höchst ungleichmäßig verteilt: Das Schwergewicht der Politikberatung neigt sich einseitig zur Exekutive hin. Je mehr die Beratungssysteme ausgebaut wurden, um so stärker musste deshalb befürchtet werden, dass die Legislative, was die Wissens- und Beurteilungsgrundlagen der politischen Entscheidungen anging, in noch größere Abhängigkeit von der Ministerialbürokratie zu geraten drohte als dies ohnehin schon der Fall war.[44] In den späten sechziger Jahren war deshalb von einer „Informationslücke" des Parlaments und einem „Informationsgefälle" zwischen Exekutive und Legislative die Rede.[45] Diese Schieflage ließ sich als Ausschnitt aus einer umfassenderen Problematik des modernen Parlamentarismus begreifen, deren Kern im wachsenden Übergewicht der Regierungsapparate, der „Tendenz zur Expertenherrschaft" und in den zunehmenden Funktionseinbußen der Parlamente ausgemacht wurde.[46] Den Abgeordneten die Verarbeitung und Aufbereitung der auf sie einströmenden Informationsmassen zu erleichtern, war Zielbestandteil der „Kleinen Parlamentsreform" von 1969. Der Wissenschaftli-

---

[42] Thunert, Martin: Think Tanks in Deutschland – Berater der Politik? in: Aus Politik und Zeitgeschichte B 51 / 2003, S. 30-38.

[43] Vgl. Kohn, Helmut: Zur Vergabe wirtschafts- und sozialwissenschaftlicher Forschungsaufträge. Erfahrungen mit den Forschungsaufträgen der Kommission für wirtschaftlichen und sozialen Wandel. Göttingen 1977.

[44] Morkel, Politik und Wissenschaft, S. 100ff.; Rausch, Heinz: Die wissenschaftliche Beratung des fünften deutschen Bundestages, in: Maier, Hans / Ritter, Klaus / Matz, Ulrich (Hg.): Politik und Wissenschaft: München 1971, S. 537-560.

[45] Keller, Thomas / Raupach, Hubert: Informationslücke des Parlaments? Wissenschaftliche Hilfseinrichtungen für die Abgeordneten des Deutschen Bundestages und der Länderparlamente. Hannover 1970, bes. S. 62ff., 73ff. und 90ff.

[46] Karl Dietrich Bracher: Gegenwart und Zukunft der Parlamentsdemokratie in Europa, in: Kurt Kluxen (Hg.): Parlamentarismus. Köln / Berlin 1967, S. 70-87, Zitat S. 84.

che Dienst des Bundestages wurde ausgebaut, die Assistenz der Ausschüsse wie auch der Fraktionen verstärkt.[47] Der Bundestag erhielt zudem das Recht, zur Aufarbeitung umfassender Sachkomplexe Enquete-Kommissionen einzusetzen, in die auch externe Sachverständige berufen werden konnten. Bis 1989 wurden zwölf solche Enquete-Kommissionen eingerichtet, mit einem sich allmählich herausbildenden Themenschwerpunkt auf technologischen und technologiepolitischen Fragestellungen. Unter dem Gesichtspunkt politischer Wirksamkeit war die Bilanz auch hier ambivalent: Manche der Anregungen wurden aufgegriffen, zumal dann, wenn sie ohnehin schon in der Diskussion waren. Öfter noch aber geschah es, dass sie weitgehend unbeachtet blieben. Im Übrigen führte die Mischzusammensetzung und oft auch „parteinahe" Auswahl der Sachverständigen dazu, dass letztere die dominierenden politischen Konfliktlinien nur selten aufzubrechen vermochten.[48] Insgesamt wird man sagen können, dass das Parlament die Informations- und Wissensgrundlagen seines Entscheidens zwar verbessern konnte, das strukturelle Ungleichgewicht zum Regierungsapparat jedoch bestehen blieb. Im Bericht der ersten Enquete-Kommission zur Technikfolgenabschätzung von 1986 hieß es noch immer, der Informationsvorsprung der Exekutive sei so erheblich, dass die Parlamentarier „dem ‚Herrschaftswissen' der Exekutive nahezu wehrlos ausgeliefert" seien.[49] Die Institutionalisierung der Technikfolgenabschätzung beim Bundestag, die ausgehend von einem ersten Antrag der CDU-Opposition (1973) nicht weniger als zwei Jahrzehnte in Anspruch genommen hatte, ist zugleich ein Lehrstück, wie die Parlamentarier zwischen der Sorge vor einer Übermacht der Experten und dem Bedürfnis nach parlamentseigenen Beratungskapazitäten hin und her gerissen waren, wobei, auch dies war bezeichnend, in sich umkehrenden parteipolitischen Konstellationen die jeweils regierende Mehrheit als Bremser und die Opposition als Antreiber wirkte.[50]

---

[47] Quaritsch, Helmut: Die wissenschaftlichen Dienste des Bundestages, in: Roman Schnur (Hg.): Festschrift für Ernst Forsthoff zum 70. Geburtstag. München 1972, S. 303-324. In den selben Problemzusammenhang gehörte auch der Umstand, dass der Bundestag seit der fünften Legislaturperiode (1965-69) weit häufiger von seinem Recht Gebrauch machte, Anhörungen (hearings) durchzuführen, als dies zuvor seinen Gewohnheiten entsprochen hatte.

[48] Aus der recht umfangreichen Literatur zur Funktionsweise der Enquete-Kommissionen seien hier genannt: Altenhof, Ralf: Die Enquete-Kommissionen des Deutschen Bundestages. Wiesbaden 2002; Metzger, Christian: Enquete-Kommissionen des Deutschen Bundestages. Rechtliche Grundlagen, Aufgaben und Arbeitsweise. Frankfurt a.M. u.a. 1994; Ismayr, Wolfgang: Enquete-Kommissionen des Deutschen Bundestages, in: Aus Politik und Zeitgeschichte B 27/1996, S. 29-41; Rehfeld, Dieter: Enquête-Kommissionen in der Bundesrepublik Deutschland, in: Lompe, Klaus / Rass, Hans-Heinrich / ders.: Enquête-Kommissionen und Royal Commissions. Beispiele wissenschaftlicher Politikberatung in der Bundesrepublik Deutschland und Großbritannien, Göttingen1981, S. 181-289.

[49] Zit. nach Krevert, Funktionswandel, S. 280.

[50] Vgl. Petermann, Thomas: Technology Assessment (Technikfolgen-Abschätzung) als Politikberatung: Über die Angst des Parlamentariers beim Umgang mit der Wissenschaft, in: Maier, Hans u.a.

Kritik am Beratungswesen wurde von sehr unterschiedlicher Seite, auf unterschiedlicher Weise und zugleich in sehr unterschiedlicher Richtung laut. Wo in so ausgedehntem Maße auf externen Sachverstand zurückgegriffen wurde wie Ende der sechziger Jahre im baden-württembergischen Kultusministerium, konnte es geschehen, dass sich der Rechnungshof an den entstehenden Kosten stieß. Es gehe nicht an, befanden die Wächter über die Wirtschaftlichkeit der Verwaltung, „in Gestalt von Beiräten, Kommissionen, Gutachtern und Forschungsgruppen ständig eine Art Nebenministerium zu unterhalten, für das Kosten in Höhe von fast 90% der Bezüge der höheren Beamten des ganzen Ministeriums erwachsen."[51] Der Bundesrechnungshof wiederum verlangte mehrfach eine bessere Koordination der Zuwendungen in der Ressortforschung.[52] Die Opposition beklagte die Undurchsichtigkeit der wissenschaftlichen Beratung oder nahm Anstoß daran, dass manche der in Auftrag gegebenen Gutachten ebenso gut den Zwecken der Partei des Ministers wie denjenigen des Ministeriums zugute kamen. So wurde bei den Haushaltsberatungen 1976 dem Bundeskanzleramt vorgehalten, die für wissenschaftlichen Beratung vorgesehenen Haushaltsmittel der Planungsabteilung in Höhe von 1,4 Mill. DM bedeuteten „in Wirklichkeit eine glatte Entlastung des Etats der Sozialdemokratischen Partei zu Lasten des Staatshaushalts". Ein Abgeordneter der CDU/CSU-Fraktion forderte: „Diese Spielwiese von Soziologen und Politologen möge gefälligst aus dem Palais Schaumburg in das Erich-Ollenhauser-Haus verlegt werden."[53]

Gelegentlich wurde auch schon die Verflüssigung der politischen Verantwortlichkeitsstrukturen durch eine überbordende Expertenkultur beanstandet. Besorgte Staatsrechtler wiesen darauf hin, dass mit dem Entstehen immer neuer Beiräte und Beratungsinstanzen politische Entscheidungen zunehmend an politisch unverantwortliche Instanzen delegiert würden. Ernst Forsthoff meinte beobachten zu können, dass durch die verstärkte Beteiligung von Sachverständigen an den Staatsgeschäften „der Spielraum demokratischer Willensentscheidung merklich verengt" werde.[54] 1964 sah Ernst-Wolfgang Böckenförde im Sachverständigenrat für die Begutachtung der gesamtwirtschaftlichen Entwicklung eine

---

(Hg.): Politik, Philosophie, Praxis. Festschrift für Wilhelm Hennis zum 65. Geburtstag. Stuttgart 1988, S. 412-425; ders.: Technikfolgen-Abschätzung im Deutschen Bundestag – ein Institutionalisierungsprozess, in: ders. (Hg.): Technikfolgen-Abschätzung als Technikforschung und Politikberatung. Frankfurt a.M. / New York 1992, S. 209-224; Baron, Waldemar M.: Technikfolgenabschätzung. Ansätze zur Institutionalisierung und Chancen der Partizipation. Opladen 1995, bes. S. 107ff., 129ff., 163ff., 194ff. und 219f.

[51] Denkschrift des Rechnungshofes zur Landeshaushaltsrechnung (Auszug), S. 61, HStASt EA 1/924/4016/I.

[52] BMwF: Vermerk für Referenten II 7, 7.6.1966, BArch B 138/6260.

[53] Verhandlungen des Deutschen Bundestages, 7. Wahlperiode, Sten. Berichte Bd. 98, Bonn 1976, Sitzung vom 11.5.1976, Abg. Schröder, S. 16870.

[54] Forsthoff, Ernst: Strukturwandlungen der modernen Demokratie. Berlin 1964, S. 17.

Art unverantwortlicher Nebenregierung entstehen, eine indirekte Gewalt, die frei von jeder demokratisch-parlamentarischen Kontrolle agiere. Durch den unmittelbaren Zugang zur Öffentlichkeit vermöge der Rat, auch wenn es ihm nominell an wirtschaftspolitischer Entscheidungsmacht fehle, der Regierung das Gesetz des Handelns aufzuzwingen, Sachentscheidungen also „mehr oder minder" vorwegzunehmen (ähnliche Befürchtungen hatte auch schon Adenauer gehegt). Die Einheit der Regierungsgewalt und die Richtlinienkompetenz des Bundeskanzlers drohe so unterlaufen zu werden.[55] Wie sich bald zeigen sollte, überschätzten solche Warnrufe bei weitem die Möglichkeiten der Ratgeber-Gremien. Böckenförde war es auch, der sich 1963 mit sehr grundsätzlichen Argumenten gegen die Idee verwandte, Bundeskanzler Erhard nach amerikanischem Vorbild einen „brain trust" zur Seite zu stellen: Die konstitutionell-parlamentarische Regierungsweise, so gab er zu bedenken, widerstrebe jeglicher potestas indirecta und damit auch jeder politischen Beratung ohne öffentliche Verantwortung.[56]

Deutungen dieser Art repräsentierten jedoch eine ausgesprochene Minderheitenmeinung. Die Mehrzahl gerade der wissenschaftlichen Beobachter begriff den Ausbau der Politikberatung zunächst als vielversprechende Chance zur Rationalisierung der Politik. Das galt jedenfalls so lange, wie die sehr wohl fortbestehenden Kommunikationsblockaden und Transferhindernisse zwischen Wissenschaft und Politik noch nicht dazu geführt hatten, dass sich die allzu hochgesteckten Erwartungen, Politik „verwissenschaftlichen" zu können, deutlich abkühlten. Schon in den siebziger Jahren zeichnete sich hier eine nüchternere Einschätzung ab.

Immerhin, wenn sich die Politikberatungsgremien so stark in den Vordergrund schoben wie zeitweilig in der Bildungspolitik, konnte auch in der Presse die Rede von einem „Regime der Hintermänner"[57] aufkommen, verbunden mit der Klage, „dass ein ganzer Bereich der Politik sich in die komplette Abhängigkeit einer Expertokratie der unterschiedlichsten Couleur begeben" habe.[58] Die

---

[55] Böckenförde, Ernst-Wolfgang: Die Organisationsgewalt im Bereich der Regierung. Eine Untersuchung zum Staatsrecht der Bundesrepublik Deutschland. Berlin 1964, S. 257ff.; vgl. hierzu eingehender bes. Metzler.

[56] Eierköpfe für Erhard. Diskussion um den Beraterstab des Kanzlers, in: Die Zeit 47, 22.11.1963. Böckenförde trug eine Kontroverse mit dem Journalisten Rüdiger Altmann aus, der sich für einen solchen Beraterstab aussprach (und tatsächlich Mitglied des informellen Beraterkreises des Kanzlers war). Als staatsrechtliche Gegenposition zu Böckenförde vgl. von Arnim, Hans Hubert: Gemeinwohl und Gruppeninteressen. Die Durchsetzungsschwäche allgemeiner Interessen in der pluralistischen Demokratie. Frankfurt a.M. 1977, S. 334ff.

[57] Klaus-U. Ebmeyer, Das Regime der Hintermänner, in: Deutsche Zeitung Nr. 48, 30.11.1973.

[58] Paul F. Reitze, Die Zukunft der neuen Tragiker. Zehn Jahre Bildungspolitik zwischen Reform und Zerstörung, in: Rheinischer Merkur Nr. 4, 24.1.1975.

Rede von der drohenden Herrschaft der Experten[59] war indes genauso übertrieben wie das Menetekel von der heraufziehenden „Technokratie", das Teile der Linke beschworen, um vor dem Regime einer vermeintlich apolitischen, rein funktional sich abspulenden Sachgesetzlichkeit und damit vor der Dominanz technokratischer Entscheidungsmuster zu warnen.[60] Dennoch war die Technokratiediskussion einer der Ausgangspunkte, den auch Jürgen Habermas wählte, als er 1964 die noch heute verbreitete Unterscheidung zwischen einem technokratischen Modell (Politik sinkt zum bloßen Ausführungsorgan einer wissenschaftlich ermittelten Sachnotwendigkeit herab), einem dezisionistischen Modell (instrumentelle Indienstnahme der Wissenschaft bei souveräner Entscheidungsprärogative der Politik) und einem pragmatistischen Modell des Verhältnisses von Wissenschaft und Politik traf.[61] Die beiden ersten Typen dienten Habermas als negative Kontrastmuster zum letzteren, das er aufgrund seines dialogisch-iterativen Kommunikationsmodus und aufgrund der Einbeziehung einer kritischen Öffentlichkeit als das einzige begriff, welches demokratischen Verhältnissen gerecht zu werden versprach. Wie Habermas ging es auch den meisten anderen Interpreten nicht um eine Kritik der Politikberatung an sich, sondern um die Bewertung ihrer Spielregeln. Wenn es sich darum handelte, die angetroffenen Austauschbeziehungen in der Politikberatung nach erwünschten und unerwünschten bzw. produktiven und unproduktiven zu sortieren, erfreute sich das Habermas'sche Ordnungsschema künftig hoher Beliebtheit. Auch führende Politikberater griffen darauf zurück, um die von ihnen angestrebten Interaktionsmuster zu umschreiben.[62]

Kritik an der Politikberatung war somit fast immer Kritik an ihren Spielregeln. Ob und wie weit die Wissenschaftler die Handlungsrestriktionen und Opportunitätserwägungen der Politiker und die Anreizmechanismen des politischen Geschäfts berücksichtigen mussten, ob wissenschaftliche Politikberater, um ihre Empfehlungen verdaulich zu machen, die Komplexität der wissenschaftlichen Problemsicht reduzieren sollten und wie weit sie, um zu politisch verwertbaren

---

[59] „Hinter der Fassade der Demokratie reckt sich das Haupt der Expertokratie, einer demokratisch kaum mehr mit Sanktionen kontrollierbaren Herrschaft der Experten", unkte 1964 Manfred Kuhn, vgl. ders: Grundzüge der Expertokratie, in: Jungk, Robert / Mundt, Hans Josef (Hg.): Modelle für eine neue Welt. Bd. 3: Deutschland ohne Konzeption? Am Beginn einer neuen Epoche. München u.a. 1964, S. 415-424; ders.: Herrschaft der Experten. An den Grenzen der Demokratie. Würzburg 1961.
[60] Einen Überblick vermittelt Koch, Claus / Senghaas, Dieter (Hg.): Texte zur Technokratiediskussion. 2. Aufl., Frankfurt a.M. 1971.
[61] Habermas, Jürgen: Verwissenschaftlichte Politik und öffentliche Meinung (1964), in: ders.: Technik und Wissenschaft als „Ideologie". Frankfurt a.M. 1969, S. 120-145
[62] BMwF: Überlegungen zum Verhältnis Bund/Wissenschaft (Vorlage für den BAF), 31.10.1968, BArch N 1287/28; Bemerkungen zu der Unterlage: Überlegungen zum Verhältnis Bund - Wissenschaft des BMwF vom 31.10.1968, ibid.; Ergebnisprotokoll der Sitzung des „Beratenden Ausschusses für Forschungspolitik" in der Universität Tübingen am 20.11.1968, BArch N 1293/261.

Kompromissen zu gelangen, Abstriche von ihren wissenschaftlichen Überzeugungen machen mussten – all dies stand immer wieder neu zur Debatte. Dasselbe galt für die mehr operativen Geschäftsgrundlagen der Politikberatung. Diskutiert wurde hier, nach welchen Regeln Gremien zusammengesetzt und Berater ausgewählt werden sollten, ob Empfehlungen zu publizieren waren und die Beratung öffentlichen Charakter besitzen sollte, wie weit die Politiker in die Ausarbeitung der Empfehlungen einzubeziehen waren, ob Minderheitsvoten zugelassen werden sollten und wer eigentlich die Fragestellungen der Berater und Beratungsgremien zu bestimmen hatte.[63]

Überblickt man die gesamte Zeitspanne der alten Bundesrepublik, können abschließend einige allgemeine Entwicklungslinien hervorgehoben werden, die das Gesamtbild der Politikberatung bestimmten.

1.   Unübersehbar hat sich die Infrastruktur der Politikberatung immer weiter ausdifferenziert. Die Zahl der Anbieter ist nicht nur außerordentlich gestiegen. Auch die Spannweite der Beratungsformen hat sich beträchtlich ausgeweitet. Der Markt der Berater scheint heute dichter bevölkert und damit härter umkämpft denn je zuvor.

2.   Im Großen und Ganzen lassen sich vier Themen- und Beratungskonjunkturen unterscheiden, vier Perioden, in denen der Austausch zwischen wissenschaftlichen Experten und Regierungsapparat besonders markant in Erscheinung trat. Für die Jahre des Wiederaufbaus seit 1948 ist die ordnungspolitische Unterstützungsfunktion der Wissenschaften unterstrichen worden, wie sie etwa der Wissenschaftliche Beirat des Bundeswirtschaftsministeriums ausübte.[64] Es waren vor allem volkswirtschaftliche, staatsrechtliche, aber auch sozialpolitische Ordnungsprobleme, die hier im Mittelpunkt standen, und somit auch volkswirtschaftliche, juristische und sozialpolitische Experten, deren Rat in erster Linie gefragt war. Eine zweite Phase besonders ausgeprägter Interaktion stellte sich in der Ära der „Inneren Reformen" ein (Mitte der sechziger bis Mitte der siebziger Jahre). Nun traten die Sozialwissenschaften als Bezugsdisziplinen in den Vordergrund. Sie profitierten von jenem Leitbild einer aktiven, vorausschauenden und konzeptionell geschlossenen Politik, das sie selbst mit Nachdruck propagierten. Seit den siebziger Jahren spielten dann zunächst umweltpolitische und technologische, später immer mehr auch biopolitischer Problemstellungen eine gewichtige Rolle. Mit ihnen war sowohl unter Wissens- wie auch Wertungs-

---

[63] BMBW Merkblatt 11/71, Sept. 1971: Neuordnung des Beratungswesens beim BMBW, BArch B 196/30776.

[64] Vgl. etwa Löffler, Soziale Marktwirtschaft, bes. S. 70ff.; Blesgen, Detlef J.: Erich Preiser – Wirken und wirtschaftspolitische Wirkungen eines deutschen Nationalökonomen (1900-1967). Berlin u.a. 2000.

gesichtspunkten ein hoher, weit in die Öffentlichkeit hineinwirkender Kontrovers- und Unsicherheitsgehalt verbunden. Diese Eigenart prägte dem Beratungsgeschehen vielfach den Stempel auf. Schließlich läutete die Notwendigkeit, den Staat zu „verschlanken", die Verwaltung zu vereinfachen und die staatlichen Steuerungsmechanismen unter Effizienzgesichtspunkten zu modernisieren, eine weitere, sich mit der dritten überlappende Konjunkturwelle der Politikberatung ein. Beide Beratungskonjunkturen halten bis heute an. Inzwischen findet kaum ein Anlauf zur Neuordnung von Staatstätigkeit und Staatsaufgaben mehr statt, ohne dass zuvor eigens eingesetzte Sachverständigenkommissionen ihre Empfehlungen aussprechen.

3. Auch die nachgefragten Wissensformate änderten sich kontinuierlich. So verschob sich seit den späteren siebziger Jahren das Beratungsprofil von den großdimensionierten Masterplänen und Zukunftsmodellen zu einer eher kleinformatigen, problemorientierten und damit auch vergleichsweise konkreten „Unterfütterung aktueller Entscheidungssituationen".[65] In jüngerer Zeit schlägt das Pendel wieder mehr in die entgegengesetzte Richtung aus. Als im Anschluss an den sozialliberalen Reformenthusiasmus der siebziger Jahre deutlich wurde, dass sich den gesetzgeberischen Steuerungsambitionen vielfältige Umsetzungshindernisse in den Weg stellten, wurde die gesetzesvorbereitende durch die Evaluations- und Implementationsberatung ergänzt. Anfang der neunziger Jahre beschäftigte sich, einer Befragung zufolge, nur rund ein Viertel der Beratungsgremien mit Aufgaben der Programmformulierung, drei Viertel hingegen waren mit Durchsetzungsfragen befasst.[66]

4. Politikberatung erlebte in der Bundesrepublik einen Prozess der Pluralisierung. Das betraf nicht nur die Formen und Angebote der Beratung, sondern auch ihre Verortung im politischen Gesamtgefüge. Die Exekutive büßte etwas von ihrem Monopol an sachverständiger Beratung ein (auch wenn diese weiterhin stark regierungslastig blieb). Die Parlamente bauten ihre Beratungsinstrumente aus, die Parteien schufen sich in Gestalt der Parteistiftungen eigene „Denkfabriken". Generell hat die Vielfalt der akademischen und advokatorischen Think Tanks deutlich zugenommen. Beratung ist auf sehr verschiedene Weise einem weiter gefassten Kreis von politischen Akteuren zugänglich gemacht worden, und sie wird auch von einem erheblich weiteren Kreis staatlicher wie nicht-staatlicher Akteure nachgefragt.

---

[65] Ritter, Ernst-Hasso: Perspektiven für die wissenschaftliche Politikberatung. Beobachtungen aus der Sicht der Praxis, in: Hesse, Joachim Jens (Hg.): Politikwissenschaft und Verwaltungswissenschaft. Opladen 1982, S. 458-464, S. 459.
[66] Murswieck, Axel: Wissenschaftliche Beratung im Regierungsprozess, in: ders. (Hg.): Regieren und Politikberatung. Opladen 1994, S. 103-119, hier S. 112.

5. In diesen Zusammenhang gehörte dann auch die Ausbreitung der „Gegen-
    expertise" als Bestandteil des Beratungsprozesses. Besonders im Zusam-
    menhang der Kernenergie-Debatte der siebziger Jahre hervorgetreten und
    seither ein häufig anzutreffender Faktor im Beratungsgeschehen, war das
    Prinzip gleichwohl älteren Ursprungs. Durch die kontroverse Inanspruch-
    nahme von Expertise entlang der politischen Konfliktlinien führte Politikbe-
    ratung nicht nur – und nicht so sehr - zu einer Verwissenschaftlichung der
    Politik, sondern auch – und vor allem - zu einer Politisierung der Wissen-
    schaften. Der Nimbus von Unabhängigkeit, Überparteilichkeit und sachlich
    unanfechtbarer Überlegenheit, welcher der wissenschaftlichen Expertise an-
    fangs zuerkannt worden war, erlitt dadurch erhebliche Einbußen.

6. Man kann auf lange Sicht auch eine Tendenz erkennen, die Öffentlichkeit
    als Adressaten stärker ins Spiel zu bringen. Ein früher Schritt in diese
    Richtung wurde getan, als 1963 der „Sachverständigenrats" ins Leben trat.
    Der 1971 berufene Rat von Sachverständigen für Umweltfragen verstand
    die Öffentlichkeit gleichfalls als Mitadressaten und Resonanzkörper seiner
    Gutachten.[67] Einzelne Enquete-Kommissionen, am stärksten wohl die zur
    Kernenergie-Politik, fanden jenen öffentlichen Widerhall, um den sie sich
    zunehmend aktiv bemühten. Schließlich haben auch einige Denkfabriken
    inzwischen gelernt, das Wirken in der Öffentlichkeit als Bestandteil ihres
    Aufgabenspektrums zu begreifen.[68] Politikberatung ist heute stärker als frü-
    her auch Öffentlichkeitsberatung.[69] Und wo der Ratschlag von Sachverstän-
    digen- oder Enquete-Kommissionen keinen direkten politischen Nieder-
    schlag findet, vermag er auf den verschlungeneren Pfaden der langfristigen
    öffentlichen, politischen oder auch wissenschaftlichen Meinungsbildung
    mitunter doch eine zumindest mittelbare Wirkung zu entfalten.

7. Wissenschaftliche Politikberatung hat den politischen Prozess nicht etwa
    rationaler, konsensualer und eindeutiger werden lassen.[70] Sie tendiert viel-
    mehr dahin, den Dissens als Triebkraft der Wissenschaften in die politische
    Arena hineinzutragen. In den hochkontroversen umweltpolitischen und
    biotechnologischen Fragen, die seit den siebziger und achtziger Jahren mehr
    und mehr an Bedeutung gewannen, führte der Wettstreit der politischen La-
    ger um das jeweils neueste Expertenwissen in die vordersten Linien der
    Forschungsfront, dorthin also, wo das Wissen noch unsicher und seine

---

[67] Zu diesem vgl. insgesamt Timm, Gerhard I.: Die wissenschaftliche Beratung der Umweltpolitik.
Der Rat von Sachverständigen für Umweltfragen. Wiesbaden 1989.
[68] Thunert, Politikberatung.
[69] Dies ist eine Kernthese des Buches von Krevert, Funktionswandel.
[70] Weingart, Peter: Die Stunde der Wahrheit? Zum Verhältnis der Wissenschaft zu Politik, Wirtschaft
und Medien in der Wissensgesellschaft. Weilerswist 2001, Kap. 4.

Deutung am stärksten umstritten war.[71] Auch dies hat zu dem paradoxen Ergebnis beigetragen, dass heute, da ohne den Beitrag der Wissenschaft politische Gestaltung weniger den je möglich erscheint, das Vertrauen in die Wissenschaft – verglichen jedenfalls mit den „wissenschaftsgläubigen" sechziger Jahren - beträchtlich abgenommen hat.

---

[71] Vgl. auch: Weingart, Peter: Scientific expertise and political accountability: paradoxes of science in politics, in: Science and Public Policy 26 (1999), S. 151-161, hier S. 158.

Eine gute beratene Demokratie ist eine gut beratene Demokratie

Organisierte Dialoge als innovative Form der Politikberatung

Christopher Gohl

Politische Beratung ist im Wandel. Traditionelle Verfahren der Beteiligung von Experten in der Vorbereitung politischer Entscheidungen stoßen zunehmend an Grenzen. Neben die herkömmlichen dauerhaften Beratungsgremien, die ad-hoc-Kommissionen und die Riege der klugen Köpfe, der Einflüsterer und der Besserwisser tritt der „organisierte Dialog". Er erinnert an das herkömmliche Verständnis von Bürgerbeteiligung, geht aber über den demokratischen Anspruch dieser Verfahren und über ihren formalen Charakter hinaus. Organisierte Dialoge dienen der situationsangepassten und differenzierten Entscheidungsvorbereitung. Sie sind Problembearbeitungsprozesse, in denen sowohl die von einer Entscheidung Betroffenen als auch Experten in variierter Art und Weise miteinander ins Gespräch gebracht werden können. Die diskursive Politikgestaltung durch „organisierte Dialoge" stellt zweifellos eine Form der politischen Beratung dar, die in ihren Leistungen und Effekten weit mehr zu bieten hat als nur den Ratschlag einer wissenschaftlich fundierten Untersuchung oder eines interessegeleiteten Praktikers, und mit Sicherheit mehr als den Kontakt im Geiste der „Public Affairs".

Im folgenden soll dieser Wandel der Politikberatung skizziert werden, zunächst in seinen Hintergründen: ein funktional und normativ überfordertes politisches System sucht nach neuen Wegen, Wissen und Werte in kompetente Entscheidungen einzubringen. Organisierte Dialoge sind eine Antwort, die an einigen Beispielen aus der Praxis erläutert werden soll. Dies führt abschließend zu einem Ausblick auf Lernaufgaben einer beratungsfreundlichen Demokratie, für die gilt: eine gut beratende Demokratie ist eine gut beratene Demokratie.

1. Ziele und Strukturen der Politikberatung in Deutschland

Ob Hartz-, Rürup-, Herzog- oder Süssmuth-Kommission, oder Nationaler Ethikrat, Rat für Nachhaltige Entwicklung oder der jüngst formierte Innovationsrat - die Politik hat sich in jüngster Zeit ein immer dichteres, aber sehr heterogenes Netz an Beratungsgremien geschaffen. Kommissionen, Räte und Beiräte gibt es in der deutschen demokratischen Politik aber schon seit dem 19. Jahrhundert. Woher kommen sie traditionell, was erwartet man von ihnen?

1.1 Funktionen der Politikberatung

Staatliche Politik definiert sich dadurch, dass sie allgemein verbindliche Entscheidungen trifft, die dem Gemeinwohl dienen soll. Das klassische Ziel demokratischer Politik ist dabei eine sowohl wertorientierte als auch sachangemessene Entscheidung. Klassische politische Beratung findet dabei in der Phase der politisch-administrativen Entscheidungsvorbereitung statt, seltener in der Phase der konkreten administrativen Umsetzung, häufiger in der Evaluation der Konsequenzen einer umgesetzten Entscheidung. Sie ist traditionell (und im vorherrschenden Idealbild) eine sachliche Beratung, an die einerseits Erwartungen einer wissenschaftlichen Fundierung im Sinne einer Tatsachenfeststellung geknüpft sind („gesicherte wissenschaftliche Erkenntnisse") oder andererseits die Erkenntnis herrschender Interessen (Beratung durch Lobbygruppen).

Diese klassischen Erwartungen zielen auf die Entscheidungsvorbereitung einer „rationalen Politik" ab. Als Funktionen klassischer Politikberatung werden gemeinhin genannt (beispielsweise von Beyme, 1984): Problemerkennung und Frühwarnung, Interessensvermittlung und Konfliktschlichtung durch wissenschaftliche Überprüfung, Evaluation von umgesetzten Programmen (Überwachung und Kontrolle), Legitimationsfunktion durch den wissenschaftlichen Segen für politische Positionen, und die Grundlagenforschung über Themen der Politik (z.B. zur Entwicklung des Rentensystems).

1.2 Geschichte der Politikberatung

Über die Geschichte hinweg hat sich eine vielfältige Landschaft der politischen Beratung herausgebildet, die – und das erklärt viele ihre Nachteile – nie im Sinne einer Ordnungspolitik für Politikberatung aufeinander abgestimmt wurde. Mit dem Ziel fachkundiger Information und Interessensvermittlung haben Ministerien seit 1871 Beiräte aus Wissenschaftlern und Verbändevertretern gebildet. In den 60er bis zu den frühen 70er Jahren des 20. Jahrhunderts kam es, auch dank eines ähnlichen Booms in den USA, zu einer massiven Aufwertung der Erwartungen an die wissenschaftliche Beratung, von der man sich versprach, die Informationsflut und Komplexität einer zunehmend pluralisierten Gesellschaft nicht nur zu bewältigen, sondern diese auch mittels ehrgeiziger sozialreformerischer Programme zu gestalten. Schrittmacher wissenschaftlicher Beratung in diesem klassischen Sinn war die Wirtschaftspolitik, maßgeblich die Einrichtung des Sachverständigenrates zur Begutachtung der gesamtwirtschaftlichen Entwicklung 1963, sowie die Bildungspolitik (Wissenschaftsrat 1957 und Bildungsrat 1965).

Auch die von der sozial-liberalen Koalition der 70er Jahre proklamierte „Politik der inneren Reformen" zur Modernisierung des Regierungs- und Verwaltungsapparates setzte auf wissenschaftlich abgesicherte Politik und schuf eine Reihe von Planungs- und Informationseinheiten innerhalb der Regierung sowie ministeriumsunterstellte Forschungseinrichtungen und -anstalten. Die Expansion der Ressortforschungsförderung steigerte die Nachfrage nach kommerziellen und (auch außer-)universitären Forschungsleistungen. Das Parlament stand hinter diesen Maßnahmen der Exekutive nicht zurück und modernisierte u.a. mit dem Instrument der Enquetekommission 1969 und der Gutachtergruppen 1970 seine eigene Arbeit. Auch bei den zahlreichen Regierungsberichten an den Bundestag wirkten Wissenschaftler nun entscheidend mit.

1.3 Strukturen der Politikberatung

Zu den klassischen Strukturen der Politikberatung gehören zunächst die verwaltungs*internen* Beratungsinstitutionen, bspw. Beraterstäbe, die dem Regierungs- bzw. Behördenchef formell zugeordnet sind (Grundsatz-, Planungs- und Forschungsabteilungen). Ebenso gibt es den Fachministerien unterstellte bundeseigene Forschungseinrichtungen, z. B. Bundesforschungsanstalten oder das Bundesumweltamt. Daneben gibt es verwaltungs*externe* Organisationsformen und Verfahren, also die von Bundesministerien berufenen, teils nur Wissenschaftler, teils auch Verbandsexperten umfassenden ständigen fachpolitischen Beiräte und Kommissionen, sowie von der Bundesregierung berufene (aus Wissenschaftlern zusammengesetzte) unabhängige ständige Sachverständigenräte (z. B. Sachverständigenrat für Umweltfragen).

Zunehmend in Mode sind die von der Bundesregierung zu bestimmten Fragen einmalig berufene (aus Politikern, Wissenschaftlern und Interessensvertretern zusammengesetzte) Sachverständigenkommissionen. Letztlich kommt dazu die konsultative Beteiligung der Interessensverbände und der kommunalen Spitzenverbände an der Ausarbeitung von Gesetzesentwürfen („Referentenentwürfe").

Der Bundestag verfügt über einen wissenschaftlicher Dienst, über ein Büro für Technikfolgenabschätzung, Ausschusssekretariate und Fraktionsstäbe. Er hat die Möglichkeit zur Einsetzung von (einmaligen, Parlamentarier, Fachvertreter, Wissenschaftler umfassenden) Enquetekommissionen zur Analyse gesellschaftlicher und politischer Problemfelder. Letztlich veranstalten die Bundestags-Ausschüssen öffentliche Anhörungen von Interessensvertretungen und Wissenschaftlern zu Gesetzesentwürfen.

Diese bei den Institutionen selbst angesiedelte Politikberatung hat in der Wissenschaft und der Wirtschaft, zunehmend auch in der Zivilgesellschaft, immer einen „Vorhof" gehabt, das heißt: Institute, Verbände, Stiftungen und sonstige Organisationen, zu deren Existenzzwecken es gehörte, im Geschäft der politischen Beratung tätig sein zu können. Dazu zählen Forschungseinrichtungen und (private Forschungs- und Consulting) Unternehmen, die Auftragsforschung leisten, also Gutachten, Evaluierungen und Prognosen abgeben (z. B. PROGNOS). Ebenso zählen dazu die akademische Forschung an Hochschulen mit z. T. explizitem Praxisbezug und Politikberatungsanspruch sowie die parteien- und interessensverbandsnahen Forschungseinrichtungen, beispielsweise politische Stiftungen („brain trusts"). Letztlich gibt es advokatorische Beratungsleistungen, beispielsweise von privaten Stiftungen wie der Bertelsmann-Stiftung oder dem Maecenata-Institut, die über die Gestaltung eines Expertendiskurses auf die Politik Einfluss zu nehmen versuchen, oft mit der Absicht des „Agenda Setting".

2. Politikberatung im Wandel

In den 90er Jahren sind, abgeschaut aus den USA, neue Trends hinzugekommen, die hauptsächlich den vorstaatlichen „Vorhof" der Politikberatung belebt haben. So sollen Gremien der Politikberatung Plattformen eines moderierten Ideenaustausches werden, sie sollen Personal für die Politik zur Verfügung stellen können sowie zunehmend in den Medien „Experten-Aufgaben übernehmen. Das Modell der „Think Tanks" oder „Ideenagenturen" (Gellner) hat begonnen, diese Lücken zu füllen. Ebenso entdeckten Unternehmensberatungen die Ministerien als Kunden, und Unternehmen auf dem Feld der Public Relations wurden von der Politik einer sich entwickelnden Mediendemokratie selbst zunehmend nachgefragt („Public Affairs").

2.1 Gründe für den Wandel

Vier zusammenhängende Gründe lassen sich im Anschluss an Wolfgang Reindicke für den Wandel der Erwartungen an die Politikberatung nennen. Sie haben alle mit einer Überforderung der Politik zu tun:

a. Die Dynamik der Bedingungen politischer Entscheidungsfindung hat sich verschärft. Revolutionen im Technologie- und Informationssektor sowie die zunehmende regionale und internationale Integration unterwerfen auch die politischen Strukturen samt ihren Inhalten rapidem Wandel (Regionalisierung / Globalisierung).

b. Die Anzahl der Themen, deren Management detailliertes Wissen in den Bereichen Wirtschaft, Gesellschaft, Ökologie und Technik sowie Wissen ü- ber die gegenseitigen Abhängigkeiten der Bereiche erfordert, hat zuge- nommen. Problemlösungsprozesse betreffen zunehmend mehr Entschei- dungsträger und Beteiligte.

c. Der politische Entscheidungsprozess dösintegriert sich oftmals, um den spezialisierten Herausforderungen gerecht zu werden, das Gemeinwohl wird immer schwerer allgemeinverbindlich definierbar.

d. Aus der Masse und der Komplexität der Themen staatlicher Politik resultiert eine Überlastung eines Staatsapparates. Auch der Politik fehlt es dabei zu- nehmend schwer, zu Priorvisierungen zu finden.

Die Überforderung der Politik wirft die Frage auf, wie Wissen und Werte sinn- voll in den politischen Prozess integriert werden können. Diese Frage wird im Rahmen von zwei Reformperspektiven ähnlich beantwortet: in der Perspektive der „Governance"-Diskussion und der Perspektive der Diskussion um nachhalti- ge Entwicklung.

2.2 Reformperspektiven des überforderten Staates: die Governance-Diskussion

Wo sich die Welt ändert – Überschriften: Globalisierung, Europäisierung, Neue Arbeitsgesellschaft, Individualisierung und Informationsgesellschaft – bedarf es auch einer Anpassung des politischen Systems. Das bestehende politische Sys- tem ist, vereinfacht gesagt, auf zwei Weisen überfordert: (1) funktional und (2) normativ.

Effektives Regieren (1) ist in zunehmend differenzierten, komplexen und interdependenten Gesellschaften zum Problem geworden. Wo nach dem Fall alter Grenzen Abstimmungsbedarf und Konfliktpotenzial gestiegen sind, muss das politische System neue Mechanismen der Problembearbeitung entwickeln, um wirkungsvoll regieren zu können. Dazu gibt es in Theorie und Praxis viele gute Ansätze. Man redet hier von „Governance". Das meint neue Formen des Regierens in Kooperation und Netzwerken. Der „aktivierende Staat", der „Bür- gerstaat", der „kooperative Staat" oder die „kooperative Bürgerstadt", sind Aus- druck einer neuen Leitidee, die sich in Begriffen wie „Netzwerke", „temporäre Verhandlungssysteme" oder „situative Fachparlamente" als neuen Modi politi- scher Steuerung konkretisiert.

Zwei Aspekte der Reform des politischen Systems kann man unterscheiden: (a) die Gliederung der politischen Gemeinschaft und (b) die Formen der Beteili- gung. Die Gliederung der politischen Gemeinschaft (a) kommt dem Ziel „Ver- antwortlichkeit neu ordnen statt organisierte Unverantwortlichkeit" in Formen einer „transnationalen Mehrebenendemokratie" (Heinz Kleger) zwischen Weltgesellschaft, Europa und den an Bedeutung gewinnenden Stadtregionen näher. Die neuen Formen demokratischer Beteiligung (b) lassen sich in der Fülle neuer partizipativer Prozesse und Verfahren finden: z. B. Agenda-21-Prozesse, Mediationsverfahren, Regionalforen, Zukunftskonferenzen, Runde Tische und Planungszellen. Oft sind diese neuen politischen Prozeduren weder in demokratischer Absicht eingeführt noch sinnvoll in den politischen Prozess eingebunden. Das führt zu Frustrationen in einem Lernprozess, der dennoch eine stille Revolution demokratischer Praxis darstellt und noch lange nicht abgeschlossen sein wird. Es sind diese neue Formen der Beteiligung, denen wir uns als „organisierte Dialoge" noch ausführlicher widmen werden.

2.3 Nachhaltige Entwicklung als Such-, Lern- und Entscheidungsprozess

Mit der Überforderung des politischen Systems in normativer Hinsicht (2) ist die fundamentale gesellschaftliche Selbstkritik an den Ergebnissen gesellschaftlichen Handelns bzw. politischer Steuerung gemeint: Wir leben nicht nachhaltig. Die im Brundtland-Bericht von 1987 gründende Kritik lautet, dass wir nicht so weitermachen können wie bisher. Die Antwort: das Konzept nachhaltiger Entwicklung.

Der Enquete-Bericht „Schutz des Menschen und der Umwelt" des 13. Bundestages (Tagungszeit 1995-1998) definierte in seinem Abschlußbericht nachhaltige Entwicklung wie folgt: „Eine nachhaltig zukunftsverträgliche Entwicklung gestaltet sich als ein gesellschaftlicher Such-, Lern- und Entscheidungsprozeß, der von permanenten, dynamischen wirtschaftlichen und strukturellen Änderungen begleitet ist." Zu den an diesem Prozess zu beteiligenden Akteuren werden „gesellschaftliche Gruppen wie Unternehmen, Wirtschafts- und Umweltverbände sowie Sozialpartner", aber auch „die unterschiedlichen staatlichen Ebenen, die Länder und die Kommunen" gezählt. Wer wann, in welchem Umfang und mit welcher Verbindlichkeit beteiligt werden soll, müsse erst noch beantwortet werden. Idealerweise wünschte man sich als Akteure des process-in-motion „lernende Organisationen", die ein umfassendes Verständnis für die Interdependenzen und Interessen aller Beteiligten aufbringen. Sie sollen in zielorientiert integrierten (also thematisch dreidimensionalen: ökologischen, ökonomischen und sozialen) Diskursen ohne Tabuthemen zusammenarbeiten. Die Akteure müssen integrations-, konsens- und lernfähig sowie fehlertolerant sein und mit kooperativem Politikstil einen breiteren Kreis von weiteren Akteuren integrieren.

Dies ist ein hoher Anspruch an die Akteure, der in der Praxis nachhaltiger Entwicklung nur schwer einzulösen ist – nicht nur, weil das Idealbild der Teilnehmer einer eierlegenden Wollmilchsau gleich kommt, sondern auch, weil kein

Mensch wirklich weiß, wie ein zukunftsbezogener gesellschaftlicher Lern-, Such- und Gestaltungsprozess eigentlich organisiert werden soll.

Dennoch: man lernt immer dazu. Die neuen Prozeduren, Institutionen und Regelungsregime – von der Lokalen Agenda über den Berliner Nachhaltigkeitsrat bis zu den Weltgipfeln und ihren Vertragswerken – sind erste Versuche, dem regulativen Ziel zukunftsverantwortlicher und demokratisch verantworteter Politik per Regieren näher zu kommen. Unter dem Stichwort „Sustainable governance" gibt es heute viele gute Ideen, Vorschläge und Erfahrungen, aus denen sich lernen lässt.

Und aus denen man lernen muss. Denn anders geht es gar nicht. Nachhaltige Entwicklung braucht Innovation, Transformation und normativen Druck. Das Potenzial der transnational vernetzten Bürgergesellschaft für dezentralen Trialand-Error, für Innovation, und für ethische Impulse hat im Informationszeitalter gerade erst begonnen sich zu entfalten. Und Transformation braucht gemeinsames Handeln, Konsensbildung. Dass sich mehr Akteure an der kollektiven Problembearbeitung beteiligen – und das zunehmend auch ohne Staat tun können – ist durchaus im Sinne nachhaltiger Entwicklung. Aber es erfordert die Neuerfindung des Regierens.

2.4 Neue Formen der Beratung: „Regierung durch Diskussion"

Die Politik als Problem statt als Problemlöser: vor diesem Hintergrund erscheinen die Phänomene der Governance – ob „Global", „Local", „Good" oder „Sustainable Governance" als erste zaghafte Versuche, Staat und Politik im Sinne eines „Process Redesign" umzuorganisieren. Mit der Zunahme von Kooperation wächst das Verständnis für kooperative Problembearbeitungsprozesse. Sie sind der zunehmend gesteuerte und bewusste Versuch dar, größeren Problemen (oft: Querschnittsproblemen) ein eigenes Forum anzumessen – das ist Politik durch Verhandlung mit der „Problemfamilie", also den „Stakeholdern", den an einem Problem teilhabenden Gruppen. Oder wie Feindt (2001) provokant zuspitzt: das ist „Regierung durch Diskussion".

Die Realität dieser Regierung durch Diskussion ist auf allen Ebenen von den Kommunalverwaltungen bis zu den Bundesministerien zu beobachten: „Runde Tische, neue Kommissionen und partizipative Prozesse etwa in der Regionalentwicklung, der Lokalen Agenda 21 oder beim Aufbau von Wirtschaftsclustern ergänzen zunehmend die Abläufe der repräsentativen Parteiendemokratie", schreibt Hans-Peter Meister vom Institut für Organisationskommunikation (IFOK), das viele solcher Prozesse organisiert. „Partizipative Verfahren wie die Planungszelle, die Zukunftswerkstatt oder Open-Space-Prozesse werden ausprobiert, die Erfahrungen mit Mediationsverfahren und partizipativen Projektplanungen nehmen zu."

Die Diskussionen über „Governance" und „nachhaltige Entwicklung" machen also folgendes deutlich: die Politik ist überfordert. Sie steckt in der Krise, weil es ihr schwer fällt, problemangemessene, zukunftsfähige Entscheidungen zu treffen und durchzusetzen. Sie sucht sich deshalb bessere Beratung. Und sie hat erkannt, dass diese Beratung am besten dann funktioniert, wenn sie als ein kooperativer Prozess der Entscheidungsvorbereitung in Bezug auf ein bestimmtes Problem organisiert wird. Einen solchen Prozess bezeichnen wir als „organisierten Dialog".

3. Organisierte Dialoge

3.1 Was sind organisierte Dialoge?

Organisierte Dialoge treten in zwei Formen auf: als einige Wochen oder Monate anhaltende Kommunikations-Prozesse oder als zeitlich verdichtete, höchstens wochenlange „Großgruppen-verfahren". Zur ersten Form zählen zum Beispiel Diskurse zur Technikfolgenabschätzung, Agenda 21-Prozesse, die meisten Formen der Multi-Stakeholder-Dialoge, kommunale und regionale Bürgerbeteiligungs- und Planungsprozesse, Foresight-Prozesse wie der Forschungsdialog Futur des Bundesministeriums für Bildung und Forschung, oder auch Mediations- und Konfliktbearbeitungsverfahren im öffentlichen Raum.

Zur zweiten Form zählen Verfahren wie die Zukunftswerkstätte, die Zukunftskonferenz, Open Space, Appreciative Inquiry, Strategieforum, Planungszelle und viele andere mehr. Diese Verfahren kommen aus verschiedenen Nischen und haben ihre Wurzeln teilweise bereits in den Sechziger und Siebziger Jahren: aus den Bürgerbewegungen, aus der Pädagogik, der Sozialpsychologie und der Politikwissenschaft, aus der Stadtteilarbeit, aus dem Konflikt- aus dem Unternehmensmanagement („Systemischer Ansatz"), die oft voneinander kaum etwas wissen, deren Einsicht aber immer lautet: partizipativ ist besser. Hauptsächlich in den Kommunen setzt man bald dieses, bald jenes Verfahren ein, kombiniert und erweitert sie (für eine Übersicht über alte und neue Verfahren der Bürgerbeteiligung: Bundesministerium des Innern (Hrsg.): 2002, 61-88).

Diese Formen sind – im Gegensatz zu gesetzlich festgeschriebenen formalen Verfahren der Bürgerbeteiligung – informale Verfahren. Das heißt, sie sind nicht gesetzlich vorgeschriebene Verfahren der Bürgerbeteiligung, sondern dem Problem, der Aufgabe und den Teilnehmern angepasste Verfahren. Beide Formen, ob zeitlich verdichtet oder entzerrt, sind letztlich kollektive Problembearbeitungs-Prozeduren.

Das bedeutet:

- Die Teilnehmer beziehen sich gemeinsam auf einen bestimmten Problem-Zusammenhang, den Problemgegenstand (beispielsweise: der kontroverse Vorschlag, einen Flughafen auszubauen).
- Sie tun dies in einer bestimmten, nicht von ihnen alleine koordinierten oder geregelten Art und Weise, also gesteuert (beispielsweise: im Rahmen eines Mediationsverfahrens).
- Der Verlauf des Dialogs erbringt Veränderungen des Problem-Zusammenhangs, indem die Teilnehmer diesen gemeinsam neu beschreiben, bewerten und ordnen: er ist ein Veränderungsprozess (beispielsweise: der kontroverse Vorschlag wird in ein konsensuell verabschiedetes Paket von Maßnahmen zur Umsetzung transformiert).

3.2 Die besseren Ergebnisse und Effekte organisierter Dialoge

Intelligent gestaltete und angemessene Organisierte Dialoge führen zu umfassend besseren Ergebnissen. Es besteht ein Bedürfnis nach dem Mehrwert dieser besseren Ergebnisse.

Die Veränderung des Problemzusammenhangs ist das „primäre" Ergebnis eines organisierten Dialogs. Dieses Ergebnis wird möglich, weil die Teilnehmer Zeit und Raum (also: die Gelegenheit) erhalten haben, ihre Beschreibungen und Bewertungen in einem fairen Prozess miteinander auszutauschen, Konsens und Dissens zu sortieren, zu verhandeln und letztlich neu aufeinander einzustellen.

Dabei kommt es auch zu einer ganzen Reihe von „sekundären" Ergebnissen des Dialogs. Genau genommen, sind sie Teilziele eines organisierten Dialogs, die das „primäre Ergebnis" überhaupt erst möglich machen. Zu ihnen kann, je nach Art des organisierten Dialogs, unter anderem folgendes gehören:

- die Generierung neuer Information / Faktenklärung
- Lernerfahrungen für neues Wissen
- die (kreative) Generierung von Alternativen sowie „Visionsarbeit"
- gemeinsame Planung und / oder Entscheidungsvorbereitung
- die Aktivierung und Motivierung von Akteuren
- die Mobilisierung von Ressourcen
- die Verbesserung oder Reorganisation von Beziehungen (Netzwerk-, Allianz- oder Gemeinschaftsbildung, Neuaufstellung der Organisation oder der Supply-Chain)
- die Entstehung von Sozialkapital durch Vertrauensbildung
- Effizienzsteigerung durch verbesserte Abstimmung
- Effektivitätsgewinne durch gemeinsamen Fokus
- faire Interessensaushandlung

- Konflikt-Deeskalation
- Erhöhung der Legitimation öffentlicher Entscheidungen

Wer Dialoge organisiert, organisiert also den Prozess einer recht tiefgehenden kollektiven Problembearbeitung. Dessen Ergebnis ist, wenn der Dialog „angemessen" war, nicht nur ein „gelöstes" Problem, sondern vor allem ein tiefgehend gut gelöstes Problem. Weil der angemessen organisierte Dialog Zeit und Raum für die Verhandlung so vieler unterschiedlicher Perspektiven und Faktoren gegeben hat, ist sein Ergebnis wirklichkeitstauglicher, tragfähiger und akzeptierter, kurz: besser und nachhaltiger. Man könnte deshalb die Vorstellung, dass Organisierte Dialoge Prozeduren der Problembearbeitung sind, auch positiv herumdrehen und sagen, Organisierte Dialoge seien Prozeduren einer umfassenden Wertschöpfung. Sie verwandeln vormalige Problemzusammenhänge in einen neuen und kollektiv befriedigerenden Zustand.

4. Beispiele aus der Praxis

Ein paar Beispiele aus der Praxis illustrieren den Einsatz organisierter Dialoge und damit verbundene Themen. Dabei zeigt sich auch, inwiefern sich organisierte Dialoge von herkömmlichen Verfahren der politischen Beratung unterscheiden.

4.1 Schröders Kommissionen: die symbolische Inszenierung einer Problemlösung

Beispiel eins: Kanzler Gerhard Schröder hat die Kommissionen entdeckt. Auch sie müssen nach unseren oben genannten Kriterien als organisierte Dialoge gelten, nämlich als informale Problembearbeitungsprozeduren, oder, wie manche sagen: als „situativ angepasste Fachparlamente". Freilich kann man hier lernen, wie ein solcher Dialog unterorganisiert bleiben kann. Der Fairness halber ist zu sagen: sind sie noch nicht wissenschaftlich ausgewertet worden. Aber sie stellen sich zumindest nicht sehr gut dar. Die Rürup- und Hartz-Kommissionen versammeln alle Anspruchsgruppen eines Problembereichs um einen in doppelter Hinsicht repräsentativen runden Tisch, der freilich mit der moderierten Diskussion des kommunal eingesetzten Runden Tisch-Verfahrens weniger und mit dem Modell „König Artus und seine Tafelrunde" mehr gemein zu haben scheint. Ein nach außen hin kompetenter und wenigstens das Charisma des Experten verstrahlender Chef versucht nach innen, alle Anspruchsgruppen hinter seinem Konzept zu vereinen, einige Kronprinzen profilieren sich ebenfalls. Am Ende steht ein unter großer Öffentlichkeitswirkung entstandenes, also diskussionsbestimmendes Konzept, dass der Auftraggeber je nach Großwetterlage unbedingt umsetzen will oder sozial abmildern kann.

Daraus lässt sich ersehen: Auftraggeber von organisierten Dialogen verfolgen mitunter Ziele, die nicht allein der sachgerechten Beratung, Beurteilung und Entscheidungsvorbereitung im engeren Sinne verpflichtet sind, sondern sachfremden Erfordernissen politischer Öffentlichkeitsarbeit. Ein organisierter Dialog dient auf diese Weise der symbolischen Auseinandersetzung mit Zukunftsfragen der Politik. Experten verleihen entweder Legitimation für unangenehme Maßnahmen, oder aber sie lassen sich als wirklichkeitsfremd vom „gesunden Menschenverstand" der Politiker abbügeln. Man denke hier an Ludwig Stieglers Ausspruch in Bezug auf die Rürup-Kommission, er habe „die Schnauze voll davon, dass wir vor unseren Mitgliedern und Wählern täglich den Kopf hinhalten müssen für dieses Professoren-Geschwätz" und erwarte, „dass Professoren wie Herr Rürup uns nicht länger mit ihrer Ejaculatio praecox (vorzeitiger Samenerguss) beglücken".

Einen organisierten Dialog auf diese Weise zu benutzen, kann im weiteren Sinne übrigens durchaus problemadäquat sein kann, wenn auf diese Weise Mehrheiten für durchgängige und probleminformierte Konzepte erreicht werden. Stiegler fürs Grobe hält die eigene Parteibasis bei Laune, und Schröder versucht sich an der Umsetzung der großen Linie der Vorschläge.

4.2 Das Mediationsverfahren Flughafen Frankfurt: das Problem der Repräsentation und der Einbettung des organisierten Dialogs

Zweites Beispiel: das Mediationsverfahren zum Frankfurter Flughafen, das die hessische Landesregierung unter Ministerpräsident Hans Eichel angesichts drohender Konflikte um eine erneute Erweiterung des Flughafens 1998 in Auftrag gab, und mit dessen Ergebnis die Regierung Koch sich eineinhalb Jahre später einverstanden erklärte. Dieses politische Mediationsverfahren, das aufwendigste seiner Art in Deutschland, band 21 Vertreter wichtiger Stakeholder ein: Städte und Gemeinden, Wirtschaft (inklusive Flughafen AG, Lufthansa und Deutscher Flugsicherung), Gewerkschaften, Landes- und Bundesregierung sowie eine Bürgerinitiative. Strikte Ausbaugegner des Verfahrens - das Bündnis der Bürgerinitiativen sowie die Umweltgruppen - verweigerten sich allerdings. An ihrer Stelle wurden zusätzliche Bürgermeister aus den direkt betroffenen Gemeinden in das Verfahren miteinbezogen, welche die Argumente und Interessen der Ausbaugegner im Verfahren wenigstens präsent hielten.

Daran zeigt sich, was für viele organisierte Dialoge gilt: sie müssen aus arbeitsökonomischen Gründen selbst auf das Prinzip der Repräsentation (mit oder ohne Mandat) zurückgreifen. Die repräsentative Demokratie verfeinert sich dadurch lediglich - und handelt sich dadurch ganz eigene Legitimitätsprobleme ein:

wer bestimmt denn, wer zur Problemfamilie gehört? Von welchen Faktoren
hängt das Legitimitätsgefühl der Beteiligten (auch der Auftraggeber) ab? Und
wie lassen sich diese Verfahren demokratietheoretisch legitimieren?
Aus Sicht der Einbettung organisierter Dialoge ist im Falle des Mediationsverfahrens Frankfurter Flughafen der Umstand besonders wichtig, dass die damalige Flughafen Frankfurt AG (FAG) 1998 darauf verzichtet hatte, einen formal fälligen Raumordnungsantrag zu stellen. Aufgrund der von der FAG zuge-
sagten Zurückhaltung konnte so ein Zeitfenster von eineinhalb Jahren geöffnet
werden, in dem grundsätzliche Themen ohne paralleles Formalverfahren diskutiert werden konnten. Die Verengung der Diskussion auf den Standort einer
neuen Landebahn konnte zugunsten grundsätzlicher Deliberation über die Entwicklung des Luftverkehrs, der generellen Belastung des Umlandes, der Arbeits-
platzeffekte und ähnlichem vermieden werden. Indem ein „konkurrierendes"
Parallelverfahren der Problembearbeitung nicht existierte, war das Mediationsverfahren insofern entlastet, und wurde die einzig öffentlich verbindende Arena
der Problembearbeitung. Grundsätzlich ist also darauf achtzugeben, in welchem
Verhältnis organisierte Dialoge zu gesetzlichen Planungsverfahren oder der
politischen Diskussion, beispielsweise der parlamentarischen Willensbildung
stehen.

*4.3 Die Gestaltung des Wiener Platzes in München Haidhausen: Zum Verhältnis
von Auftraggeber und Moderator organisierter Dialoge*

Wenn von einem Auftraggeber (hier: die hessische Landesregierung) die Rede
ist, so wird deutlich, dass es auch einen Auftragnehmer gibt: den Prozessgestalter
als Moderator und Organisator des Dialogs. Es ist kennzeichnend für die Mediation, dass die Konfliktparteien sich mit Hilfe eines „neutralen Dritter" verständigen, der, wie die neue Institutionenökonomik sagen würde, auf die Spielregeln
achtet, damit die so entlasteten Konfliktparteien ihre Spielzüge machen können
(Williamson 1991). Eigentlich ist jeder organisierte Dialog, nicht nur die Mediation, auf diese neutralen Dritten angewiesen. Gestalter des „offenen Bürgerbetei-
ligungsverfahren Stuttgart 21" war 1997 beispielsweise die Kommunalentwick-
lung Baden-Württemberg, Gestalter und Organisator - gleichwohl nicht Mediator
- der Flughafen-Mediation war das Institut für Organisationskommunikation
(IFOK). Oft sind es auch wissenschaftliche Institutionen, die solche Dialoge
gestaltend moderieren - die Akademie für Technikfolgenabschätzung, das
Fraunhofer-Institut für Autonome Intelligente Systeme AIS, universitätseigene
Institute. Vielfach sind es auch Kleinstunternehmen oder Netzwerke, die sich auf
bestimmte Methoden spezialisieren: partizipative Stadtentwicklung (Büro Blau),
Mediationsverfahren (Reinhard Sellnow) oder aktivierende Großgruppenverfah-
ren (forum b). Die Träger sind so zahlreich wie ihre Erfahrungen. Eine Übersicht

über die verschiedenen Träger, geschweige denn eine Zusammenschau ihrer Erfahrungen steht aus. Entscheidend für die Einbettung von organisierten Dialogen in das politische System ist ein klares Verhältnis zwischen Prozessgestalter und Auftraggeber. Die Kompetenzen müssen eindeutig verteilt sein. Beispiel drei: Bei der Gestaltung des Wiener Platzes im Münchner Stadtteil Haidhausen hielt sich eine der großen Parteien des auftraggebenden Bezirksausschusses nicht an die Abmachung und ging in der Vorbereitungszeit des Mediationsverfahrens „Wiener Platz Forum" mit eigenen Vorschlägen an die Öffentlichkeit. Mediator Reinhard Sellnow, ein alter Hase organisierter Dialoge, drohte damit, das Verfahren platzen zu lassen. Kleinlaut musste die Partei sich bei den Teilnehmern des Verfahrens entschuldigen und versichern, den Ergebnissen unvoreingenommen begegnen zu wollen.

Die Fokussierung eines organisierten Dialoges braucht einen Adressaten für das Ergebnispaket (am besten: den Auftraggeber selbst), der die Ergebnisse selbst ernst nimmt. Es liegt nicht nur im Interesse eines fairen Ablaufs, sondern es ist auch die Aufgabe des Prozessgestalters, den Ergebnissen der Mediation beim Auftraggeber zu Respekt zu verhelfen. Das ist aufgrund des ökonomischen Abhängigkeitsverhältnisses zwischen Prozessgestalter und Auftraggeber einfacher gesagt als getan. Viele Gestalter organisierter Dialoge schreiben deshalb ihre methodische Gestaltungshoheit, die Ergebnisoffenheit des Verfahrens und - nach dem Vorbild der Planungszelle - mindestens die öffentliche Kommentierung der Ergebnisse durch den Auftraggeber von vornehrein vertraglich fest.

5. Resümee: Der Mehrwert politischer Beratung durch organisierte Dialoge

5.1 Unterschiede zur klassischen Politikberatung

Klassische politische Beratung befragte entweder die Betroffenen (nach ihren Interessen) oder aber die Experten (nach ihren sachlich neutralen Einschätzungen). Sowohl Betroffene als auch Experten wurden zudem um Bewertungen gebeten. Organisierte Dialoge bereiten Entscheidungen vor, indem sie die Informationen, die beteiligten Interessen und die mögliche Bewertung nicht mehr von den Betroffenen und den Experten getrennt abfragt, sondern indem sie eine Kommunikation zwischen beiden möglich macht. Betroffene und Experten werden als „Problemfamilie" in die Bearbeitung eines Problems miteingebunden (ein Sonderfall sind die organisierten Dialoge, in denen Bürger als Bürger mit lokalen Kenntnissen selbst als Experten ihrer Lebenswelt und ohne externen Rat tätig werden – z.B. in einer Zukunftskonferenz). Das Ergebnis eines organisierten Dialogs spiegelt wieder, was an Konsens und Dissens möglich war.

Damit unterscheidet sich diese Form der politischen Beratung von klassischen Experten-Gutachten ebenso wie von den Dienstleistungen im Bereich Public Affairs. Man kann politische Beratung auf drei Ebenen betreiben (nach Raban Daniel Fuhrmann): auf der „Wer-Ebene" der Kontakte und Personen (Public Affairs), auf der inhaltlichen „Was-Ebene" der Kompetenzen und Programmatik (Gutachtertätigkeiten) und auf der „Wie-Ebene" der Methodik, Strategie und Prozessgestaltung. Im organisierten Dialog werden alle drei Ebenen zusammen ausgespielt; entscheidend ist, wer wann mit wem über was mit welchem Ziel kommuniziert. Einen Dialog zu organisieren, ist deshalb nicht so einfach. Es ist eine neue Art der Dienstleistung politischer Beratung.

5.2 Stärkung zweier Dimensionen politischer Beratung durch organisierte Dialoge

Zwei Dimensionen politischer Beratung werden durch organisierte Dialoge gestärkt: die symbolisch-legitimatorische Dimension und die partizipativ-diskursive Dimension.

Die symbolisch-legitimatorische Dimension der Politikberatung, auch in der klassischen Politikberatung nicht zu unterschätzen, wird aufgewertet. Die Legitimation von Politik steigt durch öffentlich inszenierte organisierte Dialoge. An ihrem faktischen Gewicht kommt in einer Mediendemokratie niemand mehr vorbei. Einer Republik im Stau ihrer verstopften herkömmlichen (parlamentarischen oder administrativen) Verfahren wird mit der Inszenierung eines öffentlichen Dialogs der Anspruchsgruppen ein direkter „Schleichweg" zum Ziel angeboten. Das ist auf vielen Ebenen problematisch, wenngleich es nur bereits bestehende Defizite klassischer politischer Beratung deutlich macht. Die Frage, wie Wissen und Werte in eine rechtsstaatlich-demokratische Entscheidungsfindung kommen, stellt sich in neuer Intensität.

Die partizipativ-diskursive Dimension eröffnet der Politik ihrerseits die Chance, auf Betroffene und Experten mittelbaren Einfluss zu nehmen bzw. sie zu aktivieren. Wer einen Dialog anbietet, fordert die Teilnehmer des Dialogs, und damit die Anteilseigner eines Problems, aktiv heraus. Das macht – und auch hier ist Vorsicht geboten, wenngleich es kein neues Problem ist – die Experten „politischer". Außerdem kann ein organisierter Dialog Problemblockierer entlarven, sofern er als offener Prozess gestaltet ist – und das sollte er, denn sonst handelt es sich nicht um einen „Dialog". Wer sich der gemeinsamen Suche nach einer konsensuellen Problemlösung verweigert, verspielt in einer Demokratie seinen guten Ruf.

5.3 Der gesellschaftliche Mehrwert Organisierter Dialoge

Organisierte Dialoge versprechen auch als Instrument demokratischer Politik an und für sich positive Effekte:

- Die Problembearbeitung durch organisierte Dialoge wird der Komplexität von Zusammenhängen in einer modernen arbeitsteiligen und globalisierten Risikogesellschaft in erhöhtem Maße gerecht.
- Die Teilnehmer erleben, so hoffen Demokratietheoretiker, eine „positive Sozialisierung" als Mitbestimmende und Bürger.
- Die Responsivität / Problemsensibilität einer Demokratie erhöht sich, wenn organisierte Dialoge die gängigen demokratischen Institutionen ergänzen.
- Die Stakeholder-Kommunikation von Unternehmen verbessert sich und erlaubt den Unternehmen, eine gesellschaftlich neu verantwortete Rolle zu spielen.

Dieser demokratiepolitische und gesellschaftliche Mehrwert organisierter Dialoge ergibt sich aus den mittelbaren Effekten ihres Einsatzes.

5.4 Ausblick: Eine gut beratende ist eine gut beratene Demokratie

Organisierte Dialoge machen Hoffnung auf eine kreativere, kooperationsfreudige und dissensfähige, reflexivere Demokratie. „Nur über eine - intelligent konzipierte - Beteiligung von Stakeholdergruppen und Experten aus Wissenschaft und Praxis lassen sich tragfähige Lösungen erarbeiten, die ausgewogene, tragfähige und zukunftsfähige Ergebnisse sicherstellen" - das ist eine programmatische Aussage, die sich stützen lässt, wenn man die bisherigen Erfahrungen mit der Bereitschaft zu weiterem institutionellen Lernen und der Weiterentwicklung kombiniert. Die Vielzahl dezentraler Lernerfahrungen braucht verstärkt die Zusammenschau, die Systematisierung der Verfahrenselemente, der praxisgewandten Orientierung über Sinn und Zwecke verschiedener Formen organisierter Dialoge.

Demokratie lässt sich als Organisationsform für ein kollektives und gleichberechtigtes, selbstorganisiertes Dauergespräch begreifen. Oder anders gesagt: in der Demokratie berät man sich selbst – und das miteinander. Eine gut beratende Demokratie ist deshalb auch eine gut beratene Demokratie.

Dafür bedarf es immer wieder neuen Gelegenheiten, bei denen eine Vielzahl von Personen intelligent zusammenarbeiten und auf diese Weise alle zu bewältigenden Probleme erfolgreich meistern. Die intelligent organisierte Politik organisierter Dialoge, so die These, ist erfolgreicher und akzeptierter. Bei der Suche nach besseren Verfahren und Institutionen ist jedoch Bedachtsamkeit gefragt. Institutionelle Evolution, nicht institutionelle Revolution ermöglicht institutionelles Lernen. Wer an allen Parametern gleichzeitig dreht, kann keine Rückschlüsse darüber ziehen, worauf der Erfolg oder Misserfolg der Maßnahmen zurückzuführen ist. Das programmatische Ziel „Mehr Demokratie wagen" wird so zum politischen Rezept „Vielfältige und intelligente Demokratie probieren".

Die Autoren

Kurzbiografien

Dr. Angela Merkel MdB

- Vorsitzende der CDU Deutschlands
- Vorsitzende der CDU/CSU-Fraktion im Deutschen Bundestag

Die promovierte Physikerin war stellvertretende Regierungssprecherin der Regierung de Maizière 1990 sowie Referentin im Presse- und Informationsamt der Bundesregierung. Seit 1989 war sie Mitglied des „Demokratischen Aufbruchs", seit 1990 Mitglied der CDU. Von Ende 1991 bis Ende 1998 hatte sie den stellvertretenden Parteivorsitz der CDU Deutschlands inne. Frau Dr. Merkel ist seit 1990 Mitglied des Bundestages, von Januar 1991 bis November 1994 war sie Bundesministerin für Frauen und Jugend, von November 1994 bis Oktober 1998 Bundesministerin für Umwelt, Naturschutz und Reaktorsicherheit. Von November 1998 bis April 2000 war Angela Merkel Generalsekretärin der CDU. Seit 10. April 2000 ist sie Vorsitzende der CDU Deutschlands sowie seit September 2002 auch der CDU/CSU-Fraktion im Deutschen Bundestag.

Dr. Wolfgang Gerhardt MdB

- Vorsitzender der FDP-Fraktion im Deutschen Bundestag
- Vizepräsident der Liberalen Internationale

Wolfgang Gerhardt studierte Erziehungswissenschaften, Germanistik und Politik. Er war persönlicher Referent des hessischen Innenministers, bevor er 1978 erstmals in den hessischen Landtag gewählt wurde. Nach verschiedenen Positionen innerhalb der hessischen FDP und dem hessischen Landtag, unter anderem als Vorsitzender der FDP Landtagsfraktion und stellvertretender Ministerpräsident wurde Gerhardt 1994 Mitglied des Deutschen Bundestages und war von 1995-2001 Bundesvorsitzender der FDP. Seit Oktober 1998 ist er Fraktionsvorsitzender der FDP sowie seit März 2002 Vizepräsident der Liberalen Internationale.

Ute Vogt MdB

- Parlamentarische Staatssekretärin im Bundesministerium des Inneren
- Stellvertretende Vorsitzende der SPD

Ute Vogt ist seit November 2002 parlamentarische Staatsekretärin im Bundesministerium des Inneren. Seit Anfang der Achtziger Jahre engagierte sie sich in verschiedenen Positionen bei den Jusos in Baden-Württemberg, unter anderem als Sprecherin des Juso-Landesverbandes. Vogt ist seit Oktober 1994 Mitglied des Deutschen Bundestages und seit 1999 Landesvorsitzende der SPD Baden-Württemberg.

Dr. Marco Althaus

- Gesellschafter und Akademischer Leiter des Deutschen Institutes für Public Affairs

Dr. Marco Althaus studierte Politologie an der Freien Universität Berlin, der Duke University und der Graduate School of Political Mangement der George Washington University, Washington. Promoviert wurde er an der Georg-August-Universität Göttingen. Er absolvierte eine Ausbildung zum Zeitungsredakteur bei der Frankfurter Allgemeinen Zeitung. Bis 2001 war er anschließend als landespolitischer Korrespondent bei der „Neuen Presse" in Hannover tätig, danach übernahm er bis März 2003 die Funktion des Pressesprechers im Niedersächsischen Ministerium für Wirtschaft, Technologie und Verkehr. Von 2003 bis April 2004 war Marco Althaus Pressesprecher am Standort Berlin für die Deutsche Druck- und Verlagsgesellschaft (dd_vg.), der Medienverlagsgesellschaft der SPD. Seit April 2004 ist er Gesellschafter und Akademischer Leiter des Deutschen Instituts für Public Affairs (DIPA).

Dr. Wigan Salazar

- Associate Partner, Public Affairs, Publicis Public Relations GmbH

Wigan Salazar berät in seiner Funktion als Associate Partner nationale und internationale Kunden an der Schnittstelle zwischen Parlament, Regierung und Medien. Der in Manila geborene Wirtschaftshistoriker studierte in Bonn und London und promovierte an der School of Oriental and African Studies der University of London. Vor seinem Wechsel zu PUBLICIS Public Relations arbeitete Salazar als Wissenschaftlicher Mitarbeiter im Deutschen Bundestag und im britischen Außenministerium. Salazar ist Lehrbeauftragter für philippinische Geschichte und Politik an der Humboldt-Universität zu Berlin.

Juri Maier

▪ Geschäftsführer wegewerk Medienlabor GmbH

Juri Maier studierte politische Wissenschaft am Otto-Suhr-Institut der Freien Universität Berlin, Internationale Politik am University College of Wales in Aberystwyth und Staatswissenschaft an der Universität Stockholm. Seine Diplomarbeit untersuchte den Einsatz des Internet im Wahlkampf. 1995 bis 1997 arbeitete er als Internet-Projektmanager bei der Berliner Werbe- und PR-Agentur Tangens/ Dynewski Kommunikation, von 1997-1999 als Kundenberater und Teamleiter bei der Internetagentur Aperto. Von 1999 bis 2000 verantwortete er die Presse- und Öffentlichkeitsarbeit beim Bundesverband der Jusos in der SPD. Seit Mai 2000 ist er Geschäftsführer der wegewerk GmbH, einer auf Politik- und Gesellschaftskommunikation spezialisierten Internet-Agentur.

Dr. Gunnar Bender

▪ Leiter politische Kommunikation, AOL/Time Warner Deutschland

Dr. Gunnar Bender verantwortet die politische Kommunikation des Medienkonzerns **Time Warner** in Deutschland. Bevor der promovierte Volljurist auf die Konzernebene berufen wurde, verantwortete er für mehr als drei Jahre den Government Relations Bereich der Internetsparte AOL in Deutschland. Bender absolvierte sein Jurastudium an der Westfälischen Wilhelms-Universität in Münster, wo er auch zum Thema „Cross-Media-Ownership" promovierte. Bender ist Mitherausgeber des „International Journal of Communications Law and Policy" und ständiger Mitarbeiter der Zeitschrift „Kommunikation und Recht". Seit Anfang 2002 ist er Vorsitzender des Telekommunikations-, Internet- und Medien-Komitees der US-Amerikanischen Handelskammer in Deutschland.

Dr. Michael Borchard

- Leiter Hauptabteilung Politik und Beratung, Konrad-Adenauer-Stiftung

Dr. Michael Borchard absolvierte von 1989 bis 1994 ein Studium der Politischen Wissenschaft, Neueren Geschichte und des Öffentlichen Rechts in Bonn. 1998 promovierte er zum Thema „Die deutschen Kriegsgefangenen in der Sowjetunion. Die Bedeutung der Kriegsgefangenenfrage für die beiden deutschen Staaten und die Westmächte 1949-1955". 1995 bis 1997 war er wissenschaftlicher Mitarbeiter des Bundesarchivs. 1998 freier Mitarbeiter in der Politischen Abteilung des Bundeskanzleramtes. Von 1998 bis 2003 war Borchard Leiter des Referates „Reden, Textdokumentation, Fragen des gesellschaftlichen Wandels" in der Thüringer Staatskanzlei; Vorbereitung der Reden von Ministerpräsident Dr. Bernhard Vogel. Seit 2003 war er Leiter der Arbeitsgruppe Innenpolitik in der Hauptabteilung „Politik und Beratung" der Konrad-Adenauer-Stiftung. Seit Dezember 2003 ist er Leiter der Hauptabteilung „Politik und Beratung".

Hermann Lehning

- Geschäftsführer, Verband der Chemischen Industrie

Hermann Lehning studierte Betriebswirtschaftslehre und politischen Wissenschaften in Berlin, Bonn und Köln. Seine Diplomarbeit verfasste er zum Thema „Die Bedeutung des Bundesverfassungsgerichts für die Willensbildung des Deutschen Bundestages".

Während der Bonner Studienzeit war er Assistent eines Bundestagsabgeordneten (1963 – 1966), von 1967 bis 1970 Vorstandsassistent bei der Hoechst AG in Frankfurt. Von 1971 – 1974 Geschäftsführer der Industrievereinigung Chemiefaser e.V. in Frankfurt. Seit 1975 Leiter des Bonner Büros des Verbandes der Chemischen Industrie e.V. und seit 1985 Geschäftsführer (Mitglied der Geschäftsführung in Frankfurt). Seit 1994 auch zuständig für das Brüsseler Büro des Verbandes. Am 01.07.1999 Wechsel des Büros von Bonn nach Berlin. Hermann Lehning ist seit 1963 Mitglied der FDP und von 1990 bis 1992 und wieder seit 2003 Präsident des Wirtschaftspolitischen Clubs e.V. Berlin/Bonn.

Heinrich Timmerherm

- Bevollmächtigter des Vorstandes der BMW AG, Leiter des Konzernbüros

Heinrich Timmerherm war auf Seiten der Exekutive in mehreren Positionen im weitesten Sinne mit dem Bereich Verkehr betraut, so zum Beispiel als wissenschaftlicher Mitarbeiter eines Bundestagsabgeordneten, der Mitglied im Verkehrsausschuss war bzw. als persönlicher Referent beim Parlamentarischen Staatssekretär beim Bundesminister für Verkehr. Von 1996 bis Anfang 2002 war der Volljurist Leiter der Abteilung External Affairs Deutschland bei Adtranz DaimlerChrysler Rail Systems GmbH. Seit März 2002 ist Timmerherm Leiter des Konzerbüros der BMW AG in Berlin.

Dr. Helmut Born/ Anton Blöth

- Generalsekretär des Deutschen Bauernverbandes
- Referent für Gesellschaftspolitik und Verbandsbeziehungen, Kontakte zum Parlament

Dr. Helmut Born ist seit 1991 Generalsekretär des Deutschen Bauernverbandes. Nach dem Studium und der Promotion am Institut für Agrarpolitik, Marktforschung und Wirtschaftssoziologie der Universität Bonn war er zu Beginn seiner Tätigkeit beim DBV persönlicher Referent von Präsident Constantin Freiherr von Heereman, später Referent für Grundsatzfragen und seit 1982 Stellvertretender Generalsekretär.

Anton Blöth hat an der Universität Bayreuth Wirtschaftsgeografie und Regionalplanung studiert, bevor er 1999 zum Deutschen Bauernverband kam. Nach seiner Zeit als Assistent der Geschäftsführung ist er nun seit 2003 für die Kontakte zu Parlament und Verbänden sowie gesellschaftspolitische Fragestellungen zuständig.

Cornelis Stettner/ Rudi Hoogvliet

- Creative Planner, Zum Goldenen Hirschen, Teamleiter Bündnis 90/ Die
  Grünen
- Bundestagswahlkampfleiter von Bündnis 90/ Die Grünen

Cornelis Stettner war im Bundestagswahlkampf 2002 Kampagnenmanager auf
Seiten von Zum goldenen Hirschen Berlin. Dort arbeitet er als Creative Planner
und betreut unter anderem die Kommunikation von Bündnis 90/Die Grünen auf
Bundes- und –Landesverbandsebene.
Rudi Hoogvliet war im Bundestagswahlkampf 2002 Kampagnenmanager
von Bündnis 90/Die Grünen. Zur Zeit arbeitet er als Vorstandsreferent von
Bündnis 90/Die Grünen im Landtag von Baden-Württemberg und als Berater für
den kommenden Landtagswahlkampf der Grünen in Baden-Württemberg.

Dr. Wolf-Dieter Zumpfort

- Direktor TUI-AG, Berlin
- Stellvertretender Vorsitzender der Friedrich Naumann Stiftung

Der promovierte Wirtschaftswissenschaftler Zumpfort war 1979 bis 1983 Mit-
glied des Deutschen Bundestages. Mitte bis Ende der Achtziger Jahre war er
Vorsitzender der F.D.P. in Schleswig-Holstein, sowie Ende der Achtziger Jahre
Mitglied des Landtages Schleswig-Holstein und Vorsitzender der F.D.P.-
Fraktion. Von 1990 bis 1999 war er Direktor der Preussag AG, in deren Büros in
Bonn und Brüssel. Seit 1995 ist er stellvertretender Vorsitzender der Friedrich-
Naumann-Stiftung.

PD Dr. Rudolf Speth

- Privatdozent, Freie Universität Berlin, Otto-Suhr-Institut für Politikwissenschaft
- Freier Journalist

Der habilitierte Politikwissenschaftler Speth war von 2000 bis 2002 wissenschaftlicher Mitarbeiter bei der Enquete-Kommission „Zukunft des Bürger-
schaftlichen Engagements" des Deutschen Bundestages. Er war Dozent des

Bundesamtes für den Zivildienst an der Zivildienstschule Braunschweig und
arbeitet als freier Journalist u.a. für die Frankfurter Rundschau. Seit 1998 ist er
Privatdozent am Otto Suhr Institut für Politikwissenschaft der Freien Universität
Berlin. Zusammen mit Thomas Leif gab er 2003 den Sammelband „Die stille
Macht: Lobbyismus in Deutschand" heraus.

Dr. Wilfried Rudloff

- Wissenschaftlicher Assistent, Deutsche Hochschule für Verwaltungswissen-
  schaften, Speyer

Studium der Neueren Geschichte, Politikwissenschaft und Sozial- und Wirtschaftsgeschichte an den Universitäten Freiburg i.br., Florenz, Siena und München.
   Von 1986 bis 1996 war er wissenschaftlicher Assistent am Institut für Neuere und Neueste Geschichte der Ludwig-Maximilians-Universität München, von
1996 bis 2002 am Lehrstuhl für Neuere und Neueste Geschichte, insbesondere
Verfassungs- und Verwaltungsgeschichte der deutschen Hochschule für Ver-
waltungswissenschaften in Speyer. Seit 2003 ist er Forschungsreferent am For-
schungsinstitut für öffentliche Verwaltung bei der Deutschen. Bearbeitung des
Forschungsprojektes „Wissenschaft, Politik und Bildungswesen in der Ära des
bundesdeutschen Bildungsbooms (1957-1973). Untersuchungen zur Wandlung
eines Politikfeldes".

Christopher Gohl, M.A.

- Doktorand an der Universität Potsdam, Fachbereich Politische Theorie zu
  Strategie und Methodik organisierter Dialoge

Christopher Gohl promoviert - nach seinem Magister-Abschluss in Politik-
wissenschaften, Amerikanistik und Jüdischen Studien - an der Universität Potsdam bei Prof. Heinz Kleger im Fachbereich Politische Theorie zu Strategie und
Methodik organisierter Dialoge. Er ist Sprecher des Sprecherrates der Friedrich-
Naumann-Stiftung und Research Fellow des Instituts für Organisationskommunikation (IFOK). 2001 hat er Futur X - Gesellschaft für Generationengerechtig-
keit mitgegründet, 2002 wurde er Mitstifter der Global Contract Foundation,
deren Future Board er angehört.

Die Herausgeber

Kurzbiografien

Steffen Dagger

25 Jahre, studiert Politikwissenschaft an der Freien Universität Berlin mit dem Schwerpunkt Public Affairs. Er sammelte praktische Erfahrungen beim Fachmagazin politik&kommunikation in Brüssel sowie im Büro eines Bundestagsabgeordneten. Neben seinem Studium arbeitet er heute bei der CDU/CSU-Fraktion, Landesgruppe Niedersachsen im Deutschen Bundestag.
Kontakt: SteffenDagger@web.de

Christoph Greiner

29 Jahre, studiert Politikwissenschaft an der Freien Universität Berlin mit dem Schwerpunkt Parteienforschung. Er absolvierte eine Verwaltungsausbildung und sammelte praktische Erfahrungen sowohl in Bereichen der öffentlichen Verwaltung als auch im Büro eines Bundestagsabgeordneten. Derzeit schreibt er seine Diplomarbeit über den Bundestagswahlkampf der FDP 2002.
Kontakt: ch.greiner@web.de

Kirsten Leinert

25 Jahre, studiert Publizistik- und Kommunikationswissenschaften sowie Nordamerikastudien an der Freien Universität Berlin. Im Rahmen des Direktaustausches der FU Berlin verbrachte sie ein Studienjahr an der Indiana University (USA). Derzeit absolviert sie ein Praktikum bei einer großen Public Affairs Agentur.
Kontakt: kirsten_leinert@yahoo.de

Nadine Meliß

25 Jahre, studiert Politikwissenschaft an der Freien Universität Berlin mit dem Schwerpunkt Wahlkampf. Sie sammelte praktische Erfahrungen bei der Friedrich-Ebert-Stiftung, bei der KAMPA|02 und beim SPD-Parteivorstand. Neben ihrem Studium arbeitet sie heute als studentische Mitarbeiterin beim SPD-Fraktionsvorsitzenden im Deutschen Bundestag.
Kontakt: melisz@gmx.de

Anne Menzel

24 Jahre, ist Studentin der Politikwissenschaft an der Freien Universität Berlin. Praktische Erfahrungen sammelte sie als Praktikantin im Büro eines Bundestagsabgeordneten.
Kontakt: menzelanne@aol.com

If you have any concerns about our products,
you can contact us on
ProductSafety@springernature.com

In case Publisher is established outside the EU,
the EU authorized representative is:
Springer Nature Customer Service Center GmbH
Europaplatz 3, 69115 Heidelberg, Germany

Printed by Libri Plureos GmbH
in Hamburg, Germany